21世纪高等院校规划教材

Excel在统计中的应用

（第二版）

主　编　王维鸿

副主编　刘泽琴　史建芳

中国水利水电出版社
www.waterpub.com.cn

内 容 提 要

本次修订整体上遵循原版本的体例结构，全书仍分为两部分：第一部分是Excel基础知识，包括Excel基本操作、工作表的操作、公式与函数的操作、分类汇总与数据透视表的操作、图形与图表的操作等内容；第二部分介绍Excel在统计中的具体应用，包括统计数据的采集与整理、统计数据描述、概率分布与抽样分布、参数估计、假设检验、方差分析、回归分析、时间数列分析与预测等。

本次修订在坚持上一版简明易懂、基本理论和方法相结合、实例丰富、操作详细、形象直观等特色的基础上，按照Excel 2010版本对所有的操作进行了更新，重新截取了书中的所有插图，丰富了Excel的操作内容，并对部分例题进行了更新，对例题的操作步骤进行了调整，使得操作更为简洁、方便、合理。

本书适合作为高等院校本专科经济、管理、统计类各专业的教材，也可供从事经济管理和统计分析工作的人员参考。

本书配有电子教案，读者可以从中国水利水电出版社网站和万水书苑上免费下载，网址为：http://www.waterpub.com.cn/softdown/或http://www.wsbookshow.com。

图书在版编目（CIP）数据

Excel在统计中的应用 / 王维鸿主编. -- 2版. -- 北京 : 中国水利水电出版社, 2012.7
21世纪高等院校规划教材
ISBN 978-7-5084-9817-1

Ⅰ. ①E… Ⅱ. ①王… Ⅲ. ①表处理软件－应用－统计学－高等学校－教材 Ⅳ. ①C819

中国版本图书馆CIP数据核字(2012)第112134号

策划编辑：雷顺加　责任编辑：张玉玲　加工编辑：刘晶平　封面设计：李　佳

书　　名	21世纪高等院校规划教材 Excel在统计中的应用（第二版）
作　　者	主　编　王维鸿　副主编　刘泽琴　史建芳
出版发行	中国水利水电出版社 （北京市海淀区玉渊潭南路1号D座　100038） 网址：www.waterpub.com.cn E-mail：mchannel@263.net（万水） sales@waterpub.com.cn 电话：（010）68367658（发行部）、82562819（万水）
经　　售	北京科水图书销售中心（零售） 电话：（010）88383994、63202643、68545874 全国各地新华书店和相关出版物销售网点
排　　版	北京万水电子信息有限公司
印　　刷	三河市铭浩彩色印装有限公司
规　　格	184mm×260mm　16开本　9.75印张　245千字
版　　次	2004年9月第1版　2004年9月第1次印刷 2012年8月第2版　2012年8月第1次印刷
印　　数	0001—4000册
定　　价	18.00元

序

随着计算机科学与技术的飞速发展，计算机的应用已经渗透到国民经济与人们生活的各个角落，正在日益改变着传统的人类工作方式和生活方式。在我国高等教育逐步实现大众化后，越来越多的高等院校会面向国民经济发展的第一线，为行业、企业培养各级各类高级应用型专门人才。为了大力推广计算机应用技术，更好地适应当前我国高等教育的跨跃式发展，满足我国高等院校从精英教育向大众化教育的转变，符合社会对高等院校应用型人才培养的各类要求，我们成立了“21 世纪高等院校规划教材编委会”，在明确了高等院校应用型人才培养模式、培养目标、教学内容和课程体系的框架下，组织编写了本套“21 世纪高等院校规划教材”。

众所周知，教材建设作为保证和提高教学质量的重要支柱及基础，作为体现教学内容和教学方法的知识载体，在当前培养应用型人才中的作用是显而易见的。探索和建设适应新世纪我国高等院校应用型人才培养体系需要的配套教材已经成为当前我国高等院校教学改革和教材建设工作面临的紧迫任务。因此，编委会经过大量的前期调研和策划，在广泛了解各高等院校的教学现状、市场需求，探讨课程设置、研究课程体系的基础上，组织一批具备较高的学术水平、丰富的教学经验、较强的工程实践能力的学术带头人、科研人员和主要从事该课程教学的骨干教师编写出一批有特色、适用性强的计算机类公共基础课、技术基础课、专业及应用技术课的教材以及相应的教学辅导书，以满足目前高等院校应用型人才培养的需要。本套教材消化和吸收了多年来已有的应用型人才培养的探索与实践成果，紧密结合经济全球化时代高等院校应用型人才培养工作的实际需要，努力实践，大胆创新。教材编写采用整体规划、分步实施、滚动立项的方式，分期分批地启动编写计划，编写大纲的确定以及教材风格的定位均经过编委会多次认真讨论，以确保该套教材的高质量和实用性。

教材编委会分析研究了应用型人才与研究型人才在培养目标、课程体系和内容编排上的区别，分别提出了 3 个层面上的要求：在专业基础类课程层面上，既要保持学科体系的完整性，使学生打下较为扎实的专业基础，为后续课程的学习做好铺垫，更要突出应用特色，理论联系实际，并与工程实践相结合，适当压缩过多过深的公式推导与原理性分析，兼顾考研学生的需要，以原理和公式结论的应用为突破口，注重它们的应用环境和方法；在程序设计类课程层面上，把握程序设计方法和思路，注重程序设计实践训练，引入典型的程序设计案例，将程序设计类课程的学习融入案例的研究和解决过程中，以学生实际编程解决问题的能力为突破口，注重程序设计算法的实现；在专业技术应用层面上，积极引入工程案例，以培养学生解决工程实际问题的能力为突破口，加大实践教学内容的比重，增加新技术、新知识、新工艺的内容。

本套规划教材的编写原则是：

在编写中重视基础，循序渐进，内容精炼，重点突出，融入学科方法论内容和科学理念，反映计算机技术发展要求，倡导理论联系实际和科学的思想方法，体现一级学科知识组织的层次结构。主要表现在：以计算机学科的科学体系为依托，明确目标定位，分类组织实施，兼容互补；理论与实践并重，强调理论与实践相结合，突出学科发展特点，体现学科发展的内在规律；教材内容循序渐进，保证学术深度，减少知识重复，前后相互呼应，内容编排合理，整体结构完整；采取自顶向下设计方法，内涵发展优先，突出学科方法论，强调知识体系可扩展的原则。

本套规划教材的主要特点是：

（1）面向应用型高等院校，在保证学科体系完整的基础上不过度强调理论的深度和难度，注重应用型人才的专业技能和工程实用技术的培养。在课程体系方面打破传统的研究型人才培养体系，根据社会经济发展对行业、企业的工程技术需要，建立新的课程体系，并在教材中反映出来。

（2）教材的理论知识包括了高等院校学生必须具备的科学、工程、技术等方面的要求，知识点不要求大而全，但一定要讲透，使学生真正掌握。同时注重理论知识与实践相结合，使学生通过实践深化对理论的理解，学会并掌握理论方法的实际运用。

（3）在教材中加大能力训练部分的比重，使学生比较熟练地应用计算机知识和技术解决实际问题，既注重培养学生分析问题的能力，也注重培养学生思考问题、解决问题的能力。

（4）教材采用“任务驱动”的编写方式，以实际问题引出相关原理和概念，在讲述实例的过程中将本章的知识点融入，通过分析归纳，介绍解决工程实际问题的思想和方法，然后进行概括总结，使教材内容层次清晰，脉络分明，可读性、可操作性强。同时，引入案例教学和启发式教学方法，便于激发学习兴趣。

（5）教材在内容编排上，力求由浅入深，循序渐进，举一反三，突出重点，通俗易懂。采用模块化结构，兼顾不同层次的需求，在具体授课时可根据各校的教学计划在内容上适当加以取舍。此外还注重了配套教材的编写，如课程学习辅导、实验指导、综合实训、课程设计指导等，注重多媒体的教学方式以及配套课件的制作。

（6）大部分教材配有电子教案，以使教材向多元化、多媒体化发展，满足广大教师进行多媒体教学的需要。电子教案用 PowerPoint 制作，教师可根据授课情况任意修改。相关教案的具体情况请到中国水利水电出版社网站 www.waterpub.com.cn 下载。此外还提供相关教材中所有程序的源代码，方便教师直接切换到系统环境中教学，提高教学效果。

总之，本套规划教材凝聚了众多长期在教学、科研一线工作的教师及科研人员的教学科研经验和智慧，内容新颖，结构完整，概念清晰，深入浅出，通俗易懂，可读性、可操作性和实用性强。本套规划教材适用于应用型高等院校各专业，也可作为本科院校举办的应用技术专业的课程教材，此外还可作为职业技术学院和民办高校、成人教育的教材以及从事工程应用的技术人员的自学参考资料。

我们感谢该套规划教材的各位作者为教材的出版所做出的贡献，也感谢中国水利水电出版社为选题、立项、编审所做出的努力。我们相信，随着我国高等教育的不断发展和高校教学改革的不断深入，具有示范性并适应应用型人才培养的精品课程教材必将进一步促进我国高等院校教学质量的提高。

我们期待广大读者对本套规划教材提出宝贵意见，以便进一步修订，使该套规划教材不断完善。

21 世纪高等院校规划教材编委会

2004 年 8 月

第二版前言

与SAS、SPSS、S-Plus、Stata、Eviews等专业统计软件相比，Excel往往不被作为一个专门的统计软件来使用，但是Excel的很多统计功能并不比其他软件逊色，同时Excel对表格的管理和统计图的制作功能非常强大，并且容易操作，在管理、财务、统计、金融等诸多领域被广泛使用。

自本书第一版出版以来，Excel已经经历了2003、2007、2010几个版本的变化，Excel的计算、统计分析功能越来越强大。相对于以前版本，Excel 2010在数据统计分析功能上有了较大改进，能够更加快速、有效地比较数据列表，改进了规划求解加载项，函数的计算更加准确，筛选功能更加强大。同时，Excel的操作界面和操作方式也发生了较大的变化，随着使用人群的不断扩大，有必要对基于老版本的统计操作进行更新。

本次修订整体上遵循原版本的体例结构，全书仍分为两部分：第一部分是Excel基础知识，包括Excel基本操作、工作表的操作、公式与函数的操作、分类汇总与数据透视表操作、图形与图表操作等内容；第二部分介绍Excel在统计中的具体应用，包括统计数据的采集与整理、统计数据描述、概率分布与抽样分布、参数估计、假设检验、方差分析、回归分析、时间数列分析与预测等内容。

本次修订在努力坚持上一版简明易懂、基本理论和方法相结合、实例丰富、操作详细、形象直观等特色的基础上，按照Excel 2010版本对所有的操作进行了更新，重新截取了书中的所有插图。其中第一部分的内容由原先的5节增加为6节，丰富了Excel的操作内容。第二部分重点对例题的操作步骤进行了调整，使得操作更为简洁、方便、合理，并对部分例题进行了更新。我们在这次修订中，对原有的一些错误进行了彻底的修正，计算结果更加准确。同时以附录的形式列出了Excel中的常用统计函数与统计分析工具，方便读者查询使用。

本书由王维鸿任主编，刘泽琴、史建芳任副主编。具体编写分工如下：第1章由史富莲编写，第2、3、9章由王维鸿编写，第4、8章由刘泽琴编写，第5章由李伟民编写，第6章由史建芳编写，第7章由钱秀菊编写。王维鸿负责全书统稿。

本书在修订过程中得到了谭翀、于向辉、张国平、刘熙宝、赵玉梅、解春苓、田瑞江的大力支持，同时参考了同行的著述，在此深表谢意！

虽然我们在修订过程中发现和解决了一些旧的问题，但不免会产生一些新的问题，甚至是错误，在此对可能给读者带来的不便深表歉意，真诚欢迎读者对书中的问题提出宝贵意见和建议，以帮助我们不断地完善。

编 者

2012年6月

第一版前言

微软公司的 Excel 软件是一款优秀的电子表格软件，其提供的统计分析功能虽然比不上专业统计软件，但它比专业统计软件易学易用，便于掌握。对绝大多数用户而言，利用 Excel 提供的统计函数和分析工具，结合电子表格技术，已能满足统计方面的要求。

本书在写作过程中力求简明易懂，在介绍 Excel 基本操作的基础上，结合统计学基本理论和方法，通过实例，深入浅出地讲解利用 Excel 进行统计分析的方法和步骤，从而达到将抽象统计理论与直观形象操作相结合的目的。

全书分为两部分：第一部分是 Excel 基础知识，包括 Excel 基本操作、工作表的操作、公式与函数的操作、分类汇总与数据透视表操作、图形与图表操作等内容；第二部分介绍 Excel 在统计中的具体应用，包括统计数据的采集与整理、统计数据描述、概率分布与抽样分布、参数估计、假设检验、方差分析、回归分析、时间数列分析与预测等内容。

本书适合作为高等职业学校、高等专科学校、成人高校及本科院校举办的二级职业技术学院和民办高校的经济、管理类各专业的教材，也可作为从事经济管理和统计分析人员的参考用书。

本书由王维鸿主编，张国平任副主编，程玉民教授主审。各章编写分工如下：第 1 章由邢家合编写，第 2、3、9 章由王维鸿编写，第 4、8 章由张国平编写，第 5 章由刘斌编写，第 6 章由庞士林编写，第 7 章由孙立娟编写。王维鸿负责全书的总纂。本书在编写过程中得到了安志远教授的大力支持和帮助，同时参考了大量同行的著述，在此深表谢意！

由于编者学识水平有限，编写时间仓促，错误和不当之处在所难免，恳请读者批评指正。

编 者

2004 年 8 月

目录

第 1 章 Excel 基础知识

本章主要讲解 Excel 的基础知识。通过本章的学习，读者应该掌握以下内容：

- Excel 工作界面及其功能
- 工作表的相关操作
- Excel 常用函数和公式的使用
- 分类汇总与数据透视表的使用
- 图形与图表的绘制

1.1 Excel 中的基本概念

Excel 是微软公司出品的在 Windows 操作环境下运行的一个电子表格软件，用户可以利用它来制作电子表格，完成复杂的数据运算，进行数据的分析和预测，绘制不同形式的数据图表，在办公、财务、统计、科学计算等领域被广泛应用。Excel 发展到现在已经有多个版本，本书采用的是 Excel 2010 中文版。

1.1.1 工作簿

工作簿是指 Excel 环境中用来储存并处理工作数据的文件，通常所说的 Excel 文件就是工作簿文件。它是 Excel 工作区中一个或多个工作表的集合，其扩展名是.xlsx。当启动 Excel 时，系统会自动创建一个新的工作簿文件，名称为“工作簿 1”，以后创建工作簿的名称默认为“工作簿 2”、“工作簿 3” 等。

1.1.2 工作表

工作表是工作簿里的一个表。如果把工作簿看成是一本书的话，工作表就是这本书中的每张书页，工作表中可以存储不同类型的数据。默认每个新工作簿中包含 3 个工作表，在Excel 程序界面的下方可以看到工作表标签，默认的名称为 Sheet1、Sheet2、Sheet3。每一个工作簿最多可以包含 255 个工作表，每个工作表由 1048576 行和 16384 列组成，行号由阿拉伯数字表示，列号由英文字母表示。在一个工作簿中，无论有多少个工作表，将其保存时都将会保存在同一个工作簿文件中，而不是按照工作表的个数来保存。每个工作表中的内容相对独立，通过单击工作表标签可以在不同的工作表之间进行切换，用户也可以通过用鼠标指向工作表标签后按住左键左右拖拽的方式来移动工作表，改变工作表的排列顺序。双击工作表标签可以修改工作表的名称。

1.1.3 单元格

工作表中行、列交汇处的区域称为单元格，它可以存放文字、数字、公式和声音等信息。

单元格是工作表的基本单元，所有对工作表的操作都是建立在对单元格操作的基础之上的。单元格是按照单元格所在的行列位置来命名的，如单元格 B6 表示位于第 6 行 B 列交叉点上的单元格；由若干个连续的单元格构成的矩形区域称为单元格区域（Range），若要表示一个连续单元格的区域，可以用该区域左上角和右下角单元格表示，中间用冒号（英文形式）分隔。例如，以 A1 为左上角，C4 为右下角的 12 个单元格组成的区域，可用“Al:C4”表示。

选择一个单元格，将鼠标指向它单击左键即可；选择一个单元格区域，可选中左上角的单元格，然后按住鼠标左键向右拖拽，直到需要的位置松开鼠标左键即可；若要选择两个或多个不相邻的单元格区域，在选择一个单元格区域后，可按住 Ctrl 键，然后再选另一个区域即可；若要选择整行或整列，只需单击行号或列标，这时该行或该列第一个单元格将成为活动的单元格；若单击左上角行号与列标交叉处的按钮，即可选定整个工作表。

1.2 Excel 基本操作

1.2.1 Excel 的工作界面

启动 Excel 后，就进入其工作界面，启动时会默认创建一个名为“工作簿 1”的工作簿文件，如图 1-1 所示。

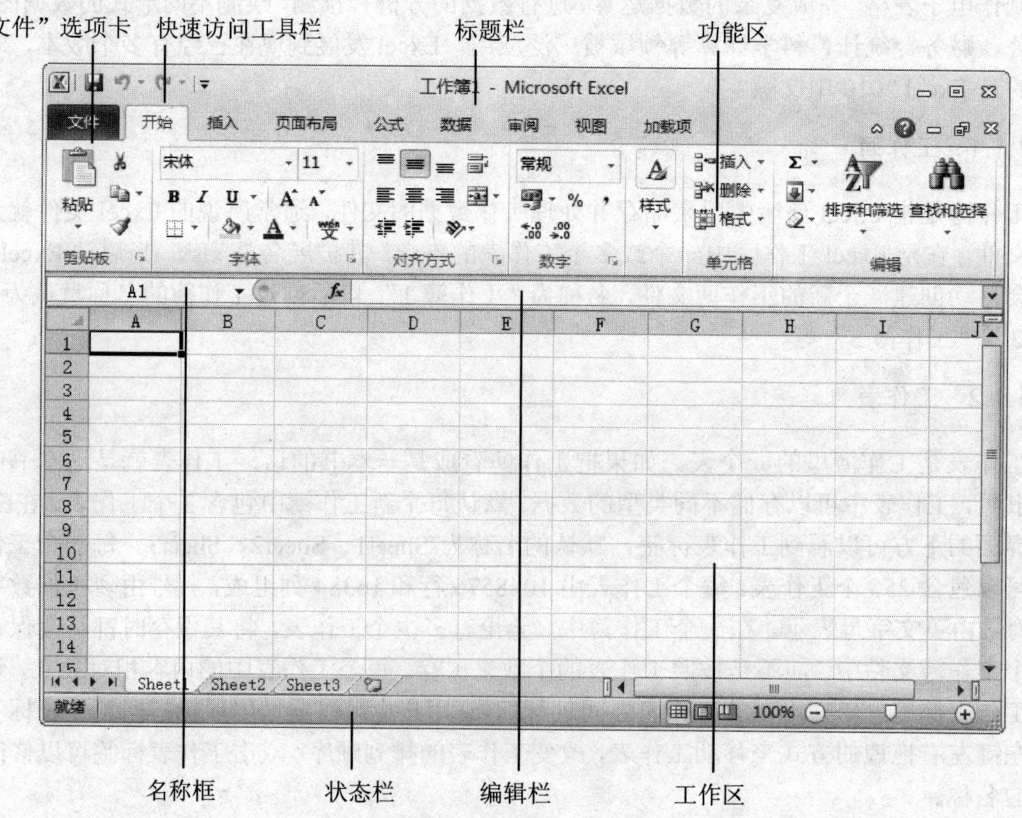

图 1-1 Excel 工作界面

Excel 的工作界面由“文件”选项卡、快速访问工具栏、标题栏、功能区、名称框、编辑栏、状态栏和工作区构成。

1.“文件”选项卡

打开 Excel 2010 就会在功能区左侧看到醒目的绿色“文件”选项卡。“文件”选项卡取代了“Office 按钮”以及早期版本的 Microsoft Office 中使用的“文件”菜单。单击“文件”选项卡，会显示文件选项卡的内容，如图 1-2 所示。

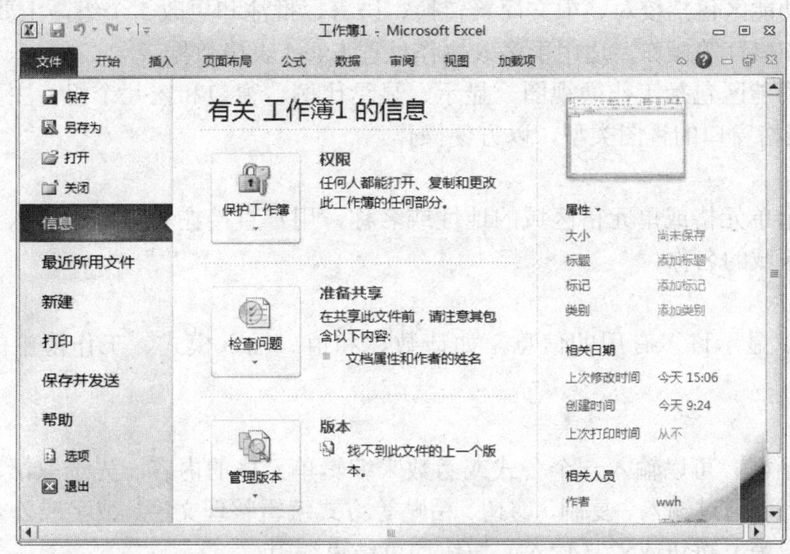

图 1-2　“文件”选项卡

在 Excel 2010 中新增了 Backstage 视图功能。单击“文件”选项卡，可以在左侧看到 6 个字体较大的选项：信息、最近所用文件、新建、打印、保存并发送、帮助。选择某个选项，可以在右侧看到与该选项相关的内容，这就是 Backstage 视图。通过 Backstage 视图，可以执行所有在工作簿内部无法完成的操作，如保存、打印、检查工作簿等。

2. 快速访问工具栏

快速访问工具栏用于放置最常使用的命令按钮，用户可以通过快速访问工具栏右侧的“自定义快速访问工具栏”按钮将功能区中的命令按钮和文件菜单中的命令添加到快速访问工具栏中。

3. 标题栏

标题栏的一个重要作用是显示用户正在使用的程序名和文件名，如“工作簿 1-Microsoft Excel”。

4. 功能区

Excel 2010 包括“开始”、“插入”、“页面布局”、“公式”、“数据”、“审阅”、“视图”等功能区。单击各功能区选项卡时会切换到与之相对应的功能区。每个功能区根据功能的不同又分为若干个组。

“开始”功能区中包括剪贴板、字体、对齐方式、数字、样式、单元格和编辑 7 个组，主要用于帮助用户对 Excel 表格进行文字编辑和单元格的格式设置，是用户最常用的功能区。

“插入”功能区包括表、插图、图表、迷你图、筛选器、链接、文本和符号几个组，主要用于在 Excel 2010 表格中插入各种对象。

“页面布局”功能区包括主题、页面设置、调整为合适大小、工作表选项、排列几个组，用于帮助用户设置 Excel 表格页面样式。

“公式”功能区包括函数库、定义的名称、公式审核和计算几个组，用于实现在 Excel 表格中进行各种数据计算。

“数据”功能区包括获取外部数据、连接、排序和筛选、数据工具和分级显示几个组，主要用于在 Excel 表格中进行数据处理相关方面的操作。

“审阅”功能区包括校对、中文简繁转换、语言、批注和更改 5 个组，主要用于对 Excel 表格进行校对和修订等操作，适用于多人协作处理 Excel 表格数据。

“视图”功能区包括工作簿视图、显示、显示比例、窗口和宏几个组，主要用于帮助用户设置 Excel 表格窗口的视图类型，以方便操作。

5. 名称框

名称框显示单元格或单元格区域的地址或名称，用户直接在名称框中输入当前选中的单元格或单元格区域的名称。

6. 状态栏

状态栏可以显示许多有用的信息，如计数、和值、输入模式、工作簿中的循环引用状态等。

7. 编辑栏

使用该对话框，可以输入一个公式或函数来编辑单元格的内容。先选取活动单元格，在对话框中用户可以通过输入、复制、剪切、粘贴等方式编辑整理文字、数字或公式等。按 Enter 键、单击 ×（取消）按钮或 ✓（输入）按钮均可结束编辑。

8. 工作区

它是屏幕中最大的那一块，用以记录数据的区域，所输入的信息都将存在这张表中。工作表（Sheet）是一个由列和行组成的表格。列标（如 A、B、C）和行号（如 1、2、3）分别用字母和数字表示。列标由左到右的范围为 A～XFD（从 A，B，…，Z；AA，AB，…，BA，BB，…，共 16384 列），行号由上至下的范围为 1～1048576。每张工作表的最大容量为 1048576 行×16384 列。这就是说，一张工作表最多可容纳 1048576 个观察个体（记录）和 16384 个变量（或字段名），如图 1-3 所示。

	XEZ	XFA	XFB	XFC	XFD
1048572					
1048573					
1048574					
1048575					
1048576					

图 1-3 Excel 最大的数据容量

当从其他数据库导入数据到 Excel 中时，如果数据超过了 1048576 行或 16384 列，则多余数据将被 Excel 截除。

1.2.2 对话框的设置

执行某些命令时会出现对话框。对话框可以提供一些不同的执行命令方式供用户选择，是一种更有效的人机对话方式。

对话框由许多元素组成，不同的元素有不同的操作方法。下面介绍 7 种常见的对话框元素及其操作方法。

注意：当屏幕上显示一个对话框时，对工作簿的其他操作将不起作用，直到该对话框被关闭。

1．单选按钮

对话框中的各个单选按钮都是对立的，用户只能从中选择一个，如图 1-4 所示。

2．复选框

复选框用来显示各个选项命令是处于开（或关）的状态。与单选按钮不同，每个复选框选项都是独立的，即选择任意一个复选框选项都不会影响其他复选框选项的选择。用户只需单击任一复选框选项即可切换开或关，用户还可以同时选中多个复选框，如图 1-5 所示。

图 1-4　含单选按钮的对话框

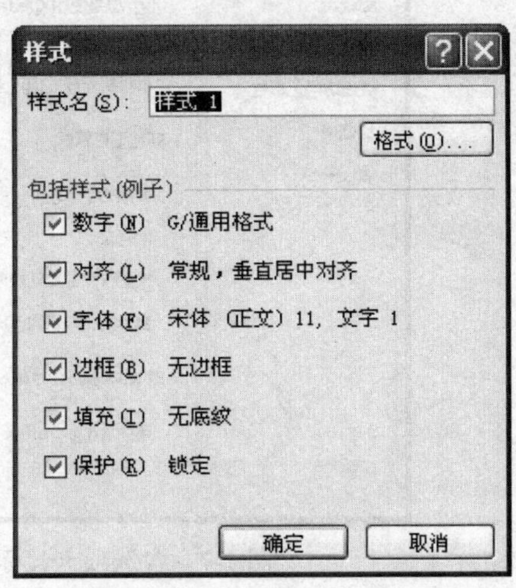

图 1-5　含复选框的对话框

3．文本框

文本框用来接收、控制用户输入的正文，某些文本框也可以让用户在工作表中选择指定的工作表区，如图 1-6 所示。

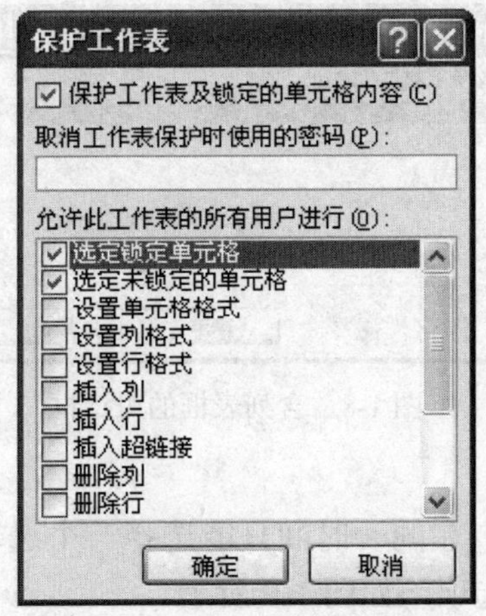

图 1-6　含文本框的对话框

4．选项卡、标签和数字增减框

为了更有效地利用屏幕空间，把相关的选项都放在一张选项卡上，由多张选项卡组成一个对话框。选项卡的名字称为标签。数字增减框是一种方便、实用的数字输入形式。用户可以单击上、下箭头以增加或减少其中的数值，同时还可以直接用键盘向其中输入数值。图 1-7 就是一个含选项卡、标签和数字增减框的对话框。

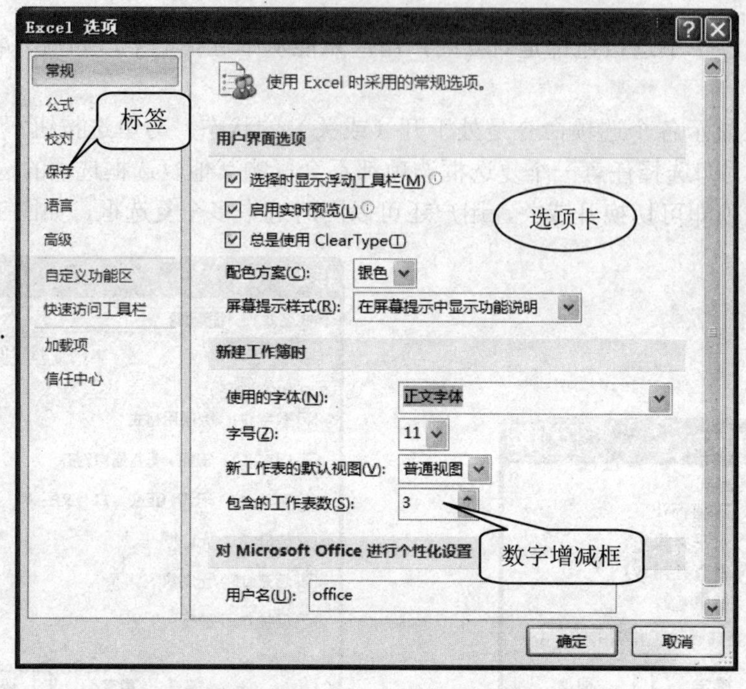

图 1-7　含选项卡、标签和数字增减框的对话框

5. 列表框

列表框中包含一系列可选项，可以通过用鼠标单击选项进行选择。若可选项数目较多，不能全部显示在列表框中时，可以使用列表框右边的垂直滚动条来移动、选择列表，如图 1-8 所示。

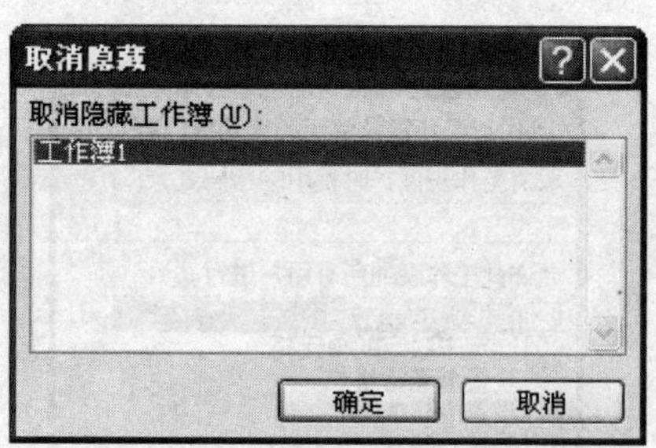

图 1-8　含列表框的对话框

6. 下拉列表框

下拉列表框与列表框相似，在同一时间只能选择一个选项。单击下拉列表框右端的下拉箭头，在下拉列表中将显示各选项，如图 1-9 所示。

7. 图形列表框

Excel 中文版中还有一类对话框元素——图形列表框。在图形列表框中含有多种可供选择的图形。用户可以从图形列表框中选择所需要的图形或该图形所对应的文件名，然后再进行相应的操作，如图 1-10 所示。

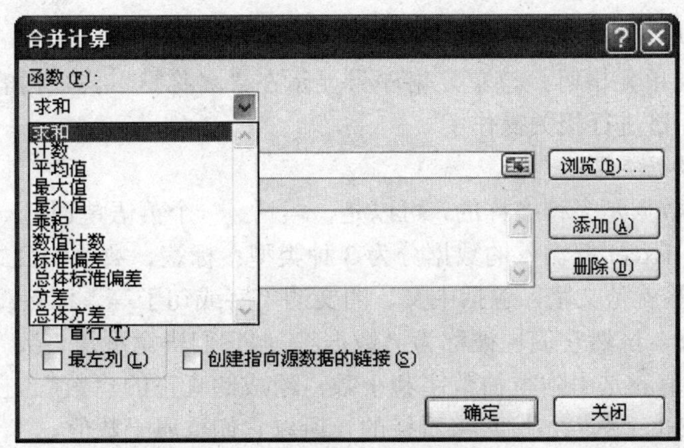

图 1-9　含下拉列表框的对话框

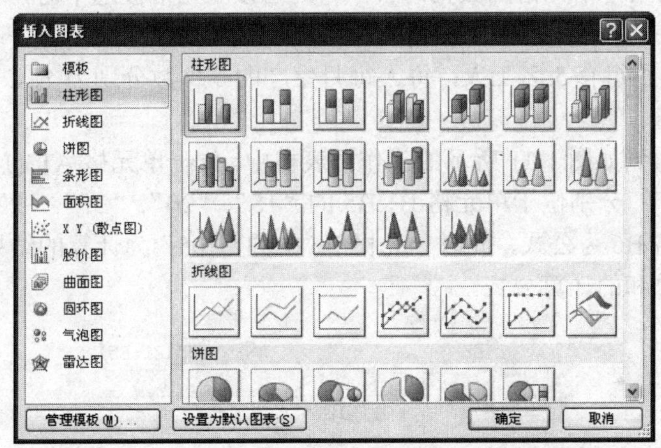

图 1-10　含图形列表框的对话框

1.3　工作表的操作

工作表是 Excel 完成一项工作的基本单位。工作表由单元格组成，同时具有行号与列号区，对单元格进行定位。每个工作表都有自己的名字，都显示在标签栏上。

1.3.1　建立工作表

启动 Excel 时所看到的工作画面就是工作表，其建立在工作簿之中，一个工作簿可以有 255 张工作表。启动 Excel 时，计算机自动打开工作簿和工作表。这时，一般显示 3 张工作表，即 Sheet1、Sheet2 和 Sheet3，可以根据要求对工作表进行命名或者建立新的工作表。

工作簿是以文件的方式存放的，因此对工作簿的操作与管理实际上就是对工作表的操作与管理。在实际工作中，建立工作表是通过建立工作簿来进行的。

1.3.2　编辑单元格

单元格是 Excel 工作表中的最小组成单位。在 Excel 的操作中，以单元格为最小的操作单位，其中可以存放字符和数据。单元格的长度、宽度以及单元格中字符串的大小和类型都是可变的，Excel 本身对单元格中的内容没有任何限制。

当用鼠标单击某单元格时，该单元格序号显示在“名称框”内，内容显示在“编辑栏”内，这时便可对单元格进行相关操作了。

1. Excel 中的数据类型

Excel 能接受的数据是多种多样的，可以是一段话、一个英语单词、一个汉字、货币数量、时间日期、公式等。Excel 把输入的数据分为 3 种类型：标签、数值和公式。

（1）标签。标签就是文字，包括中文、西文的单字或句子等。标签没有大小之分，Excel 不能对标签进行计算，虽然它们也被称为“数据”，但它们毕竟不是“数”。

（2）数值。数值就是由阿拉伯数字和小数点组成的真正的“数”，它是有大小之分的。由于日期和时间在 Excel 中也是按数来看待的，所以它们也属于数值。

（3）公式。公式就是以等号（=）开头，由单元格名称、运算符号和数值组成的字符串。在工作表格中，如果某个单元格的数据为公式，则当该单元格被选中时，它的公式在公式对话框中显示出来，而在工作表格中它仍是数值，即公式计算的结果。

例 1-1 某生产小组有 5 名工人，每人每月生产的零件数分别为 18、20、21、22、24，求该生产小组的总产量。

将这些数据输入到如图 1-11 所示的工作簿表格中。位于单元格 A1 的“产量”和 A6 的“合计”为标签，即文字；分别位于单元格 B1:B5 的“18”、“20”、“21”、“22”和“24”为数值；当前被选中的单元格 B6 为公式，此时单元格 B6 中的“105”为计算的结果，公式栏中的公式对话框显示的是求总和的计算公式。

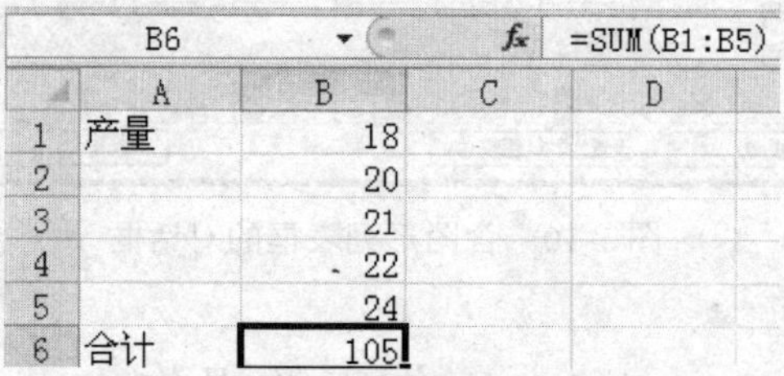

B6 fx =SUM(B1:B5)

	A	B	C	D
1	产量	18		
2		20		
3		21		
4		22		
5		24		
6	合计	105		

图 1-11 Excel 中数据的 3 种类型

Excel 通常能辨认出所输入数据的类型，并调整其相应的外观。由图 1-11 可以看出，Excel 会自动把标签数据（即文字）在单元格中按左对齐处理；把数值在单元格中按右对齐处理；把由公式计算出的结果在单元格中也按右对齐处理。这样，文字与数字在工作表上便一目了然。

2. 向单元格输入数据

要把数据输入到某个单元格中，就必须先选中这个单元格。选中单元格的最简单的办法是用鼠标单击它，选中后的单元格周围有个粗线框。

当选中单元格后，就可以从键盘上向它输入数据了。输入的数据同时在选中的单元格中和公式栏上显示出来。

如果相邻几个单元格的数值相同，那么输入时不必逐个去敲，只需要在最左上角的单元格输入数值后，用鼠标选中它，然后再用鼠标对准该单元格右下角的“填充柄”（形状为一个小的黑正方形），按住鼠标左键并往右（同一行的单元格）或往下（同一列的单元格）拖拽，一直拖到相同内容连续单元格的最后一个，最后松开鼠标左键，结果这些相邻的单元格的相同内容就全部输入好了。

3. 单元格的插入与删除

（1）插入单元格。选中要插入新空白单元格的单元格或单元格区域。选中的单元格数量应与要插入的单元格数量相同。在“开始”选项卡的“单元格”组中单击“插入”旁边的箭头，然后单击“插入单元格”命令，如图 1-12 所示，弹出“插入”对话框，如图 1-13 所示。在该对话框的选项框中有 4 个单选按钮：活动单元格右移、活动单元格下移、整行、整列，根据需要选择其中一项，单击“确定”按钮即可。

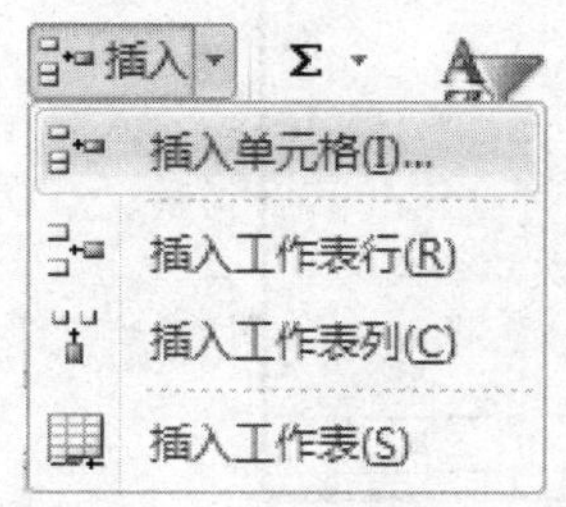

图 1-12 “插入”下拉菜单

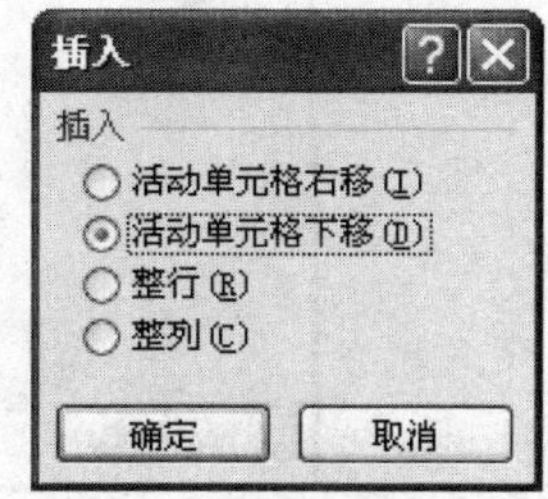

图 1-13 “插入”对话框

（2）删除单元格。选择要删除的单元格，在“开始”选项卡的“单元格”组中单击“删除”旁边的箭头，单击“删除单元格”命令。也可以右击所选的单元格，在弹出的快捷菜单中选择“删除”命令，在弹出的“删除”对话框中单击所需的选项，如图 1-14 所示。

4. 设置单元格填充效果

为一些单元格填充颜色，可以达到突出显示单元格的效果。选择需要填充颜色的单元格或单元格区域，在“开始”选项卡的“字体”组中单击“填充颜色”下的三角按钮，在展开的面板中选择需要填充的颜色，如图 1-15 所示。

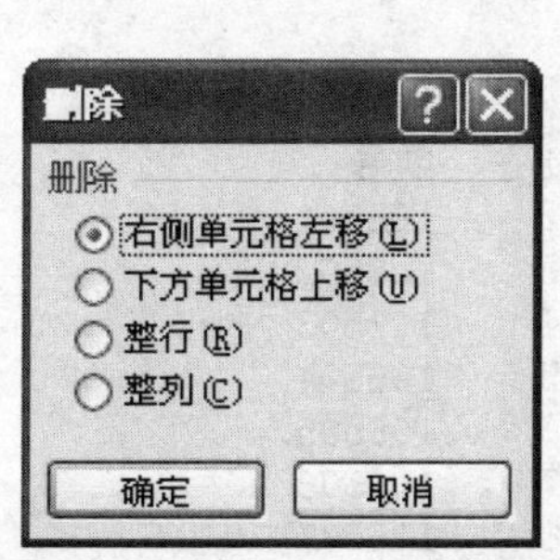

图 1-14 “删除”对话框

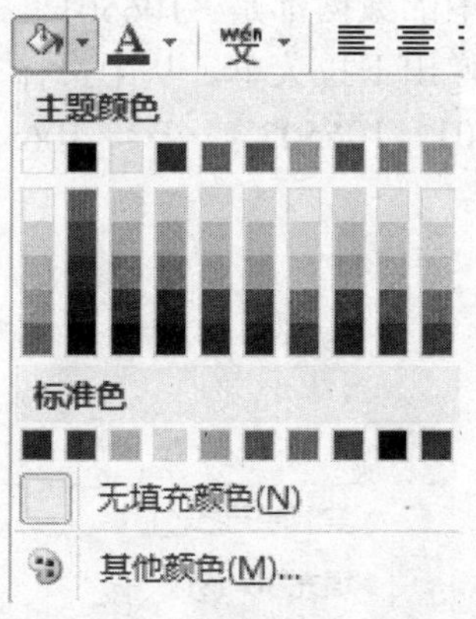

图 1-15 填充颜色面板

5. 设置数据的有效性

数据有效性是 Excel 的一种特殊功能，通过设置数据有效性可以防止用户输入无效数据。使用数据有效性可以控制用户输入到单元格的数据或值的类型。例如，可以把数据输入限制在某个日期范围、使用列表限制选择或者确保只输入正整数。同时还可以在设置数据有效性的单元格区域中将无效的数据圈释出来。方法如下：选择单元格区域，在“数据”功能区的“数据工具”组中单击“数据有效性”按钮，在弹出的下拉菜单中选择“数据有效性”命令，弹出“数据有效性”对话框，如图 1-16 所示。在“设置”选项卡中单击“允许”右下角的三角按钮，在弹出的下拉列表框中选择相应选项进行设置。

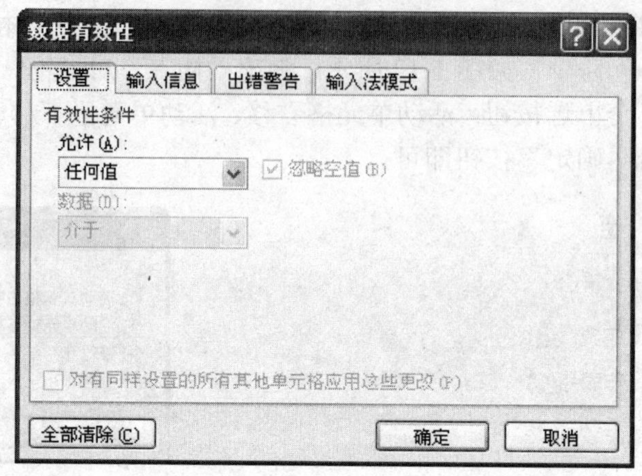

图 1-16 “数据有效性”对话框

6. 自动填充功能

利用自动填充功能可以把一些有规律的数据或公式方便、快捷地填充到需要的单元格中，从而减少重复操作，提高工作效率。

例 1-2 要对 10 级统计学研究生专业的学生编排学号，第一号为 106501（10 表示 10 级，65 表示统计专业，01 表示第一号），以此规律对全班 10 名学生进行排号。

在单元格 A1 中输入“学号”，在单元格 A2 中输入“1065101”，选中 A2 单元格，把鼠标指向 A2 单元格右下角，当鼠标指针变成十字形状时按住右键向右拖拽至 A11 单元格，会发现每个单元格中的数据都是“106501”。这时在单元格 A11 的右下角会出现“自动填充选项”按钮，单击弹出下拉菜单，从中选择“填充序列”命令，如图 1-17 所示，则会发现学号依次变为了 106501，106502，……，106510，如图 1-18 所示。

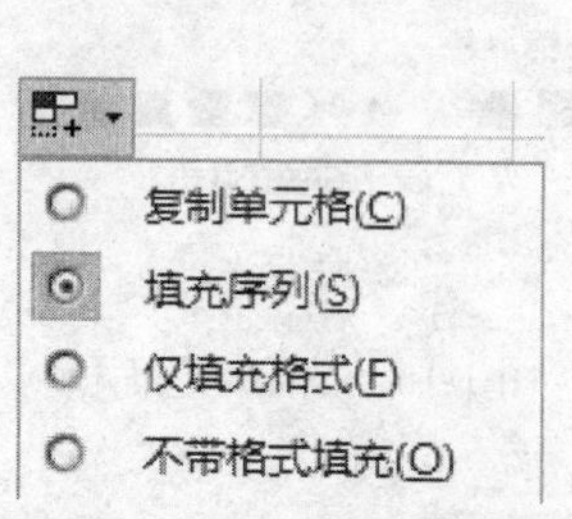

图 1-17 自动填充选项

	A	B
1	学号	
2	106501	
3	106502	
4	106503	
5	106504	
6	106505	
7	106506	
8	106507	
9	106508	
10	106509	
11	106510	

图 1-18 序号编排结果

7. 设置单元格格式

在制作工作表时，可以对单元格的字体、文本对齐方式等进行设置。在“开始”选项卡的“字体”、“对齐方式”或“数字”分组中单击“设置单元格格式”对话框启动按钮即可进行设置。

1.3.3　设置行与列

1. 选中整行

选中整行的操作比较简单，只需将光标移动到所要选中行的行号处，然后单击。

2. 选中整列

选中整列的操作同样也很简单，只需将光标移动到所要选中列的列号处，然后单击。

3. 插入行或列

对于一个编辑好的表格，可能要在表中增加行或列来增加新的数据。

- 插入一行。单击需要插入的新行之下相邻行中的任意单元格。例如，若要在第 3 行之上插入一行，只需单击第 3 行中的任意单元格。在“开始”选项卡的“单元格”组中单击“插入”旁边的箭头，然后单击“插入工作表行”命令。
- 插入多行。选定需要插入的新行之下相邻的若干行。选定的行数应与要插入的行数相等。在“开始”选项卡的“单元格”组中单击“插入”旁边的箭头，然后单击“插入工作表行”命令。
- 插入一列。单击需要插入的新列右侧相邻列中的任意单元格。例如，若要在 C 列左侧插入一列，只需单击 C 列中的任意单元格。在“开始”选项卡的“单元格”组中单击“插入”旁边的箭头，然后单击“插入工作表列”命令。
- 插入多列。选定需要插入的新列右侧相邻的若干列。选定的列数应与要插入的列数相等。在“开始”选项卡的“单元格”组中单击“插入”旁边的箭头，然后单击“插入工作表列”命令。

4. 删除行或列

选定要删除的行或列，在“开始”选项卡的“单元格”组中单击“删除”旁边的箭头，然后单击“删除工作表行”或“删除工作表列”命令。

5. 设置行高和列宽

在 Excel 工作表中选择需要设置高度或宽度的行或列，在“开始”选项卡的“单元格”组中单击“格式”按钮，在打开的下拉菜单中选择“自动调整行高”或“自动调整列宽”命令，则 Excel 将根据单元格中的内容进行自动调整。还可以单击“行高”或“列宽”按钮打开“行高”或“列宽”对话框，在编辑框中输入具体数值并单击“确定”按钮。

1.3.4　数据的查找与替换

在工作表中单击任意单元格，在“开始”选项卡的“编辑”组中单击“查找和选择”图标，弹出下拉菜单，如图 1-19 所示。

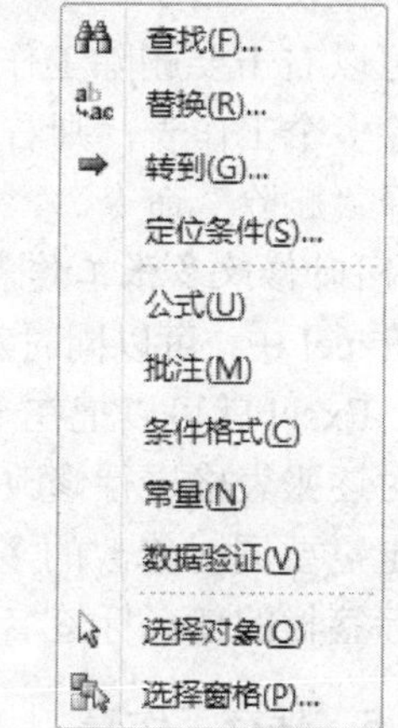

图 1-19　“查找和选择”菜单

如果要查找数据，单击“查找”命令，在弹出的“查找和删除”对话框的“查找内容”组合框中输入要搜索的文本或数字，如图 1-20 所示，或者单击“查找内容”组合框中的箭头，然后在弹出的下拉列表中单击一个最近的搜索，再单击“查找全部”或“查找下一个”按钮。当单击“查找全部”按钮时，符合搜索条件的每个匹配项都将被列出，并且通过单击列表中某个特定的匹配项可以使特定的单元格成为活动的。而且可以通过单击列标题来对“查找全部”搜索的结果进行排序。在查找时可以使用通配符，经常用到的有“*”和“？”。使用“*”可以查找任意字符串，使用“？”可以查找任意单个字符。

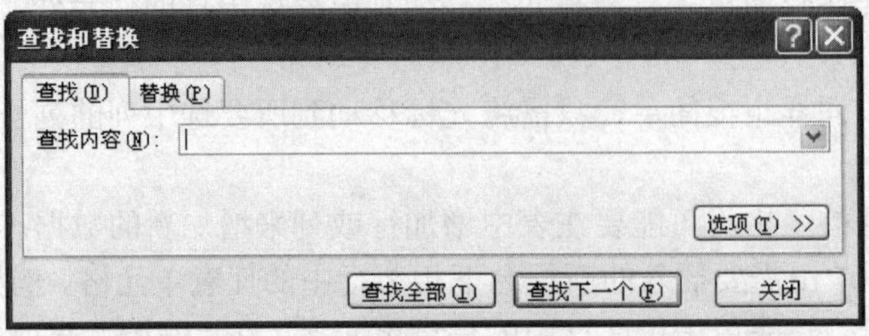

图 1-20 “查找和替换”对话框

要替换数据，在“查找和替换”对话框中单击“替换”选项卡，在“查找内容”组合框中输入需要被替换的内容，在“替换为”文本框中输入将要替换的字符（或将此框留空以便将字符替换成空），然后单击“替换”或“全部替换”按钮。

1.3.5 多工作表间的操作

1. 增减工作表

（1）添加工作表。添加工作表时，只需将鼠标指向任意一个工作表标签，然后右击，在弹出的快捷菜中选择“插入”命令，在出现的“插入”对话框中选择“工作表”选项即可，也可直接单击工作表标签右侧的按钮直接插入新工作表。

（2）删除工作表。首先，选择要删除的一个或多个工作表。选择单张工作表，只需单击该工作表的标签。若选择两张或多张相邻的工作表，单击第一张工作表的标签，然后在按住 Shift 键的同时单击要选择的最后一张工作表的标签。要选择两张或多张不相邻的工作表，单击第一张工作表的标签，然后在按住 Ctrl 键的同时单击要选择的其他工作表的标签。要想选择工作簿中的所有工作表，先右击某一工作表的标签，然后在弹出的快捷菜单中选择“选定全部工作表”命令。然后，在“开始”选项卡的“单元格”组中单击“删除”旁边的箭头并选择“删除工作表”命令。

还可以右击要删除工作表的标签（如果要删除一个工作表，则右击该工作表的标签；如果要删除多个工作表，则右击选定的多个工作表中任一工作表的标签），然后在弹出的快捷菜单中选择“删除”命令。

2. 同时修改多张工作表

在 Excel 中，可以同时对工作簿中结构相同的工作表实施修改。一旦选定了要修改的那些工作表，Excel 就可以把在一张表格上进行的修改自动“传递”到其他选定的工作表中，从而避免了对逐张表格进行修改的麻烦。

选定需要同时修改的多张工作表，将鼠标移到需要进行修改的单元格进行修改。修改完后单击标签栏的任一标签名，取消对多张工作表的选定就完成了对多张工作表的修改。

1.3.6 保存工作表

工作表完成后，单击快速访问工具栏上的“保存”按钮或在“文件”选项卡中单击“保存”按钮，都可以完成对工作表的保存。

1.3.7　复制工作表

要复制一个工作表，只需右击该工作表标签并选择“移动或复制”命令，在弹出的“移动或复制工作表”对话框（如图 1-21 所示）中选择复制工作表的放置位置，勾选“建立副本”复选框，单击“确定”按钮即可。也可以在按住 Ctrl 键的同时，鼠标指向需复制的工作表的标签，按住左键左右拖动鼠标即可完成工作表的快速复制。

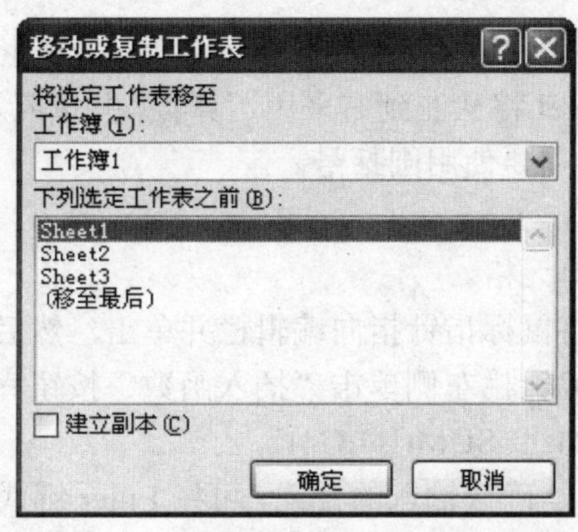

图 1-21　“移动或复制工作表”对话框

1.4　公式与函数的操作

公式是 Excel 中的核心，它由单元格内的一系列数值（或者能够代表数值的单元格、单元格区域名称）、运算符和工作表函数组成。利用公式，用户不仅可以进行数学运算（如加、减、乘、除等）和逻辑判断（如真与假），还可以完成工作表数据比较及文本合并等。

函数是预先编写的公式，可以对一个或多个值执行运算，并返回一个或多个值。函数可以简化和缩短工作表中的公式，尤其是在用公式执行很长或复杂的计算时。如能熟练掌握函数并能加以利用，可大大提高工作效率。与以前版本相比，Excel 2010 中的一些函数已经进行了更新和重命名，改进了函数的算法，提高了函数计算的准确性，并且在函数库中新增了一些函数。

与公式相比，函数具有特定的语法结构，必须严格遵守，否则 Excel 会弹出错误提示信息。函数以函数名称（如 SUM）开始，紧接着是左圆括号、参数 1、参数 2、…、右圆括号，当有多个参数时，参数间以逗号分隔。使用函数时，函数名称前的“=”号和其后的括号“()”是必不可少的，因此“=”和“()”被称为函数的结构，如图 1-22 所示。

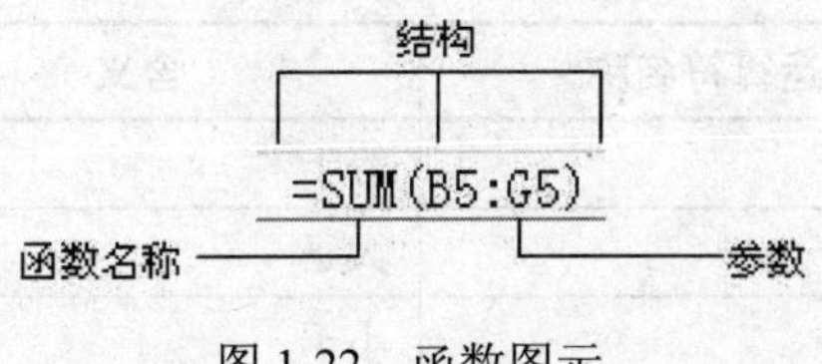

图 1-22　函数图示

参数是指函数中用来执行操作或计算的值。一个函数可以没有参数，也可以有一个或多个参数。常用的参数类型有数值、文本、形如 True 或 False 的逻辑值、数组、引用单元格、错误值#N/A 等。常量、公式或其他函数也可作为参数用在函数中。如在 IF 函数“=IF(AVERAGE(B3:G3)>50,SUM(B4:G4),0)”中，有 AVERAGE 函数、SUM 函数作为其参数。

1.4.1 公式的创建与编辑

1. 公式的创建

为了建立公式，必须首先输入“=”号，以表示编辑公式即将开始。

在一个完整的公式中，Excel 将从左到右采用运算符，并按照运算符的优先顺序进行计算。如果要更改公式的运算顺序，需要使用圆括号。

建立公式的一般步骤如下：

（1）选择要建立公式的单元格。

（2）输入“=”。一般先将鼠标指针指向编辑栏并单击，然后输入等号“=”；如果要利用 Excel 函数建立公式，则可在编辑栏左侧单击“插入函数”按钮 fx 。

（3）输入公式的内容，如“=SUM(B4:G4)”。

（4）为了完成公式的编辑，确认输入的公式，可按 Enter 键或用鼠标单击编辑栏左侧的 ✔ 按钮；如果要取消编辑的公式，则可单击编辑栏中的 ✖ 按钮。

2. 公式中的运算符

顾名思义，运算符就是用来进行运算的符号，在 Excel 中有 4 种类型的运算符，即算术运算符、比较运算符、文本运算符和引用运算符。

（1）算术运算符。算术运算符可以完成基本的数学运算，如加、减、乘、除、乘方（如乘幂的 2 次方）、开方（如乘幂的 1/2=0.5 次方）等，常见算术运算符及操作举例如表 1-1 所示。

表 1-1 算术运算符

运算符	运算符名称	含义	操作举例	运算结果
+	加号	加	=10+5	15
–	减号	减	=10–5	5
*	星号	乘	=10*5	50
/	斜杠	除	=10/5	2
^	脱字符	乘幂	=10^5	100000
%	百分号	百分比	=200%	2

（2）比较运算符。比较运算符可以用于比较两个值，并产生逻辑值 True 或 False。常见比较运算符及操作举例如表 1-2 所示。

表 1-2 比较运算符

运算符	运算符名称	含义	操作举例
=	等于号	等于	A1=B1
>	大于号	大于	A1>B1
<	小于号	小于	A1<B1

续表

运算符	运算符名称	含义	操作举例
>=	大于等于号	大于等于	A1>=B1
<=	小于等于号	小于等于	A1<=B1
<>	不等于号	不等于	A1<>B1

（3）文本运算符。在 Excel 中，文本运算符只有一种，即“&”，该运算符可将文本或数值连接成串。常见文本运算符及操作举例如表 1-3 所示。

表 1-3 文本运算符

运算符	运算符名称	含义	操作举例	结果
&	连字符	连接数据或文本	="t"&"检验"=A1&B1（注：单元格 A1 为数字 2002，B1 为数字 02）	t 检验 200202

（4）引用运算符。除了以上运算符外，当 Excel 公式引用一个单元格区域或多个单元格区域时，还需要采用引用符号，常用的引用运算符有“:”、“,”、“ ”（空格），分别表示引用范围、合并引用、交叉引用。

当引用一个单元格区域时，需要知道区域的左上角位置和右下角位置，如左上角位置为第 2 列第 5 行（B5），右下角位置为第 4 列第 8 行（D8），则该区域可表示为“B5:D8”。如果要计算 3 个单元格区域“B5:D8”、“Al:A6”和“H1:H5”之间的和，则可以通过在编辑栏中输入“=SUM(B5:D8,Al:A6,H1:H5)”来完成。

（5）运算符的优先级顺序。如果公式中包含了相同优先级的运算符（如+，-），则计算从左到右进行。当公式中包括有多个运算符时，必须考虑优先级别的问题。只有弄清了运算符的优先级别，哪些运算符的优先级别相同，哪些优先级别排在前面，哪些排在后面，才不至于造成运算的错误。表 1-4 列出了 Excel 运算符优先级别的顺序。

表 1-4 Excel 公式中运算符的优先级顺序

优先级顺序	运算符	说明
1（高）	:（冒号）	引用运算符
2	（空格）	
3	,（逗号）	
4	-	负号
5	%	百分号
6	^	乘幂
7	*和/	乘和除
8	+和-	加和减
9	&	连续两串文本（连接符）
10（低）	=、>、<、>=、<=、<>	比较运算符

3. 公式编辑

编辑公式时，单元格绝对引用和混合引用需要输入“$”号，绝对引用要分别在列标和行号之前输入“$”号，混合引用要在列标或行号之前输入“$”号。输入“$”号时，需要将输入方式改变为英文，且需按住Shift键输入“$”号。为了操作更简便，可采用F4功能键解决此问题。如需对单元格A1加“$”号，可将光标放在A1的旁边，第一次按F4功能键A1会变为$A$1，第二次按F4功能键会变为A$l，第三次按F4功能键会变为$A1，第四次按F4功能键又会返回到相对引用状态，即A1。

在默认状态下，在输入公式的单元格中显示的只是结果，而不是公式。若想在单元格中显示公式，可以使用快捷键“Ctrl+`”进行公式内容与结果的切换。

编辑公式时如果有问题，Excel会出现错误信息，常见的错误信息有以下几种：

（1）####。输入到单元格中的数据太长或单元格公式所产生的结果太大，在单元格中显示不下时，或对日期或时间做减法时出现负值，将在单元格中显示####。

（2）#DIV/0!。输入的公式中包含明显的除数0，或在公式中除数使用了空单元格（当运算对象是空白单元格时，Excel将此空值解释为零值），或包含零值单元格的单元格引用，则会产生错误信息DIV/0!。

（3）#VALUE!。在需要赋单一数据的运算符或函数时，却赋给了一个数值区域等；当使用不正确的参数或运算符时，或者当执行自动更正公式功能时不能更正公式；在需要数字或逻辑值时却输入了文本，Excel不能将文本转换为正确的数据类型时，都会出现错误信息#VALUE!。

（4）#NAME?。在公式中使用了Excel所不能识别的文本时产生的错误信息。

（5）#N/A。这是在函数或公式中没有可用数值时产生的错误信息。如果某些单元格暂时没有数值，则可以在这些单元格中输入“#N/A”。这样，公式在引用这些单元格时不进行数值计算，而是返回#N/A。

（6）#REF!。单元格中出现这样的信息是因为该单元格引用无效的结果。例如，删除了有其他公式引用的单元格，或者把移动单元格粘贴到了其他公式引用的单元格中。

（7）#NUM!。这是在公式或函数中某个数字有问题时产生的错误信息。例如，在需要数字参数的函数中使用了不能接受的参数，或者公式产生的数字太大或太小等。

（8）#NULL!。单元格中出现此错误信息是试图为两个并不相交的区域指定交叉点时产生的，如错误使用了不正确的区域运算符或不正确的单元格引用等。

1.4.2 Excel常用函数

Excel为用户提供了11类（数学和三角函数、统计函数、日期与时间函数、文本函数、逻辑函数、查询和引用函数、数据库函数、信息函数、工程函数、财务函数、用户自定义函数），约400个函数。

数据分析涉及的数学函数、统计函数、日期与时间函数、文本函数、逻辑函数等较多，应用时可参见本书的有关章节，这里只介绍几种常用数学函数。

1. 圆周率

圆周率π=3.14159265，不是一个固定值，用3.14进行计算往往不够精确。Excel为用户提供了一个圆周率函数，可精确到小数点后14位（3.14159265358979）。

圆周率函数为PI()，注意括号内是空的，无任何内容。例如，为了计算2π等于多少，可采用 Excel 公式"=2*PI()"完成，此时获得结果为 6.283185307。

2. 对数与指数

对于自然对数，Excel 函数为 LN(a)，例如 Ln10 的 Excel 计算公式为"=LN(10)"，计算获得的结果为 2.3026。

对于其他对数可采用 Excel 函数 LOG(number,base)计算，公式中 number 为用于计算对数的正实数，base 为对数的底数，如果省略底数，假定其值为 10。例如，计算 $\log_{10}20$ 的 Excel 计算公式为"=LOG(20,10)"，计算结果为 1.3010。

对于自然对数的指数 e^a，Excel 函数为 EXP(number)。例如，e^5 的 Excel 计算公式为"=EXP(5)"，计算结果为 148.4132。

对于其他指数 x^y，可用乘幂运算符"^"计算。例如，10^5 的 Excel 计算公式为"=10^5"，计算结果为 100000。

3. 阶乘

阶乘函数为 FACT(number)，公式内的 number 表示一个非负的数值。例如，计算 5！的 Excel 公式为"=FACT(5)"，计算获得的结果为 120。

4. 排列与组合

从 n 个不同对象中取出 k 个对象并加以有次序排列的方法称为排列（Permutation），用数学符号可表示为：

$$P_n^k = n(n-1)(n-2)\ldots(n-k+1) = \frac{n!}{(n-k)!}$$

Excel 排列函数为 PERMUT(number,number_chosen)。公式中 number 表示对象个数的整数，number_chosen 表示每个排列中对象个数的整数。例如，从 5 个不同对象中取出 2，Excel 公式为"=PERMUT(5,2)"，计算获得的结果为 20。

从 n 个不同对象中取出 k 个对象并加以组合（不管其次序）的方法称为组合（Combination），用数学符号可表示为：

$$C_k^n = \frac{P_n^k}{k!} = \frac{n!}{k!(n-k)!}$$

Excel 组合函数为 COMBIN(number,number_chosen)。公式中 number 为对象的总数量，number_chosen 为每一组合中对象的数量。例如，从 5 个不同对象中取出 2，Excel 公式为"=COMBIN(5,2)"，计算获得的结果为 10。

5. 随机数

为了产生 0～1 之间的随机数，可采用函数 RAND()。注意括号中是空的，不需要加任何成分，获得的随机值是 0～1 之间的小数。例如，每次由"=RAND()"获得 0.2615467，通过公式的复制粘贴或填充后，随机数改变为 0.2747219,0.8055239,…。

为了获得给定的任意两个数（包括正数、0、负数）之间的随机数，可采用函数 RANDBETWEEN(bottom,top)。公式中 bottom 为函数 RANDBETWEEN 将返回的最小整数，top 为函数 RANDBETWEEN 将返回的最大整数。该函数获得的随机数为整数。

6. 数据取舍函数

（1）符号函数 SIGN(number)。该函数可获得数据的符号。当数值为负数时，得函数计算结果为-1，数值为正数得 1，数值为 0 得 0。

（2）取整函数 INT(number)。该函数只取数据的整数部分。对于正数，保留了整数部分，小数部分全部舍去；对于负数，小数部分舍去，但获得的整数部分为原整数加-1。如“=INT(-3.5)”等于-4，而不是等于-3。

（3）截断取舍函数 TRUNC(number,num_digits)。该函数和 INT 函数类似，都返回整数，但 TRUNC 函数直接去除数字的小数部分。

（4）四舍五入取舍函数 ROUND(number,num_digits)。该函数返回某个数字按指定位数取整后的数字。如果 num_digits 大于 0，则四舍五入到指定的小数位；如果 num_digits 等于 0，则四舍五入到最接近的整数；如果 num_digits 小于 0，则在小数点左侧进行四舍五入。

7. 求绝对数

无论数据是正还是负，均取正值，数学上表示为|x|，如|-10|=|10|=10，绝对数函数为 ABS (number)。如“=ABS(-10)”等于 10。

8. 求余数与求商

计算被除数除以除数所得余数的函数是 MOD (number,divisor)。公式中 number 为被除数，divisor 为除数。如“=MOD(11,3)”得余数为 2。

计算被除数除以除数所得商的函数是 QUOTIENT(numerator,denominator)。该函数返回商的整数部分，可用于舍掉商的小数部分。公式中 numerator 为被除数，denominator 为除数。如“=QUOTIENT(11,3)”得商为 3。

9. 连乘与连加

如果变量 x 包括 a,b,c,…，则用数学符号表示为 $\prod x = a \times b \times c \times \cdots$。Excel 计算连乘积的函数为 PRODUCT (number1,number2,…)。公式中 number1,number2,…为 1～30 个需要相乘的数字参数，也可以是单元格引用。如“=PRODUCT(4,3,2)”等于 24。

如果变量 x 包括 a,b,c,…，则用数学符号表示为 $\sum x = a+b+c+\cdots$。Excel 计算累计求和的函数为 SUM (number1,number2, …)。如“=SUM(4,3,2)”等于 9。

1.5 分类汇总与数据透视表的操作

1.5.1 分类汇总

分类汇总和合并计算类似，也可以完成求和、均值（即平均值）、连乘（即乘积）、最大值、最小值、非空白单元格的计数（即计数）、数字单元格的计数（即计数值）、方差、总体方差、标准差（即标准偏差）、总体标准差（即总体标准偏差）等 11 项统计功能。

分类汇总是将数据清单中关键字相同的一些记录合并为一组，对于每组记录按列进行求和、计算均值等汇总。为了避免分类汇总计算的错误，在执行“分类汇总”命令前应将数据清单中的记录按照某一关键字进行排序，然后才能根据此关键字进行汇总。

1. 简单分类汇总

例 1-3 某研究者将病人随机分成对照组、实验 1 组、实验 2 组等 3 个组（分别记为 0、1、2），给每组不同的药物后，每相隔一定的时间测量一次病人的心率、血压及 CVP、CO、SVR、SV、TFC、LCWI 等指标，获得的数据如图 1-23 所示。

试采用分类汇总方法计算每组的心率、血压及 CVP、CO、SVR、SV、TFC、LCWI 等指标的均值。

	B	C	D	E	F	G	H	I	J	K
1	组别	时间	心率	血压	CVP	CO	SVR	SV	TFC	LCWI
2	0	0:00	99	89	6.5	6	1210	55	34	4
3	0	0:00	59	84	7	5.8	1120	68	34.1	2.8
4	0	0:00	62	97	8	5.2	1158	80	40	3.6
5	1	0:00	89	96	10	5.4	1159	77	41	4.9
6	1	0:00	95	106	3.6	5.2	1258	78	42.3	5.2
7	1	0:00	61	102	6	5.7	1259	69	44	5.8
8	2	0:00	90	98	4.9	4.9	1266	54	40.8	5.9
9	2	0:00	77	86	5.8	4.8	1268	52	40.6	5.6
10	2	0:00	68	76	6	4.3	1269	59	36	6
11	0	0:05	60	77	9	3.9	1688	85	38	6.2
12	0	0:05	105	70	10	5.9	1689	86	39	6.3
13	0	0:05	108	63	10.8	5.6	1699	78	30.8	4.9
14	1	0:05	58	68	11.9	3.8	1666	72	32.5	4.2
15	1	0:05	69	90	11.8	3.9	1668	59	35.8	4.7

图 1-23　某药物代谢动力学研究数据

分类汇总计算均值可按以下步骤进行：

（1）对需要分类汇总的关键字字段进行排序。本例应按“组别”进行排序。选中单元格 B1，在“数据”功能区的“排序和筛选”组中单击升序（A→Z）按钮 A↓Z，即对整个数据清单按“组别”升序排列。

（2）选定数据清单中的任一单元格，单击“分级显示”组中的“分类汇总”按钮，弹出“分类汇总”对话框，如图 1-24 所示。

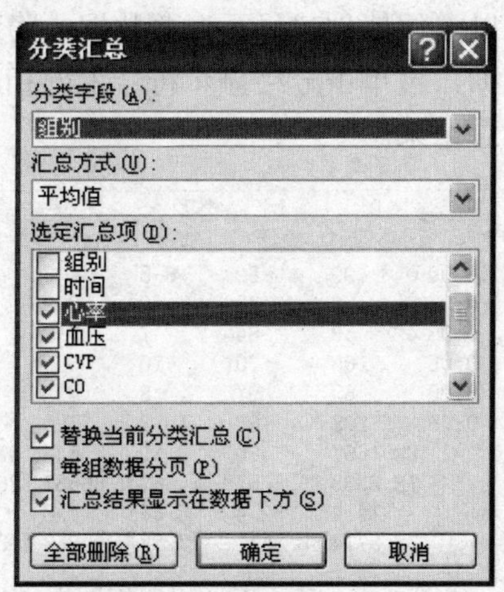

图 1-24　“分类汇总”对话框

（3）单击“分类字段”框的下拉箭头，在弹出的下拉列表框中选择所需字段作为分类汇总的依据，这里指定“组别”为分类字段。

（4）单击“汇总方式”框的下拉箭头，在弹出的下拉列表框中有求和、计数等 11 个选项。为了获得均值，这里指定“平均值”。

（5）在“选定汇总项”列表框中列出了数据清单中的所有字段（变量）名称，将所有需要汇总的字段前面的复选框选中。这里指定心率、血压及 CVP、CO、SVR、SV、TFC、LCWI 等字段。

（6）根据需要，指定汇总结果显示的位置，选定相应的复选框。其中，“替换当前分类汇总”表示按本次分类汇总要求进行汇总；“每组数据分页”表示每一类按分页显示，当数据很多时，这样处理有助于查看；“汇总结果显示在数据下方”表示将分类汇总数放在本类的最后一行，系统默认的方式是将分类汇总数放在本类的第一行。本例选中“替换当前分类汇总”和“汇总结果在数据下方”。

（7）单击“确定”按钮，获得如图 1-25 所示的结果。

	A	B	C	D	E	F	G	H	I	J	K
1	编号	组别	时间	心率	血压	CVP	CO	SVR	SV	TFC	LCWI
8		**0 平均值**		82.1667	80	8.55	5.4	1427.33	75.3333	35.9833	4.63333
12		**2 平均值**		78.3333	86.6667	5.56667	4.66667	1267.67	55	39.1333	5.83333
18		**1 平均值**		74.4	92.4	8.66	4.8	1402	71	39.12	4.96
19		**总计平均值**		78.5714	85.8571	7.95	5.02857	1384.07	69.4286	37.7786	5.00714

图 1-25 分类汇总结果

此时，Excel 将为每组记录插入一个分类汇总行，在该行相应单元格利用分类汇总函数 SUBTOTAL(function_nun,ref1,ref2,...)按要求计算分类汇总值。公式中 function_num 的取值为 1～11 之间的数字，分别表示 11 个函数 AVERAGE、COUNT、COUNTA、MAX、MIN、PRODUCT、STDEV、STDEVP、SUM、VAR。ref1,ref2,...为引用数值或引用单元格。对于本例，求对照组心率均值的公式为“=SUBTOTAL(1,D2:D56)”。

Excel 除了在每一组明细数据（记录）的下面添加了汇总数据以外，还自动在数据清单的左侧建立了分级显示符号。该区域的顶部为横向排列的级别按钮。区域的下面是对应不同级别数据的显示明细数据按钮+和隐藏明细数据按钮-。利用分级显示符号，可以根据需要灵活地观察所选级别的数据，也可以方便地创建显示汇总数据、隐藏细节数据的汇总报告。

要显示指定级别的汇总数据，可单击分级显示符号上部相应的级别按钮。图 1-26 所示为单击级别 2 按钮显示的 2 级汇总结果。

	A	B	C	D	E	F	G	H	I	J	K
1	编号	组别	时间	心率	血压	CVP	CO	SVR	SV	TFC	LCWI
2	B1	0	0:00	99	89	6.5	6	1210	55	34	4
3	B1	0	0:05	60	77	9	3.9	1688	85	38	6.2
4	B2	0	0:00	59	84	7	5.8	1120	68	34.1	2.8
5	B2	0	0:05	105	70	10	5.9	1689	86	39	6.3
6	B3	0	0:00	62	97	8	5.2	1158	80	40	3.6
7	B3	0	0:05	108	63	10.8	5.6	1699	78	30.8	4.9
8		**0 平均值**		82.1667	80	8.55	5.4	1427.33	75.3333	35.9833	4.63333
12		**2 平均值**		78.3333	86.6667	5.56667	4.66667	1267.67	55	39.1333	5.83333
18		**1 平均值**		74.4	92.4	8.66	4.8	1402	71	39.12	4.96
19		**总计平均值**		78.5714	85.8571	7.95	5.02857	1384.07	69.4286	37.7786	5.00714

图 1-26 查看对照组明细数据

要显示某一个分组数据的明细数据，可单击相应汇总数据所对应的显示明细数据按钮+，这时相应的按钮变为隐藏明细数据按钮-。为了显示对照组（即 0 组）的明细数据，在第 8 行左侧单击显示明细数据按钮+可获得图 1-26 所示的结果。单击级别 3 按钮可显示所有组的明细数据。

要将分类汇总的结果单独存放在一张工作表中，可将汇总的结果复制后，利用“编辑”菜单中的“选择性粘贴”命令粘贴到新工作表中。在“选择性粘贴”对话框的粘贴选项中应选择“数值”选项，然后利用筛选操作进行筛选或直接删除明细数据即可。

2. 删除分类汇总

如果要删除分类汇总，选择包含分类汇总的区域中的某个单元格，在“数据”选项卡的“分级显示”组中单击“分类汇总”，在“分类汇总”对话框中单击“全部删除”。此时，数据清单恢复成原来的初始状态。

3. 多级分类汇总

如果需要还可以在简单分类汇总的基础上再创建二级乃至多级分类汇总。多级分类汇总的关键是正确的分类汇总次序，即先按主要关键字建立第一级分类汇总，再按次要关键字建立第二级分类汇总，依此类推。在分类汇总前必须按主要关键字、次要关键字等排序。

例 1-4　对例 1-3 的资料按“组别”和“时间”两个字段求心率、血压及 CVP、CO、SVR、SV、TFC、LCWI 等指标的最大值。

（1）删除分类汇总。

（2）选中数据区中的任一单元格，在“数据”功能区的“排序和筛选”组中单击“排序”按钮，弹出“排序”对话框，在“主要关键字”下拉列表框中选择“组别”选项，在“排序依据”下拉列表框中选择“数值”选项，在“次序”下拉列表框中选择“升序”选项，单击“添加条件”按钮，在出现的“次要关键字”下拉列表框中选择“时间”选项，在“排序依据”下拉列表框中选择“数值”选项，在“次序”下拉列表框选择“升序”选项，如图 1-27 所示，单击“确定”按钮。

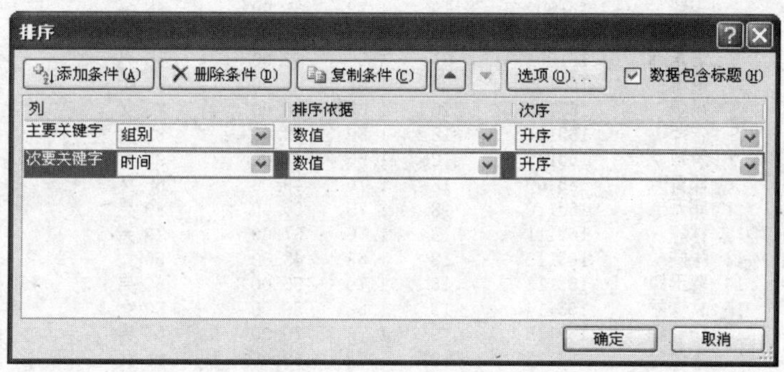

图 1-27　“排序”对话框

（3）按主要关键字“组别”建立第一级分类汇总，方法同上。注意在“汇总方式”框中指定“最大值”。

（4）按次要关键字“时间”建立第二级分类汇总，清除“替换当前分类汇总”复选框中的选定标志。这样，按“组别”和“时间”分组进行二级分类汇总的结果如图 1-28 所示。

	A	B	C	D	E	F	G	H	I	J	K
1	编号	组别	时间	心率	血压	CVP	CO	SVR	SV	TFC	L(LCWI
2	B1	0	0:00	99	89	6.5	6	1210	55	34	4
3	B2	0	0:00	59	84	7	5.8	1120	68	34.1	2.8
4	B3	0	0:00	62	97	8	5.2	1158	80	40	3.6
5	B1	0	0:05	60	77	9	3.9	1688	85	38	6.2
6	B2	0	0:05	105	70	10	5.9	1689	86	39	6.3
7	B3	0	0:05	108	63	10.8	5.6	1699	78	30.8	4.9
8		**0 最大值**		108	97	10.8	6	1699	86	40	6.3
9		**0 最大值**		108	97	10.8	6	1699	86	40	6.3
10	H1	1	0:00	89	96	10	5.4	1159	77	41	4.9
11	H2	1	0:00	95	106	3.6	5.2	1258	78	42.3	5.2
12	H3	1	0:00	61	102	6	5.7	1259	69	44	5.8
13	H1	1	0:05	58	68	11.9	3.8	1666	72	32.5	4.2
14	H2	1	0:05	69	90	11.8	3.9	1668	59	35.8	4.7
15		**1 最大值**		95	106	11.9	5.7	1668	78	44	5.8
16		**1 最大值**		95	106	11.9	5.7	1668	78	44	5.8
17	G1	2	0:00	90	98	4.9	4.9	1266	54	40.8	5.9
18	G2	2	0:00	77	86	5.8	4.8	1268	52	40.6	5.6
19	G3	2	0:00	68	76	6	4.3	1269	59	36	6
20		**2 最大值**		90	98	6	4.9	1269	59	40.8	6
21		**2 最大值**		90	98	6	4.9	1269	59	40.8	6
22		**总计最大值**		108	106	11.9	6	1699	86	44	6.3

图 1-28　二级分类汇总结果

图 1-28 所示数据是级别按钮 4 的汇总数据。如果单击级别 3 按钮 3，可显示按“组别”和“时间”交叉的汇总数据；如果单击级别 2 按钮 2，则仅显示按“组别”的汇总结果。

1.5.2 数据透视表

数据透视表是 Excel 中的一种交互式报表，通过数据透视表可以方便地调整分类汇总的方式（同上），灵活地以多种不同方式展示数据的特征。计算均数标准差（分类汇总）、建立列联表、计算百分比、建立新的数据子集、绘制统计图形等均可利用这一工具完成。因此，该工具是最常用、功能最全的 Excel 数据分析工具之一。掌握这一功能，可以帮助用户解决许多数据分析问题。

1. 创建数据透视表

例 1-5 根据如图 1-29 所示的“学生体育成绩”工作表中的数据建立数据透视表。

	A	B	C	D	E	F	G
1	姓名	学号	年龄	身高	体重	体育成绩	性别
2	高蕊	161301	18	1.65	50.00	90	女
3	李毅	161302	19	1.78	65.00	85	男
4	蒋霄亮	161303	20	1.76	60.00	86	男
5	王东洲	161304	21	1.80	62.00	78	男
6	董琳	163105	20	1.67	55.00	65	女
7	冯妍	163106	20	1.68	48.00	70	女
8	张萍	163107	18	1.59	45.00	82	女
9	余敏	163108	18	1.56	48.00	93	女
10	邱美芳	163109	18	1.70	49.00	55	女
11	邱万雄	163110	18	1.75	60.00	89	男
12	林静	163111	18	1.76	67.00	79	男
13	张媛	163112	18	1.68	43.00	60	女
14	董玉锋	163113	18	1.79	55.00	62	男
15	袁秀丽	163114	19	1.58	50.00	50	女
16	杨晓辉	163115	19	1.76	70.00	68	男
17	高敏芳	163116	19	1.72	60.00	91	女
18	王兴	163117	19	1.76	65.00	86	男

图 1-29 “学生体育成绩”工作表（部分数据）

（1）在“学生体育成绩”工作表中选取任一单元格，在“插入”选项卡的“表格”组中单击“数据透视表”按钮，在展开的下拉菜单中选择“数据透视表”命令，弹出“创建数据透视表”对话框，如图 1-30 所示。

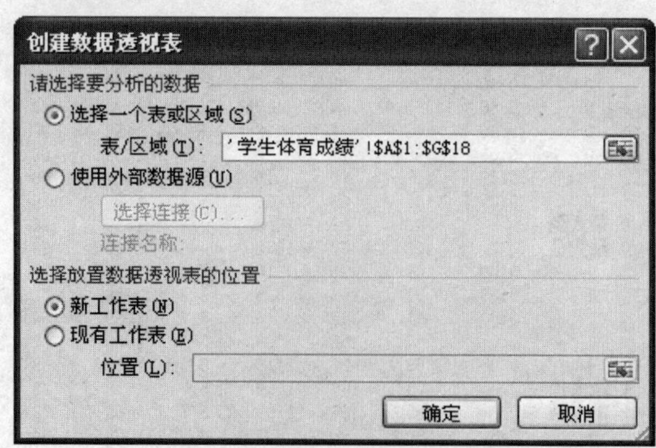

图 1-30 “创建数据透视表”对话框

（2）该对话框主要用来确定数据源和报表位置。这里指定默认选项，即数据源类型为 Excel 数据清单，报表类型为数据透视表。

确定 Excel 已正确识别数据的单元格区域（一般都能自动识别。如果没有正确选定区域，则应该用鼠标单击框右侧的箭头进行单元格区域的选取）。在“选择放置数据透视表的位置”选项区中单击想要放置位置前的单选按钮，本例按默认选定“新工作表”，单击“确定”按钮。Excel 自动创建一张新的工作表，在该工作表中显示了创建的数据透视表雏形，如图 1-31 所示。

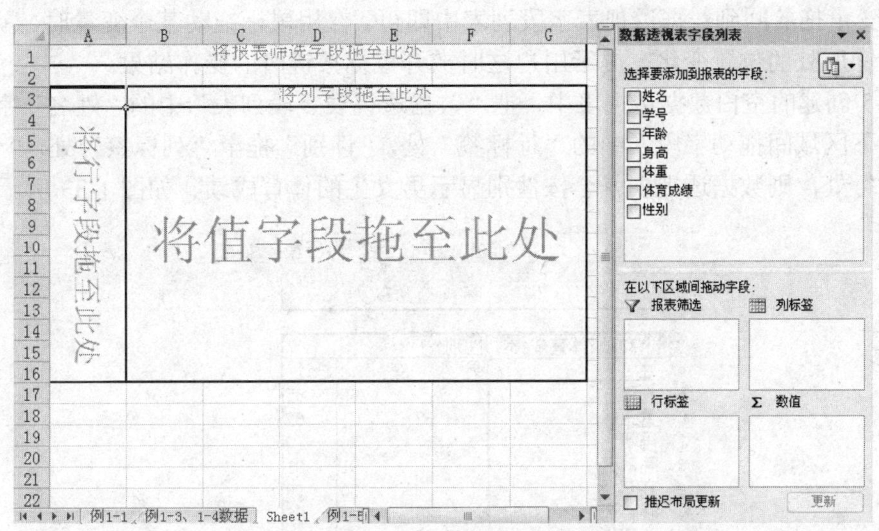

图 1-31 数据透视表的雏形

2. 数据透视表的结构及其工具

（1）数据区。数据透视表的雏形中分为 4 个数据区。

“数据字段”区：它是图 1-31 中显示最大的那个区域，此处提示“将值字段拖至此处”。为了计数或求频数，一般将个体编号变量拖入此处；为了计算定量数据描述性统计量（如平均值、标准差等），应将定量数据（如年龄、身高、体重）拖入此处。

“行字段”区：此处提示“将行字段拖至此处”，该区域应拖入分类变量，该变量的分组类别排在一列，每个类别占一行。

“列字段”区：此处提示“将列字段拖至此处”，该区域也应拖入分类变量，该变量的分组类别排在一行，每个类别占一列。行字段区域、列字段区域可分别拖放多个分类变量。

“页字段”区：此处提示“将报表筛选字段拖至此处”，如果将分类变量放在此处，选择这一变量的某一类别则产生一个数据透视表，选择这一变量的另一类别则覆盖前次产生的表格，产生一个新的数据透视表，这样可查看在某一变量的不同值时数据透视分析的结果。选取“(全部)”时，则忽略该变量的作用。这一区域的作用相当于统计上所说的分层，即按拖入的变量分层后参看各层的数据分析结果。

（2）数据透视表工具选项卡。数据透视表结构形成后，页面中会显示数据透视表工具选项卡，如图 1-32 所示。

图 1-32 “数据透视表工具”选项卡

（3）编辑与组织数据透视表。创建了数据透视表雏形后，应根据分析要求设置数据透视表的版式。该步骤也是创建数据透视表最关键的一步。

如果要将某个变量添加到行字段区、列字段区、页字段区或数据字段区，则将相应变量拖放到行字段区、列字段区、页字段区或数据字段区即可。如果要从数据透视表中删除某个变量，则将该变量拖放回到数据透视表字段列表中即可。在用鼠标拖动某个变量时，鼠标指针会随着鼠标指针所处的位置变化，提示用户这时放开鼠标按键时的操作结果。

在例 1-5 创建的空白数据透视表中，把“数据透视表字段列表”中的“姓名”字段用鼠标拖至“在以下区域间拖动字段”中的“行标签”处，“性别”拖至“列标签”处，“体育成绩”拖至“数值”处，则数据透视表就会按性别显示男女生的体育成绩，如图 1-33 所示。

A3　　fx　求和项:体育成绩

	A	B	C	D
1	将报表筛选字段拖至此处			
2				
3	求和项:体育成绩	性别		
4	姓名	男	女	总计
5	董琳		65	65
6	董玉锋	62		62
7	冯妍		70	70
8	高敏芳		91	91
9	高蕊		90	90
10	蒋霄亮	86		86
11	李毅	85		85
12	林静	79		79
13	邱美芳		55	55
14	邱万雄	89		89
15	王东洲	78		78
16	王兴	86		86
17	杨晓辉	68		68
18	余敏		93	93
19	袁秀丽		50	50
20	张萍		82	82
21	张媛		60	60
22	总计	633	656	1289

图 1-33　分类显示体育成绩的数据透视表

3. 设置报告格式与更新数据

（1）设置数据透视表样式。

与其他工作表一样，数据透视表也可以设置样式，达到美化修饰数据透视表的目的。Excel 提供了多种自动套用样式，用户可从中挑选一种进行套用。具体操作步骤如下：

1）选定数据透视表中的任意单元格。

2）单击“数据透视表工具”选项卡中的“设计”按钮，弹出设计功能区，如图 1-34 所示。

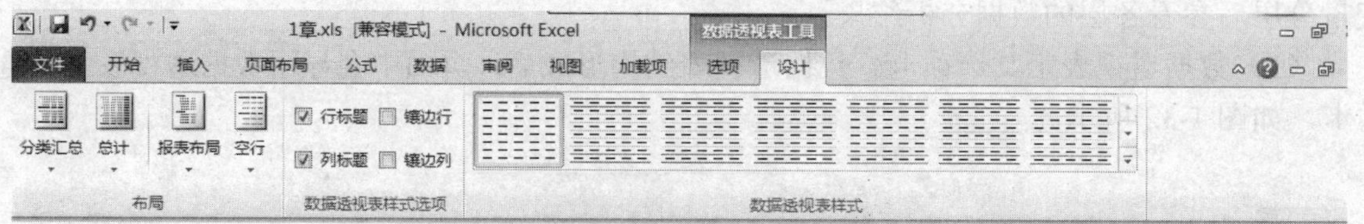

图 1-34　数据透视表样式设计功能区

3）面板中预设了多种数据透视表的样式，从中单击需要的报表样式。

（2）更新数据透视表。在创建了新的数据透视表后，如果在原数据清单中更改了某个数据，基于此数据清单的数据透视表并不会自动随之改变，需要更新数据。

在数据透视表中任意选择一个单元格，然后单击“数据透视表工具”选项卡中的“选项”按钮，在“选项”功能区的“数据”组中单击“刷新”按钮，在弹出的下拉菜单中选择需要刷新的选项。数据透视表中的数据将根据修改的源数据自动更新。

4. 在数据透视表中创建公式

像其他工作表公式一样，在数据透视表中，可以为计算字段和计算项创建公式，可以使用运算符和表达式，还可以使用常量并引用报表中的数据。

在数据透视表或数据透视图中创建计算公式的步骤如下：

（1）单击数据透视表或数据透视图中数据区中的某一数据。

（2）单击“数据透视表工具”选项卡中的“选项”按钮，在“选项”功能区中 “数据”组中单击“域、项目和集”按钮，在弹出的下拉菜单中选择“计算字段”命令，弹出“插入计算字段”对话框，如图 1-35 所示。

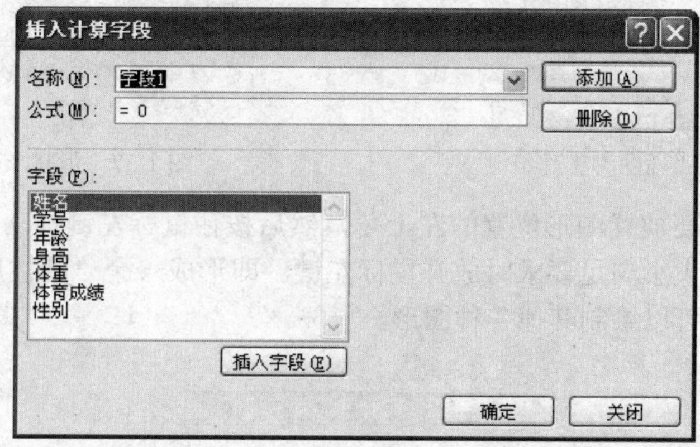

图 1-35　“插入计算字段”对话框

（3）在“名称”组合框中输入由公式新创建字段的名称。

（4）在“公式”文本框中编辑公式，如“=体重*身高/20”。公式中的体重、身高是通过单击图 1-35 中的“字段”列表框下的“插入字段”按钮而获得的。

（5）单击“添加”（或修改）按钮，再单击“确定”按钮。

1.6　图形与图表的操作

1.6.1　图形操作

Excel 2010 提供了非常强大的绘图功能，用户可以在自己的工作表中绘制各种漂亮的图形，或者合并多个形状以生成一个绘图或一个更为复杂的形状。Excel 预设了相当丰富的可用图形，包括线条、基本几何形状、箭头、公式形状、流程图形状、星、旗帜和标注等。添加一个或多个形状后，还可以在其中添加文字、项目符号、编号和快速样式。

1. 绘制图形

使用“插入”选项卡中的“插图”组可以帮助我们非常方便地创建和编辑多种类型的图形，包括图片、剪贴画、形状、SmartArt 图形、屏幕截图等，如图 1-36 所示。

单击“插图”工作组中“形状”右下的三角按钮，在弹出的列表中可以选择多种图形。现在选择“基本形状”中的“圆柱形”图标，如图 1-37 所示。

图 1-36 “插图”工作组

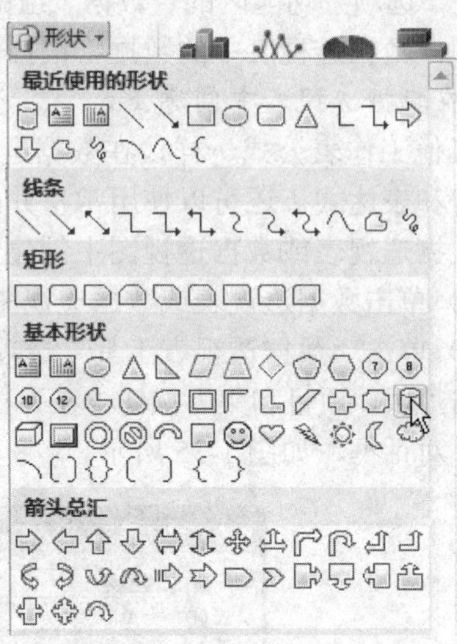

图 1-37 形状－基本图形

在工作表中单击要放置图形位置的左上角，然后按住鼠标左键拖动，鼠标指针成为十字的形状，直到图形的大小满足要求时放开鼠标左键，即形成一个“圆柱形”图形，如图 1-38 所示。用同样的方法可以绘制其他各种图形。

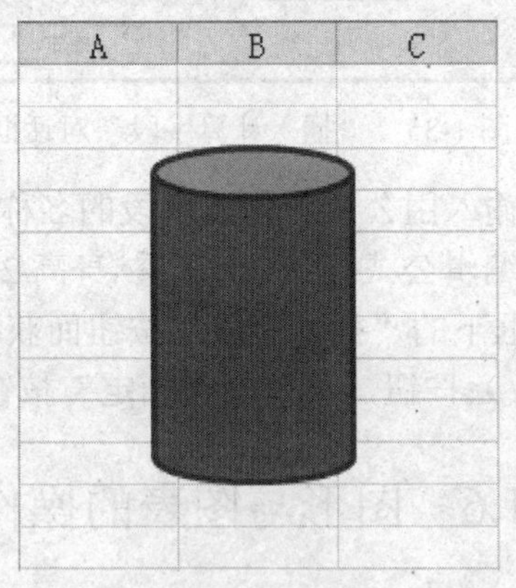

图 1-38 绘制的自选图形

2. 编辑图形

创建图形之后，要进行修改或删除等操作，必须首先选定对象。选择单个对象时，只需单击图形对象即可；如果需要同时选择多个对象，可以在“开始”功能区的“编辑”组中单击“查找和选择”按钮，在弹出的下拉菜单中选择“选择对象”命令，按下左键拖动鼠标，拖动时长方形选取框会围住对象，直到完全围住要选的对象后松开鼠标，选取框消失，图形即被选中。也可以在选中第一个对象后按住 Shift（或 Ctrl）键，同时选择其他对象。如果要删除所选对象，则按下 Delete 键。

选中图形后，页面中会增加一个“绘图工具－格式”功能区，可以对图形进行编辑与修改，该功能区中包括“插入形状”、“形状样式”、“艺术字样式”、“排列”、“大小”等工作组，如图 1-39 所示。

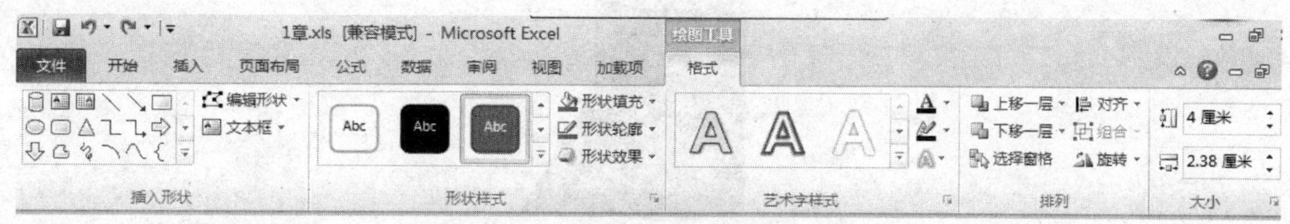

图 1-39 “绘图工具—格式”功能区

在 Excel 中，可以将多个对象创建为一个图形对象组，从而把它们组合成一个对象。组合后，对这个对象的操作将作用于组合成它的每个原来的小对象。所以，同时移动或调整这些小对象的大小将变得更轻松。要将这些对象分离时，可以撤销对象组。

在图 1-38 中的“圆柱形”图形旁再绘制一个“等腰三角形”，如图 1-40 所示。

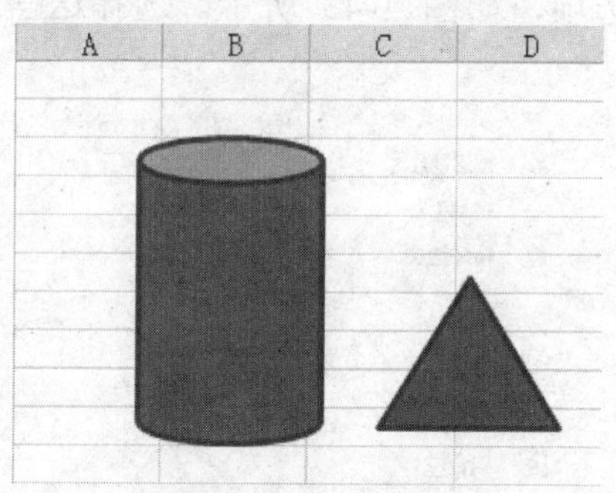

图 1-40 添加图形

选中这两个图形，然后单击“绘图工具—格式”功能区 “排列”组中的“组合”按钮，在弹出的下拉菜单中选择“组合”命令，如图 1-41 所示。可以看到，两个图形对象周围的两个选取框合并成了一个，拖动这个新组合好的对象，则原来的两个图形同时进行移动。

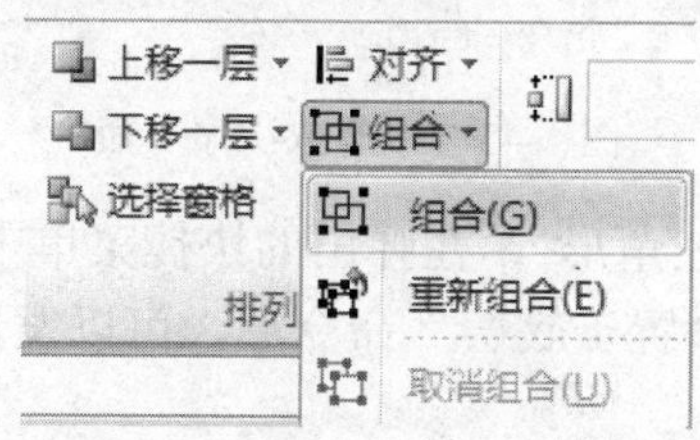

图 1-41 图形“组合”菜单

若要将这个对象组分离成原来的两个图形，首先选中对象组，然后单击“绘图工具—格式”功能区“排列”组中的“取消组合”按钮，在弹出的下拉菜单中选择“取消组合”命令，则两个图形将恢复为开始时的两个独立的图形对象。

在 Excel 2010 工作表的窗口中，创建的对象如果位置交错，将发生重叠，即上面的对象将覆盖住下面对象的一部分。在 Excel 中，这种覆盖是按照各个对象创建的时间来进行的，也就是说，在最前面显示的是最近创建或粘贴的图形对象。由于我们先创建的“圆柱形”，后创建的“等腰三角形”，所以两个图形发生重叠时，“等腰三角形”在上面，覆盖了先前创建的“圆柱形”，如图 1-42 所示。

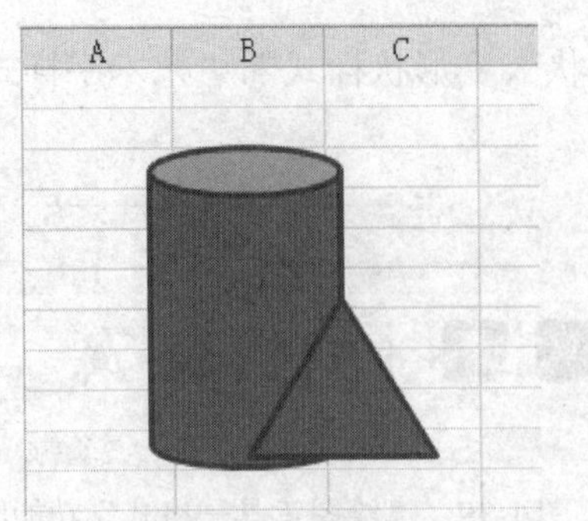

图 1-42　默认图形叠放次序

如果需要改变某个图形对象在叠放中的层次位置，可以在选定这个对象后右击，在弹出的快捷菜单中有“置于顶层”和“置于底层”两个子菜单，“置于顶层”下的级联菜单中又包括“置于顶层”和“上移一层”两个子菜单，“置于底层”下的级联菜单中又包括“置于底层”和“下移一层”两个选项，如图 1-43 所示。选择这些选项可以方便地调整图形的叠放次序。

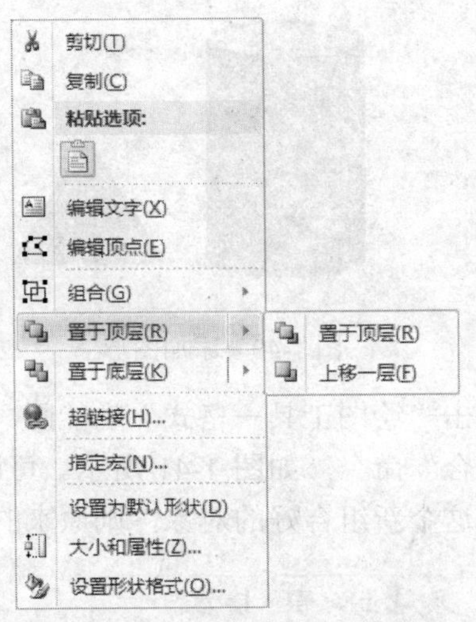

图 1-43　“叠放次序”命令

在图 1-43 中，右击“等腰三角形”，在弹出的快捷菜单中选择“置于底层”子菜单，在级联菜单中选择“下移一层”或“置于底层”命令后，可以发现“圆柱形”置于“等腰三角形”之上，如图 1-44 所示。

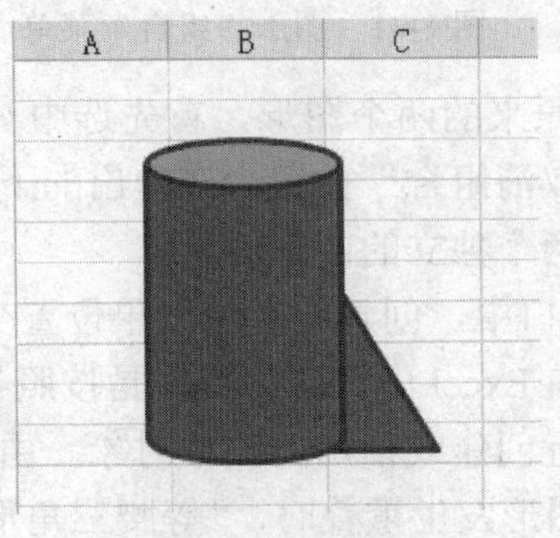

图 1-44　调整叠放层次

Excel 2010 提供了许多颜色、图案、填充效果和样式用于格式化图形对象。通过利用“绘图工具－格式”功能区的按钮，可以设置图形对象的线型、虚线线型、箭头样式、线条颜色、填充颜色和效果及阴影和三维效果。设置阴影效果，可以使图形有一种“悬浮”的感觉，而三维效果可以加强图形的立体感。如果要进行更加细致的设置，还可以在相应的菜单中选择“阴影设置”和“三维设置”命令。

现在，我们希望给创建好的图形对象加上阴影和三维效果。这些操作都可以通过“绘图工具－格式”功能区中的按钮实现。选中“圆柱形”，单击“形状样式”组中的“形状效果”按钮，在下拉菜单中选择“阴影”→“外部”→“右下斜偏移”，如图 1-45 所示。形成的阴影效果如图 1-46 所示。

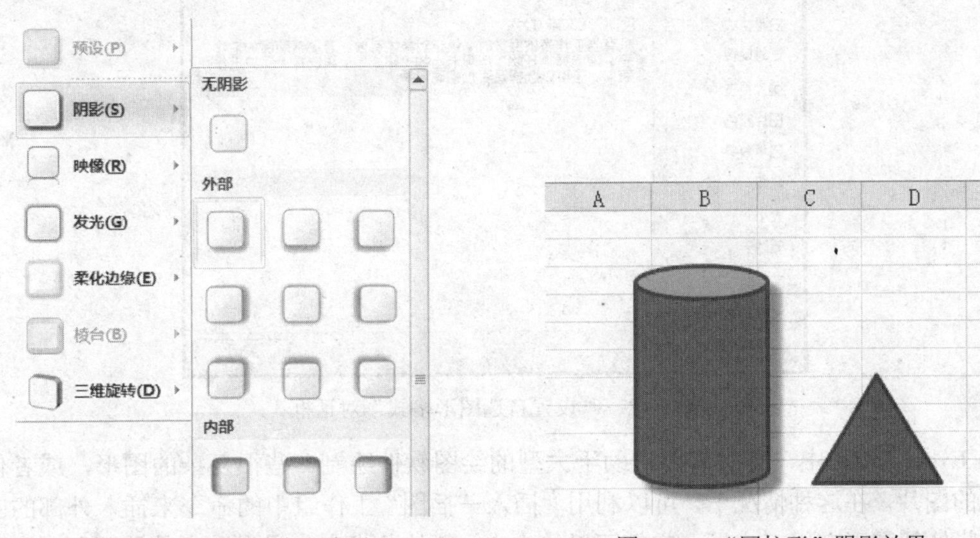

图 1-45　“阴影样式”选项　　图 1-46　“圆柱形”阴影效果

选择“等腰三角形”，单击“形状样式”组中的“形状效果”按钮，在下拉菜单中选择“棱台”→“棱台”→“冷色斜面”，形成的棱台三维效果如图 1-47 所示。

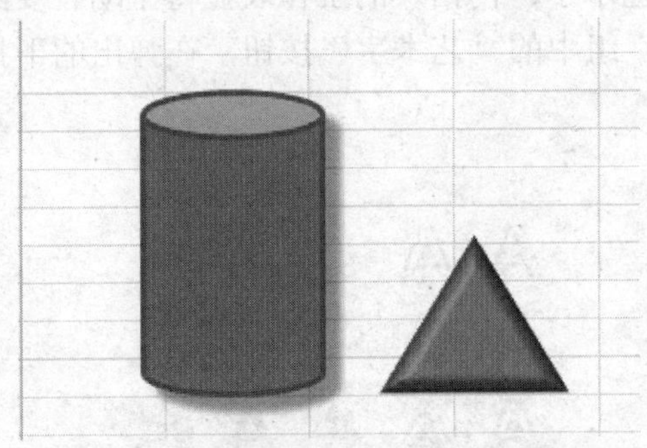

图 1-47　“等腰三角形”棱台三维效果

如果想去掉图形的阴影或棱台三维效果，只需选中图形，单击“形状样式”组中的“形状效果”按钮，在下拉菜单中选择“阴影”→“无阴影”或“棱台”→“无棱台效果”即可。

在 Excel 中创建的图形对象，是附加到工作表单元格上的。在修改图形对象所在位置下面的单元格时，图形对象会移动并且随之改变形状。可以用 3 种形式来调整对象相对于单元格的位置和大小。如果想使图形的位置和形状固定不变，可以在选中图形对象后右击，在弹出的快捷菜单中选择“设置形状格式”命令，在弹出的“设置形状格式”对话框中选择“属性”标签，在“属性”选项卡中的“对象位置”下选中“大小和位置均固定”单选按钮，如图 1-48 所示，单击“确定”按钮即可使设置生效。

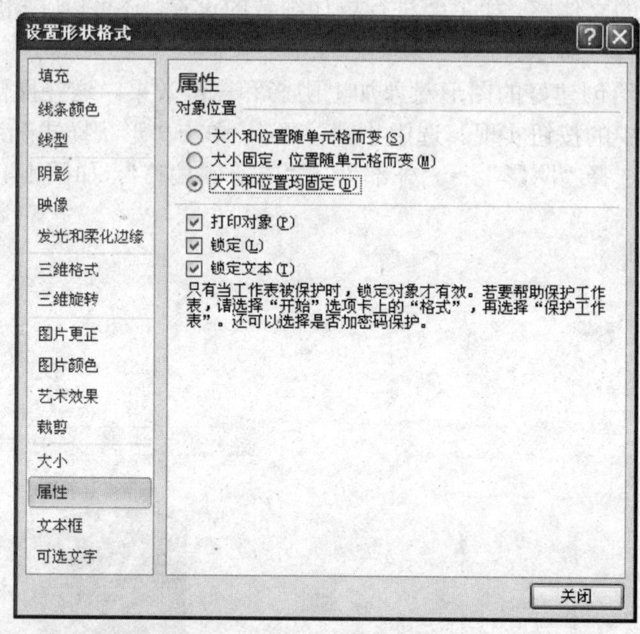

图 1-48 “设置自选图形格式”对话框

在 Excel 2010 中，有时需要借助于大型的绘图软件绘制一些很复杂的图形，或者使用一些现成的图片。在这种情况下，可以利用“插入－插图”工作组中的命令来插入外部的图形对象，这些外部图形有很多来源，它们可以来自 Excel 的艺术字库或者独立的图形程序，也可以来自扫描仪（如一些照片），还有一部分图片来自 Excel 的剪贴图包，它提供了许多现成可用的艺术图。

Excel 为用户提供多种艺术字，使枯燥的工作表显得生动。要给工作表中加入艺术字，单击“插入”功能区 “文本”组中的“艺术字”按钮，在弹出的下拉菜单中选择需要的艺术字样式，如图 1-49 所示。

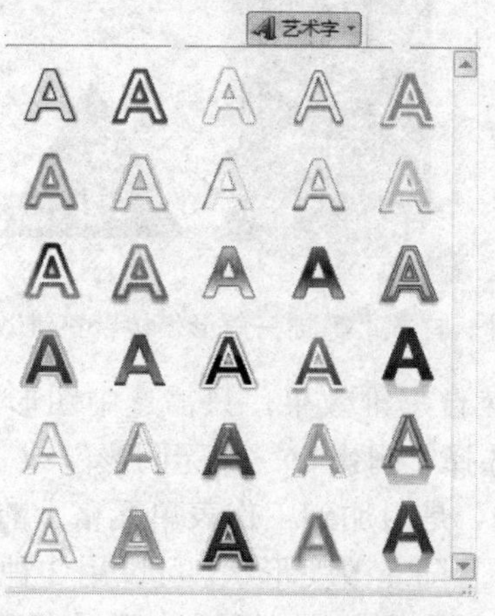

图 1-49 艺术字样式菜单

例如，选择“渐变填充——橙色，强调文字颜色 6，内部阴影”的样式（图 1-49 中第四行左数第二列），弹出“请在此放置您的文字”的文本框，如图 1-50 所示。在文本框中输入要显示的艺术字内容，比如输入“欢迎使用！”。设置好后在文本框外单击左键，效果如图 1-51 所示。

图 1-50　编辑文字文本框

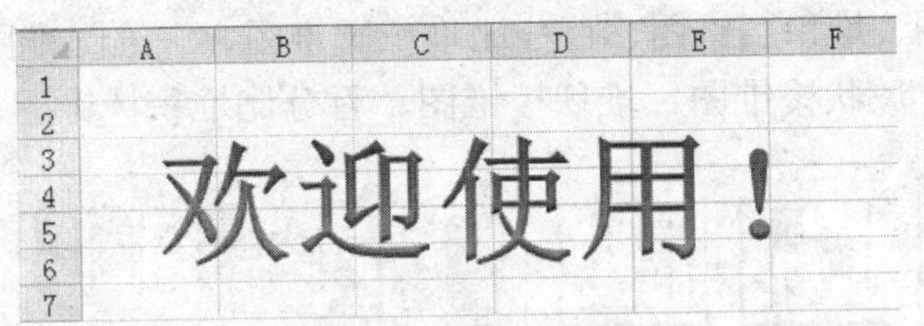

图 1-51　艺术字效果

艺术字输入后，为了达到更加满意的效果，可以利用“绘图工具”—“格式”功能区“艺术字样式”组中的相应功能进行美化。在“艺术字样式”组的右下角单击按钮，会弹出“设置文本效果格式”对话框，如图 1-52 所示。在此对话框中可根据需要对艺术字进行设置。

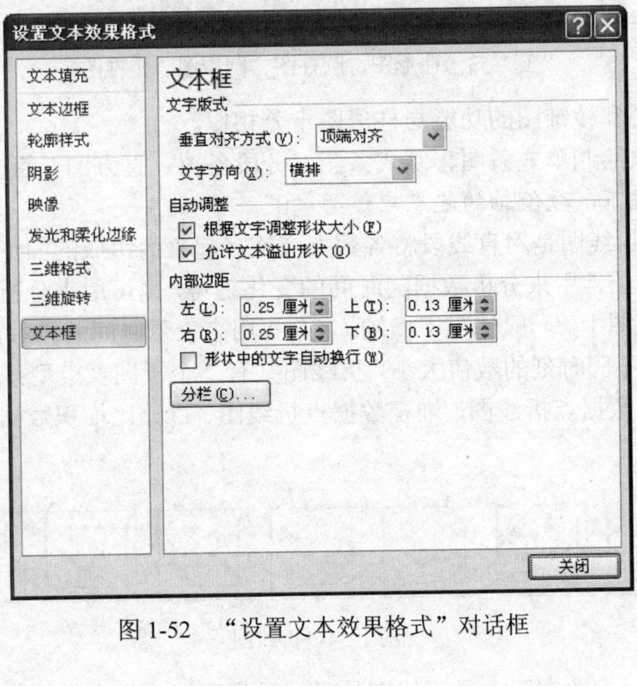

图 1-52　“设置文本效果格式”对话框

1.6.2　图表操作

利用 Excel 提供的强大的绘制工作表图表的功能，在工作表上绘制一个数据统计图，就可以为分析工作表节省很多时间，并且增加了数据的可读性和分析的直观性。通过对工作表图表的各种编辑和修改，还可以使工作表图表更加完善。

1. Excel 图表类型简介

（1）柱形图、圆柱图、圆锥图、棱锥图。柱形图是 Excel 的默认图表类型，也是用户经常使用的一种图表类型。通常采用柱的长度来描述不同类别之间数据的差异。Excel 2010 的柱形图共有 7 种子图表类型：簇状柱形图、堆积柱形图、百分比堆积柱形图、三维簇状柱形图、三维堆积柱形图、三维百分比堆积柱形图、三维柱形图，如图 1-53 所示。其中，堆积柱形图和百分比堆积柱形图通过将不同类别的数据堆积起来，反映相应的数据占总数的大小。三维的簇状柱形图、堆积柱形图和百分比柱形图则使得图形具有立体感，增强了修饰效果。三维柱形图主要用来比较不同类别、不同系列数据的关系。Excel 2010 的圆柱图共有 4 种子图表类型：簇状圆柱图、堆积圆柱图、百分比堆积圆柱图、三维圆柱图；Excel 2010 的圆锥图共有 4 种子图表类型：簇状圆锥图、堆积圆锥图、百分比堆积圆锥图、三维圆锥图；Excel 2010 的棱锥图共有 4 种子图表类型：簇状棱锥图、堆积棱锥图、百分比堆积棱锥图、三维棱锥图。

图 1-53　柱形图、圆柱图、圆锥图、棱锥图

圆柱图、圆锥图和棱锥图的功能与柱形图十分相似。

这些图形可用来绘制单式条图、复式条图、分段条图、直方图、百分条图等。

注意：一般情况下，数值轴的起点应该为“0”。

（2）折线图。折线图是用直线段将各数据点连接起来而组成的图形，以折线方式显示数据的变化趋势。折线图常用来分析数据随时间的变化趋势，也可用来分析比较多组数据随时间变化的趋势。在折线图中，一般情况下横轴（X 轴）用来表示时间的推移，并且时间间隔相同；而纵轴（Y 轴）代表不同时刻的数值大小。折线图共有 7 个子图表类型：折线图、堆积折线图、百分比堆积折线图、数据点折线图、堆积数据点折线图、百分比堆积数据点折线图和三维折线图，如图 1-54 所示。

图 1-54　折线图

（3）面积图。面积图实际上是折线图的另一种表现形式，它使用折线和分类轴（X 轴）组成的面积以及两条折线之间的面积来显示数据系列的值。面积图除了具备折线图的特点，强调数据随时间的变化以外，还可通过显示数据的面积来分析部分与整体的关系。面积图共有 6 个子图表类型：面积图、堆积面积图、百分比堆积面积图、三维面积图、三维堆积面积图和三维百分比堆积面积图，如图 1-55 所示。

图 1-55　面积图

（4）饼图与圆环图。饼图用圆的总面积（100%）表示事物的全部，用各扇形的面积（x_i%）表示各个组成部分，各组成部分的面积之和为 1，即(x_1%+x_2%+…+x_n%)=100%。通常用饼图描述百分构成比例的情况。饼图共有 6 个子图表类型：饼图、三维饼图、复合饼图、分离型饼图、分离型三维饼图和复合条饼图，如图 1-56 所示。其中，复合饼图和复合条饼图是在主饼图的一侧生成一个较小的饼图或堆积条形图，用来进一步反映某一扇形内部各组成部分的构成比。圆环图的用途与饼图相似。

  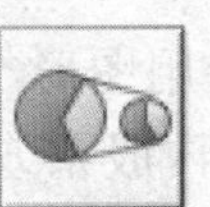   

图 1-56　饼图

（5）XY（散点图）。XY 散点图与折线图类似，但其用途更广。它不仅可以用直线段反映时间的变化趋势，而且可以用光滑曲线或一系列散点来描述数据。XY 散点图除了可以显示数据的变化趋势以外，更多地用来描述数据之间的关系。例如，两组数据之间是否相关，是正相关还是负相关，以及数据之间的集中趋势或离散趋势情况等。XY 散点图共有 5 个子图表类型：散点图、平滑线散点图、无数据点平滑线散点图、折线散点图和无数据点折线散点图，如图 1-57 所示。

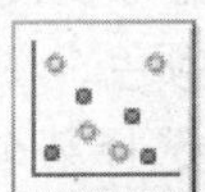    

图 1-57　XY（散点图）

与折线图之间最大的不同在于，XY 散点图的横轴为数值轴，可以不等间距；而折线图要求横轴等间距，且数据为分类而不是数值，即使是数值，也把它当作文本看待。绘图时应注意根据需要选用。

（6）雷达图。雷达图是由一个中心向四周射出多条数值坐标轴，每个指数都拥有自己的数值坐标轴，把同一数据序列的值用折线连接起来形成的。雷达图用来比较若干个数据序列指标的总体情况。雷达图的 3 个子图表类型分别为雷达图、数据点雷达图和填充雷达图，如图 1-58 所示。

图 1-58　雷达图

（7）曲面图。曲面图是折线图和面积图的另一种形式。它在原始数据的基础上，通过跨两维的趋势线描述数据的变化趋势，而且可以通过拖放图形的坐标轴方便地变换观察数据的角度。曲面图的子图表类型有三维曲面图、三维曲面框架图、曲面图和曲面俯视框架图，如图 1-59 所示。

图 1-59 曲面图

（8）气泡图。气泡图是 XY 散点图的扩展，它相当于在 XY 散点图的基础上增加了第三个变量，即气泡的大小尺寸。气泡图含有两个子图表类型：气泡图和三维气泡图。

当有两列数据时，第一列数据将反映 Y 轴的值，第二列数据将反映气泡的大小；当有 3 列数据时，第一列数据将反映 X 轴的值，第二列数据将反映 Y 轴的值，第三列数据将反映气泡的大小。

（9）股价图。股价图是一类比较复杂的专用图形，通常需要特定的几组数据。它主要用来判断股票或期货市场的行情，描述一段时间内股票或期货的价格变化情况。股价图共有 4 种子图表类型：盘高－盘低－收盘图、开盘－盘高－盘低－收盘图、成交量－盘高－盘低－收盘图和成交量－开盘－盘高－盘低－收盘图，如图 1-60 所示。其中的开盘－盘高－盘低－收盘图也称为 K 线图，是股市上判断股票行情最常用的技术分析工具之一。

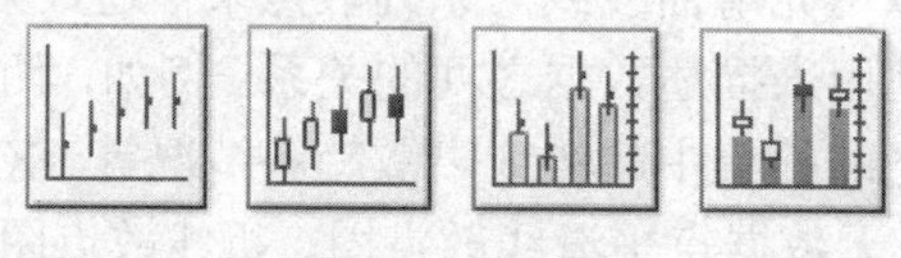

图 1-60 股价图

（10）自定义类型。当上述标准图形不能满足需要时，还可以使用自定义类型的图表。Excel 提供了 20 余个内部自定义图表类型。它们主要从图表颜色、图形的变化等方面对图表做了进一步的修饰。自定义类型的图表没有子图表类型。每当选择某个自定义类型图表时，对话框中都显示出相应的图表示例。

2. 图表的组成

Excel 图表是由图表标题、图表区、绘图区、图例、坐标轴、网格线等内容组成的。

- 图表标题：表示图表的名称，如“学生成绩统计表”。
- 垂直（值）轴：用于表示数据大小的坐标轴。Excel 中可根据数据大小自定义数据的单位长度。
- 水平（类别）轴：用于比较对象。
- 图例：在图表中表示各个数据系列的名称，用于区分各个数列的标志。
- 数据系列：数据在图表中的表现形式。不同的数据由不同的数据系列表现在图表中。
- 网格线：网格线分为主要网格线和次要网格线，用于表示图表的刻度，方便用户查看。

3. 创建图表

Excel 为绘制统计图表提供了一整套便利的制作技术，可以从工作表数据中创建既复杂又准确、漂亮的图表。

创建图表一般要经过以下步骤：

（1）确定制图的目的，根据制图的目的搜集和审核统计资料。

（2）将统计资料输入到 Excel 中，如图 1-61 所示为学生成绩的统计资料。

（3）在想绘制图的数据中任选一个单元格，然后在“插入”功能区的“图表”组中单击图表类型按钮，这里选择“柱形图”，在展开的图表库中选择“三维簇状柱形图”，就会在工作表中创建一个三维簇状柱形图，如图 1-62 所示，同时页面中会出现“图表工具”选项卡，如图 1-63 所示。用户可以通过该选项卡对图表进行编辑和设置。

	A	B	C	D	E	F	G	H	I
1	姓　名	性 别	大学英语	经济数学	财务会计	审计原理	统计学	体育	总成绩
2	高　蕊	女	65	82	90	85	64	90	476
3	李　毅	男	70	90	65	60	85	95	465
4	蒋霄亮	男	85	81	65	70	80	65	446
5	王东洲	男	78	65	82	70	92	70	457
6	董　琳	女	66	70	50	90	78	88	442
7	冯　妍	女	72	95	60	70	80	88	465
8	张　萍	女	58	90	88	70	85	88	479
9	余　敏	女	60	75	65	80	82	80	442
10	邱美芳	女	75	80	85	90	95	75	500
11	邱万雄	男	75	95	80	80	86	85	501
12	林　静	男	80	60	75	90	60	80	445
13	张　媛	女	85	90	75	70	78	65	463
14	董玉锋	男	70	83	90	60	75	50	428

图 1-61　学生成绩数据

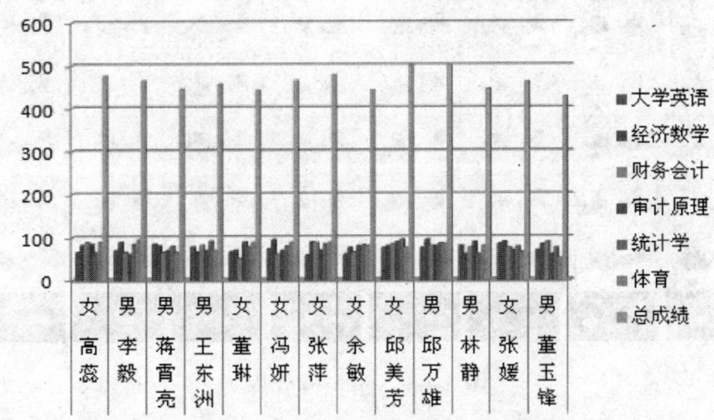

图 1-62　学生成绩三维簇状柱形图

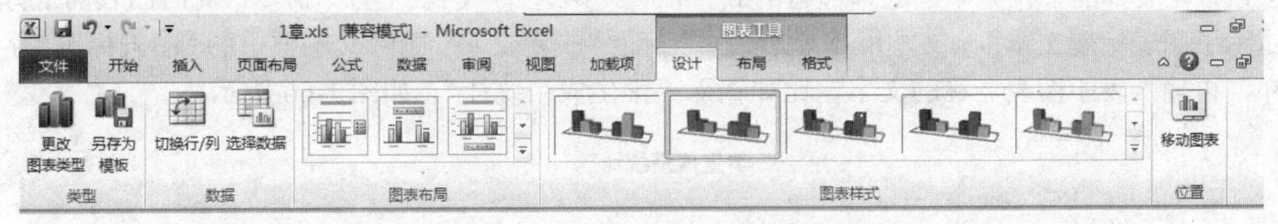

图 1-63　“图表工具”选项卡

4. 图表的编辑和设置

图表创建完成后，为了达到更好的显示效果，需要作进一步的编辑和设置。

（1）移动图表。选择需要移动位置的图表，切换至“图表工具”—“设计”选项卡，在“位置”组中单击“移动图表”按钮，弹出“移动图表”对话框，如图 1-64 所示。

选中“新工作表”单选按钮，系统将会自动插入一张新工作表，并在其中显示创建的图表；通过“对象位于”单选按钮右面的下拉列表框可以在已经打开的工作表中选择图表的放置位置。

选择图表并将鼠标指针移至该图表的边缘位置，当指针变成十字箭头形状时按住鼠标左键进行拖动，拖至目标位置处释放鼠标，可以在当前工作表中改变图表的位置。

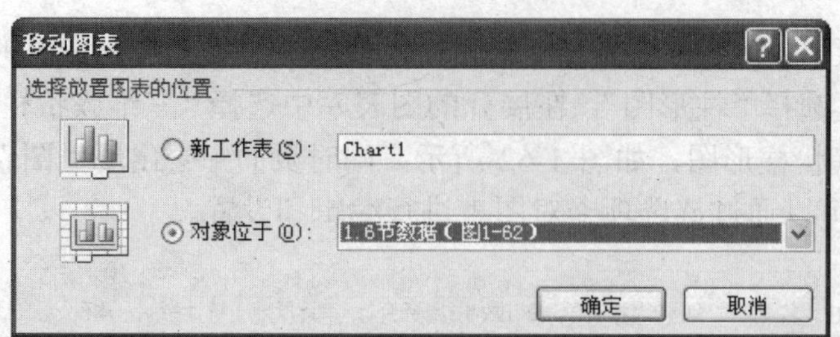

图 1-64 “移动图表”对话框

（2）改变图表大小。选择图表并将鼠标指针移至图表的任一角的位置，当指针变成双箭头形状时按住鼠标左键进行拖动，可以改变图表大小。

（3）更改图表类型。单击“图表工具”—“设计”功能区“类型”组中的“更改图表类型”按钮，打开“更改图表类型”对话框，选择需要更改的图表类型，单击“确定”按钮。

（4）应用图表样式。在“图表工具”—“设计”功能区的“图表样式”组中快翻按钮，在展开的图表样式库中选择需要的图表样式，如图 1-65 所示。

图 1-65 图表样式库

（5）设置图表标题。在“图表工具”—“布局”功能区的“标签”组中单击“图表标题”按钮，在展开的下拉菜单中选择标题的放置位置，如选择“图表上方”命令。此时图表的上方显示了图表标题文本框，文本框中显示“图表标题”提示文字。删除文本框中的“图表标题“字样，再输入表示图表名称的文字，比如输入“学生成绩统计”，如图 1-66 所示。

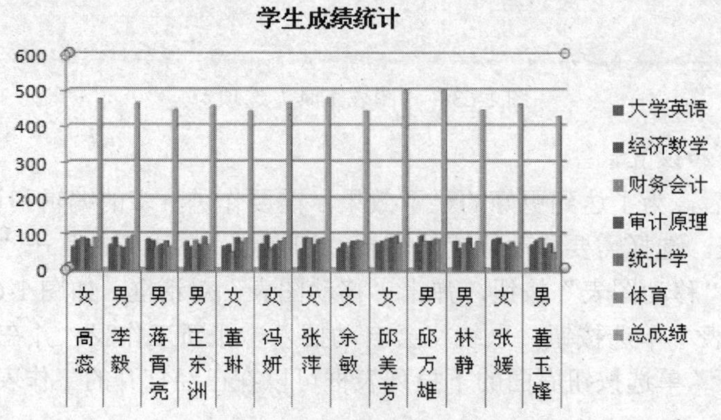

图 1-66 带标题的图表

（6）设置图表格式。选中图表，切换至“图表工具”—“格式”功能区（或“图表工具”

—“布局”功能区)，在“当前所选内容”组中的“图表元素”下拉列表框中选中需要设置格式的元素，则会弹出相应的格式设置对话框，如选中“图表区”，则弹出“设置图表区格式”对话框，如图 1-67 所示，在该对话框中可以对每个图表元素的格式进行设置。

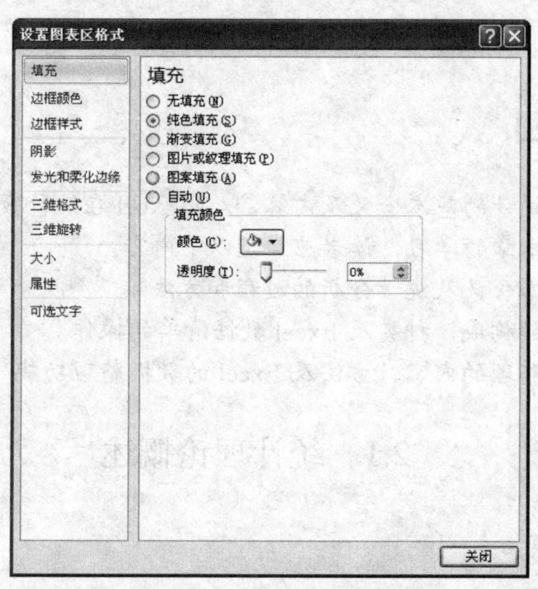

图 1-67　“设置图表区格式”对话框

1-1　如何使用 Excel 的命令和工具栏？

1-2　对工作表的相关操作有哪些？

1-3　如何使用 Excel 常用函数和公式？

1-4　如何使用分类汇总与数据透视表？

1-5　如何绘制图形和创建图表？

第 2 章　统计数据的采集和整理

本章主要讲解统计的基本含义及内容，以及 Excel 在统计数据采集及整理中的具体应用方法。通过本章的学习，读者应掌握以下内容：

- 统计的基本含义及统计分析的过程和方法
- 统计数据的构成、种类及 Excel 数据清单的操作
- 统计数据整理的内容、方法及 Excel 的数据整理功能

2.1　统计理论概述

2.1.1　统计的意义

“统计”一词，英语为 Statistics，包括 3 层含义：统计工作、统计资料和统计学。这三者之间存在着密切的联系，统计资料是统计工作的成果，统计学来源于统计工作。

通常所说的统计主要指统计工作，即统计活动。统计活动是人们认识客观世界的一种认识活动。客观世界的任何事物都有质和量两个方面，统计活动就是实际做调查研究，占有大量资料，从量的方面探讨事物的联系，从而达到对质的认识。通过统计活动，可以准确、及时、全面、系统地反映国民经济和社会发展情况，为制定各种政策和计划提供依据。

统计工作包括 3 个主要阶段：统计调查、统计整理和统计分析。统计调查是根据调查方案从客观调查对象取得实际统计数据；统计整理是对统计调查所得的原始数据进行汇总、加工，使之系统化、条理化；统计分析则是以条理化的数据为基础，运用科学的分析方法，定量分析和定性分析相结合，对事物的本质和规律作出说明，从而达到反映和监督社会经济发展的目的。

2.1.2　统计分析的过程和方法

统计工作的 3 个主要阶段中，统计分析是最主要、最核心的阶段。统计分析是一个从感性认识到理性认识的抽象思维活动，是人类认识活动的重要组成都分。

1. 统计分析过程

统计分析的基本过程大致可以分解为以下几个阶段：

（1）数据准备。这是统计分析的前提工作，没有充分的、合乎实际的数据，是无法进行分析的。

（2）方法选择。无论进行什么样的统计分析，都必须以适当的统计分析方法支持。

（3）数据运算。这一阶段实际上是前两个阶段的结合，其实质是根据一定的目的，按照一定的方法，将数据进行一系列的运算，最后得到能产生某种分析结论的计算结果。随着统计分析水平的提高，数据运算量越来越大，数据运算的复杂程度也越来越高，这使得计算机的应

用成为必要。

（4）判断预测。这一阶段以数据运算结果为依据，对客观现象的发展规律作出判断，并对现象的发展趋势作出预测。

2. *统计分析方法*

统计分析方法的选择决定于对客观事物的数量方面进行分析的需要，而各种方法又用来分析说明客观事物的总体数量特征。客观事物从不同方面、不同角度分析有不同的特征，相应就产生了多种分析方法。统计分析的基本方法主要有以下几类：

（1）统计描述方法。主要用于特征分析，即通过一些概括性指标来反映数据的全貌和特征。用来描述数据分布特征的概括性指标主要有：①描述集中趋势的指标，如均值、中位数、众数；②反映离散程度的指标，如全距、平均差、方差、标准差；③反映数据在分布中地位的指标，如百分位分数、百分等级分数等；④相关分析指标，当事物之间存在联系但又不能直接做出因果关系的解释时，可用一些合理的指标对相关事物的观测值进行相关分析，其相关程度用相关系数表示，如积差相关、等级相关等。

（2）统计推论方法。在无法直接估计总体参数的情况下，需要采用抽样方式对样本进行研究，并由样本统计量对事物的总体量做出统计推论和估计。它包括两个方面内容：①总体参数估计，根据样本的数字特征推断总体的相应的数字特征，它又有点估计和区间估计之分；②假设检验，在许多研究中（比如投资决策研究、农作物推广研究等），首先需要提出一个假设（比如谁比谁在什么状态下好或者差或其他），这一假设合理或正确与否，需要抽取样本用其统计量进行检验。通常根据总体是否服从正态分布，将其分为参数检验和非参数检验，前者有 Z 检验、t 检验、χ^2 检验、方差分析等；后者有中数检验、符号检验、符号秩次检验、U 检验、秩次方差分析等。

（3）多元统计方法。由于客观事物的因素不是单一的，而是多方面的、多层次的、多特征的，因而要分析这些因素之间的各种关系需要用多元统计方法。多元统计分析的基本方法主要有：

1）回归分析。对于两个具有不确定关系的变量，相关分析可以对这两个变量是否相关做出定性描述，对其相关程度做出总的定量描述，但是如何通过自变量的值去估计和预测因变量的发展变化，相关分析无能为力，这时需要用回归分析。它一般分为一元线性回归和多元线性回归两种。

2）因素分析。当影响事物性质的变量比较多时，常常需要从中提取出几个主要的因素进行分析，这时就需要使用因素分析法。

3）聚类分析。也称分类分析或数值分类。即依据变量指标的定量分析对变量实施分类（如果类别已经清楚，只需归类；如果事先并不清楚类别，这时就是寻求一种规则进行新的恰当分类），使同类的变量比较均质，而不同种类的变量差异比较大。

2.2　统计数据的采集

统计是从数量上认识客观世界的科学，数据的质量是统计的生命。统计数据的质量高低直接影响着统计分析的结果。

2.2.1　统计数据的构成

统计中所用的“数”与数学中所用的“数”有很大差别，最显著的差别是：统计中的数有具体的客观事物与之相对应，是有实际意义的；而数学中的数则是抽象的数，不会对应于某一个具体的客观事物。例如“0”这个数，在数学中它可以说只是一个非正非负的整数，而无实际意义；而如果要将这个数用到统计中，就需要明确表明其实际含义，比如，某个时间的气温为 0℃，某班学生某星期的迟到人数是 0 人等。如果数值无实际意义，就不能成为统计的研究对象，也就无法进行统计分析。

统计数据按其来源可以分为原始资料和次级资料（二手资料）两类。原始资料来自直接的调查和科学试验，次级资料来自别人的调查和试验。一般说来，统计数据包括 5 个组成部分：

（1）数据名称。

它表明客观事物某一方面的特征。如某企业的“年产值”、“劳动生产率”、“销售利润率”、“库存商品额”、“某职工的性别”等。数据名称必须具备一个条件，即能表现为一定的结果，如年产值为 500 万元，销售利润率为 15%等。如果不能表现为一定的结果，就不能称之为数据名称。

（2）数据值。

数据值是数据名称的结果表现，如 500、15%等。需要指出的是：数据值并不一定都是数字，也可以是文字，如职工的性别为“男”或“女”。统计分析在大多数情况下处理的是数字数据，但也避免不了处理文字数据。

（3）计量单位。

计量单位可分为两大类：名数和无名数。名数就是指计量单位有具体的名称，包括实物计量单位（如台、件、人、千克、米等）、货币计量单位（如元、万元、美元等）和劳动计量单位（如工时、工日、台时等）。无名数只有抽象的名称或无名称，通常采用的有系数、倍数、成数、百分数、千分数等。

（4）时间范围。

任何数据都表明客观事物在特定时间条件下的特征，离开了时间限制，统计数据就无任何说服力。比如某高中学生的升学率为 90%，而另一高中学生的升学率为 50%，若要比较两所学校的教学质量，就必须明确升学率是哪一年的，如果没有时间上的统一，就会出现不可比的情况。

根据现象所属的时间不同，数据有时期数据和时点数据之分。时期数据表明某一段时期（如年、月）内客观现象的数量表现，如某企业 2011 年的生产总值为 1000 万元，某商场 1 月份的销售额为 500 万元等。时期数据值的大小与时期长短有直接关系，并且具有时间上的可累加性，如某企业两年的产值要大于一年的产值，而一年的产值等于各月产值之和。时点数据表明某一时间点（如年末、月初）上客观现象的数量表现，如某地区 2011 年末人口总数为 2000 万人，某企业 2011 年 6 月末产成品库存量为 20 万吨等。时点数据值的大小与时间长短没有直接关系，并且不具有时间上的可累加性，如某企业年末产成品库存量不见得比每个月末的库存量高，也不等于各月末库存量之和。

（5）空间范围。

为保证统计数据意义的完整，空间限制必不可少。如“2011 年国民收入 50 亿元”，这是一个县的国民收入呢？还是一个省呢？必须加以说明。

一般情况下，一个完整的统计数据应具备以上 5 个组成部分。如“大华公司 2011 年的销售总额为 3000 万元”这一数据，“大华公司”是空间范围，“2011 年”是时间范围，“销售总额”是数据名称，“3000”是数据值，“万元”是计量单位。但是，文字数据并不一定全部具备上述 5 个条件，比如某职工性别为“男”，就没有时间和计量单位。

2.2.2　统计数据的种类

在采集数据的过程中，会有各种各样的数据，如产值、销售额、班级人数、年龄、性别、民族、宗教等。对于统计数据，可以有不同的分类方式。

1. 按照数据值的表现形式不同分类

（1）属性数据（定性数据）。属性数据说明现象属性方面的特征，如性别、民族、宗教等。属性数据的数据值用文字表示，如某人的性别是男、民族是汉族等。

（2）数值数据（定量数据）。数值数据说明现象数量方面的特征，如产值、销售额、班级人数、年龄等。数值数据的数据值用数字表示，如某人的身高是 170cm、体重是 70kg 等。

数值数据又可以分为离散数据和连续数据两种。离散数据是指数据值之间都是以整数断开的，两个相邻的数据值之间不可能有小数连接的数据，如班级人数；连续数据是指数据值可以连续不断，两个相邻的整数之间可以用无限个小数连接起来的数据，如产值、销售额、年龄等。所以从表现形式上看，离散数据不能用小数表示，而连续数据则可以用小数表示。

2. 按照取得数据时的计量方式不同分类

（1）测量值数据。凡用量具测量得出的数据称为测量值数据。如人的身高、体重，土地的面积、大气湿度等。这类数据具有连续数据的特征，即相邻整数之间可以有无限个小数连接。

（2）计数值数据。凡是以清点方式得出的数据称为计数值数据。如某班学生人数、某医院的病床数、某企业拥有的机器设备台数等。这类数据具有与离散数据相同的特征，即相邻整数之间不能有小数，只能用整数表示。

（3）分类数据。凡是通过对现象分类所获得的数据称为分类数据。分类数据只能说明现象所属的类别，它没有数量大小，也没有先后顺序，如性别、民族、宗教等都是按照分类方式取得的数据。在具体应用时，虽然可以将类别用不同的数字符号来表示，如用“1”表示男性，用“2”表示女性，但这些数字仅仅是一个符号，没有大小和顺序的差别。

（4）排序数据。凡是通过排序方式获得的数据称为排序数据。排序数据只能用顺序等次来说明现象的特征，它没有数量大小。排序数据有顺序的意义，如考试成绩名次、顾客对某商品的满意度等。排序数据虽然有排序的意义，但无法精确说明数据的差距，如第一名的成绩是 95 分，第二名的成绩是 90 分，第三名的成绩是 80 分，第一、二、三名只能说明成绩的好坏，但不能说明名次之间的具体分数差距。

2.2.3　数据清单

在 Excel 中，数据是以数据清单的形式存储的。数据清单由工作表中一系列连续单元格的数据集合组成，实际上也是一个工作表，但有不同于一般工作表的特点。数据清单中的数据既可以通过直接输入产生，也可以通过调用数据文件取得，还可以由公式或一般数据快速填充方式产生新的数据。在数据清单中，可以实现数据的复制、移动、插入、删除、排序、筛选等灵活操作。

1. 数据清单结构

创建数据清单时，以每一列为一个字段（Field），以每一行为一个记录（Record），一般以数据清单的第一行创建字段（变量）名。在一张工作表中，只能建立一个数据清单。数据清单中的某些命令，如筛选、排序等，每次只能在一个数据清单中使用。数据清单中应避免出现空白行或列。数据清单的形式如图 2-1 所示。

	A	B	C	D	E	F	G	H
1	学 号	姓 名	性 别	年 龄	财务会计	审计原理	统计学	体 育
2	62301	高 蕊	女	19	90	85	64	90
3	62302	李 毅	男	19	65	60	85	95
4	62303	蒋霄亮	男	19	65	70	80	65
5	62304	王东洲	男	19	82	70	92	70
6	62305	董 琳	女	18	50	90	78	88
7	62306	冯 妍	女	18	60	70	80	88
8	62307	张 萍	女	19	88	70	85	88
9	62308	余 敏	女	18	65	80	82	80
10	62309	邱美芳	女	19	85	90	95	75
11	62310	邱万雄	男	18	80	80	86	85
12	62311	林 静	男	18	75	90	60	80
13	62312	张 媛	女	19	75	70	78	65
14	62313	董玉锋	男	19	90	60	75	50

图 2-1 数据清单

2. 录入数据

数据的录入有 3 种基本方法：

（1）单击目标单元格直接输入数据。

（2）双击目标单元格输入数据。这种方法多用于修改单元格中的数据。

（3）单击目标单元格，在编辑栏中输入数据。在 Excel 的编辑栏中，可以复制、粘贴进行编辑或修改数据。如果一个单元格需要录入很多文字或需要输入公式时，常采用这种方式。

3. 数据自动填充

输入数据或公式时，如果输入的数据或公式具有一定的规律性，可以不必一项一项手工输入，而是利用 Excel 的自动填充功能完成批量输入。这既减少了数据输入的工作量，又减少了错误输入的概率。数据的自动填充可以采用“填充柄”（见第 1 章内容）、Ctrl+Enter 组合键或“填充”命令来完成。

例 2-1 利用 Ctrl+Enter 组合键在单元格区域 A1:A8、B1:F1、C3:D8、F4:F8 中输入数据 100。

（1）选定单元格区域 A1:A8、B1:F1、C3:D8、F4:F8。首先选定单元格 A1，在按住 Ctrl 键继续选取其他单元格区域。

（2）输入数据 100。

（3）按 Ctrl+Enter 组合键，结果如图 2-2 所示。

	A	B	C	D	E	F
1	100	100	100	100	100	100
2	100					
3	100		100	100		
4	100		100	100		100
5	100		100	100		100
6	100		100	100		100
7	100		100	100		100
8	100		100	100		100

图 2-2 按 Ctrl+Enter 组合键自动填充

利用“填充”命令进行自动填充时，首先要在一个单元格中输入第一个数据，然后选定一个单元格区域，使输入的第一个数据位于单元格区域的顶行、底行、最左边或最右边，在“开始”选项卡中的“编辑”组中单击“填充”按钮，在下拉菜单中选择“向下”、“向上”、“向左”或“向右”命令，可以完成行或列的填充。以上操作也可以通过选取“填充”→“系列”命令，在弹出的“序列”对话框中选中“自动填充”单选按钮来完成。通过“序列”对话框，还可以完成等差数列、等比数列的填充。

例 2-2　利用“序列”对话框在 A1:F1 区域填充数据，初始值为 1，比值为 2。

（1）在单元格 A1 中输入 1，选取单元格区域 A1:F1。

（2）在“开始”选项卡中 “编辑”组中单击“填充”按钮，在下拉菜单中选择“系列”命令，弹出“序列”对话框，如图 2-3 所示。

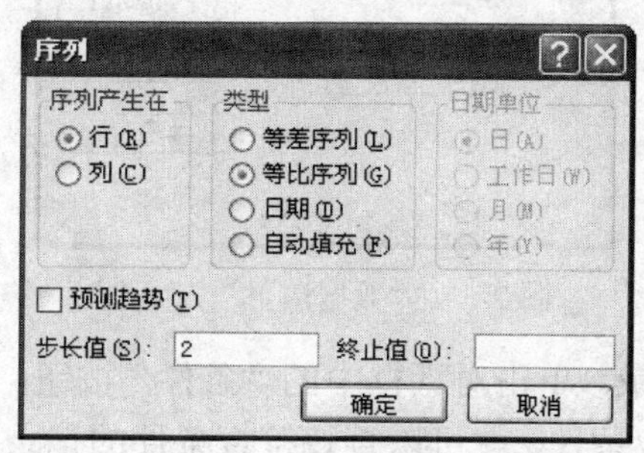

图 2-3　“序列”对话框

（3）在其中的“类型”选项区中选中“等比序列”单选按钮，“步长值”设为 2，单击“确定”按钮，结果如图 2-4 所示。

	A	B	C	D	E	F
1	1	2	4	8	16	32
2						
3						
4						
5						

图 2-4　利用“序列”对话框产生等比数列

4. 利用“记录单”编辑数据

比较简单的数据清单，数据的编辑可以直接在数据清单中操作。如果数据清单中的数据非常复杂，就可以利用“记录单”数据的操作。数据“记录单”具有浏览记录、添加记录、修改记录和删除记录等功能。使用“记录单”命令，可以在数据清单中一次输入、显示、查找或删除一行完整记录。

在打开的 Excel 工作簿中单击“文件”按钮打开后台视图，然后单击“选项”按钮。在打开的“Excel 选项”对话框中切换到“快速访问工具栏”选项卡。在“从下列位置选择命令”下拉列表框中选择“不在功能区中的命令”选项，随后找到“记录单”命令将其添加到“自定义快速访问工具栏”中。此时就可以在“快速访问工具栏”中找到“记录单”按钮。

当需要输入数据时，单击记录单按钮，在打开的“数据清单”对话框中即可轻松地输入数据，如图 2-5 所示。单击“新建”按钮在相应的文本框中输入数据可以添加新的记录，还可以删除查找逐条浏览相应记录。

对话框的右上角的分数表示当前记录在数据清单中的位置以及数据清单总共记录数。如 1/13 表示该数据清单中共有 13 条记录，当前记录为第 1 个记录。在“数据清单”对话框中，可以完成以下操作：

（1）浏览记录。通过单击“上一条”、“下一条”按钮或拖动对话框中间的垂直滚动条，可以快速浏览记录内容。

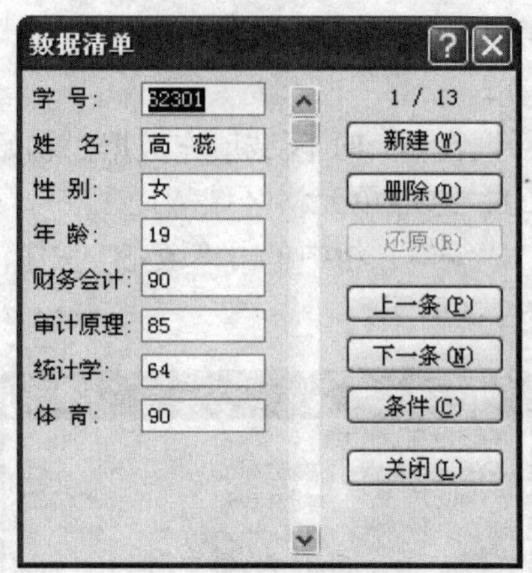

图 2-5 “数据清单”对话框

（2）浏览符合条件的记录。单击对话框中的“条件”按钮，记录框数据区域将变成空白。如果这时在字段框内输入相应条件，就可以查找符合条件的记录。条件既可以是一个，也可以是多个；既可以在一个字段框中输入条件，也可以同时在多个字段框中输入多个条件。例如，查找学号为 62307，性别为女的记录，首先单击“条件”按钮，在“学号”文本框内输入 62307，在“性别”文本框内输入“女”，按 Enter 键后会显示符合条件的记录。

（3）添加记录。单击“新建”按钮，对话框中的文本框里面变成空白，逐一输入相应内容后按 Enter 键完成一条记录的添加。在添加记录的过程中，如果单击“还原”按钮，则可将当前录入的内容全部清除。

（4）修改记录。在浏览记录内容时，可以对字段内的记录进行修改，修改完毕后单击“新建”、“关闭”按钮或按 Enter 键，系统将接受修改，单击其他按钮将放弃所作的修改。

（5）删除记录。在浏览记录时，单击“删除”按钮，系统会提示是否删除，单击“确定”按钮将删除正在显示的当前记录。

2.3 统计数据的整理

2.3.1 统计数据整理的内容

统计数据的整理是对调查搜集到的大量原始数据进行科学的分类、汇总，使之成为系统化、条理化、标准化，能反映总体现象特征的综合统计资料的工作过程。通过各种方式取得的存储在数据清单中的原始数据是杂乱、无序排放的，不能反映现象的本质与规律性，这就需要对其采用专门的方法进行整理。

一般来讲，统计整理的内容通常包括以下几个方面：

- 根据分析的目的对数据进行排序和分类（组）。
- 对分类后的数据进行汇总，计算各类（组）及总体的指标。
- 通过统计表或统计图描述汇总的结果。

Excel 提供了多种数据整理工具，主要有：

- 数据排序和筛选。
- 频数分布函数。

- 数据透视表。
- 统计图。
- 直方图分析工具。

2.3.2 统计数据的排序与筛选

1. 统计数据排序

数据的排序是以数据清单中的一个或几个字段为关键字，对整个数据清单的所有个体进行重新排列。排序可以按升序，也可以按降序。对于数字型字段，排序是按数值的大小；对于字符型字段，排序是按 ASCII 码大小；中文字段按拼音或笔画排序。通过排序，可以清楚地反映数据之间的大小关系。

（1）按单字段排序。数据的排序，可以用“数据”功能区“排序和筛选”组中的“升序排序”按钮和“降序排序”按钮来进行。要进行数据清单中某一字段数据的排序，首先单击该字段下的任一单元格（不能单击该字段的列标，否则将只对该列数据排序），再单击升序排序按钮或降序排序按钮即可完成本字段的升序排列或降序排列。这种排序方式具有快捷方便的优点。

（2）按多字段排序。使用升降序按钮排序虽然操作简便，但只能按单个字段的内容进行排序，不能满足复杂的排序要求。如果需要按多个字段进行排序，就需要采用“数据”功能区“排序和筛选”组中的“排序”按钮进行。具体操作步骤如下：

1）选定数据清单中的任一单元格为当前单元格。

2）单击“数据”功能区“排序和筛选”组中的“排序”按钮，弹出“排序”对话框，如图 2-6 所示。

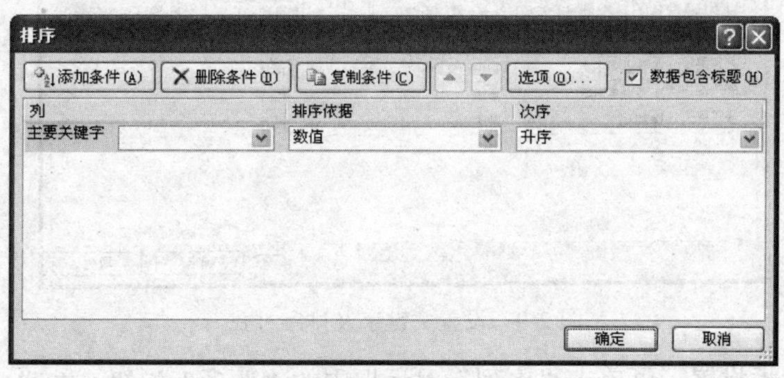

图 2-6 “排序”对话框

3）在“排序”对话框中可以按多个变量进行多字段排序。整个数据清单要先按主要关键字排序，关键字相同者排在一起；若指定了次要关键字，则主要关键字相同者再按次要关键字排序；若指定了第三关键字，依此类推。单击“添加条件”按钮，在出现的次要关键字中选择次要关键字，若需要添加多个次要关键字，则继续单击“添加条件”按钮。

例 2-3 6 个企业 2000 年的主要财务指标如图 2-7 所示。

1）以“主营业务收入为关键字”，按升序排列以上数据。选中“主营业务收入”字段下的任一单元格，再单击工具栏上的“升序排序”按钮，排序结果如图 2-8 所示。

2）以“主营业务收入”为主要关键字，“主营业务利润”为次要关键字，“净利润”为第三关键字，对图 2-7 中的数据全部进行降序排序。

	A	B	C	D	E	F
1	编 号	企业名称	主营业务收入	主营业务利润	管理费用	净利润
2	1001	同仁堂	102439	46408	13384	14665
3	1002	西藏药业	8312	6926	1325	3572
4	1003	云南白药	80641	23838	7171	4922
5	2001	首钢	1191658	131116	17526	75873
6	2002	宝钢	3094053	673436	132559	299210
7	2003	邯钢	585668	99292	4590	75261
8						

图 2-7　企业财务数据

	A	B	C	D	E	F
1	编 号	企业名称	主营业务收入	主营业务利润	管理费用	净利润
2	1002	西藏药业	8312	6926	1325	3572
3	1003	云南白药	80641	23838	7171	4922
4	1001	同仁堂	102439	46408	13384	14665
5	2003	邯钢	585668	99292	4590	75261
6	2001	首钢	1191658	131116	17526	75873
7	2002	宝钢	3094053	673436	132559	299210
8						

图 2-8　数据按“主营业务收入”排序

选中数据区中的任一单元格，在“数据”功能区的“排序和筛选”组中单击“排序”按钮，弹出“排序”对话框，单击“主要关键字”右面的下拉按钮，在下拉列表框中选择“主营业务收入”，“排序依据”选择“数值”，“次序”选择“降序”；单击“添加条件”按钮，在出现的次要关键字中选择“主营业务利润”，“排序依据”选择“数值”，“次序”选择“降序”；再单击“添加条件”按钮，在出现的次要关键字中选择“净利润”，“排序依据”选择“数值”，“次序”选择“降序”，如图 2-9 所示。

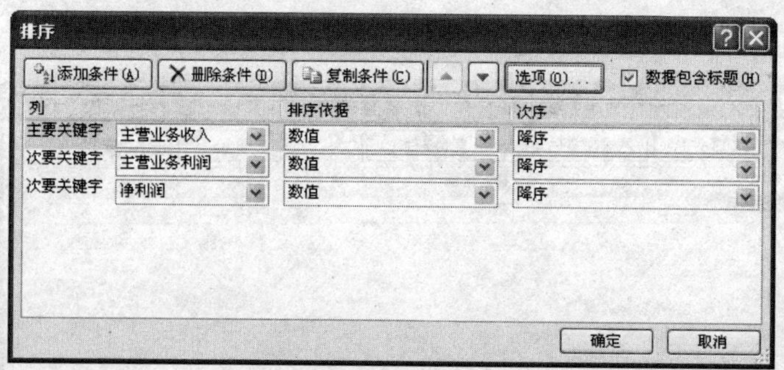

图 2-9　设置关键字及排序方式

如果需要进一步设置，可单击“序列”对话框中的“选项”按钮，在弹出的“排序选项”对话框中进行详细设置，如图 2-10 所示。

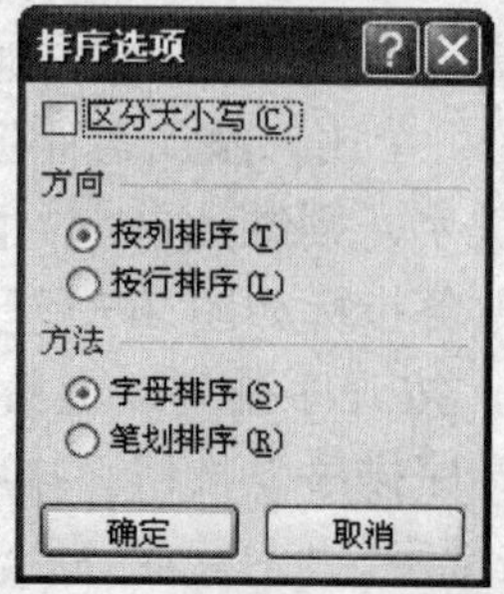

图 2-10　“排序选项”对话框

在“排序”对话框中，单击“确定”按钮完成数据排序，排序结果如图 2-11 所示。

	A	B	C	D	E	F
1	编 号	企业名称	主营业务收入	主营业务利润	管理费用	净利润
2	2002	宝钢	3094053	673436	132559	299210
3	2001	首钢	1191658	131116	17526	75873
4	2003	邯钢	585668	99292	4590	75261
5	1001	同仁堂	102439	46408	13384	14665
6	1003	云南白药	80641	23838	7171	4922
7	1002	西藏药业	8312	6926	1325	3572
8						

图 2-11　数据按多字段排序

2. 统计数据的筛选

利用 Excel 提供的筛选功能可以把符合要求的数据集中在一起，把不符合要求的数据隐藏起来。数据的筛选包括自动筛选和高级筛选两项功能。

（1）自动筛选。自动筛选是一种快速的筛选方法，它可以方便地将满足条件的数据显示在工作表上，将不满足条件的数据隐藏起来。使用自动筛选的步骤如下：

1）在数据清单中选择任一单元格为当前单元格。

2）单击“数据”功能区“排序和筛选”组中的“筛选”按钮，会看到在数据清单中的每一列字段名旁都会出现一个下拉箭头按钮，如图 2-12 所示。

	A	B	C	D	E	F
1	编 号	企业名称	主营业务收	主营业务利	管理费	净利润
2	1001	同仁堂	102439	46408	13384	14665
3	1002	西藏药业	8312	6926	1325	3572
4	1003	云南白药	80641	23838	7171	4922
5	2001	首钢	1191658	131116	17526	75873
6	2002	宝钢	3094053	673436	132559	299210
7	2003	邯钢	585668	99292	4590	75261
8						

图 2-12　打开“自动筛选”功能

3）单击某一个下拉按钮，在下拉列表框中选定筛选的条件。筛选条件根据单元格中的数据类型有“文本筛选”和“数字筛选”。“文本筛选”条件包括“等于…”、“不等于…”、“开头是…”、“结尾是…”、“包含…”、“不包含…”、“自定义筛选…”，如图 2-13 所示；“数字筛选”条件包括“等于…”、“不等于…”、“大于…”、“大于或等于…”、“小于…”、“小于或等于…”、“介于…”、“10 个最大的值…”、“高于平均值”、“低于平均值”、“自定义筛选…”，如图 2-14 所示。

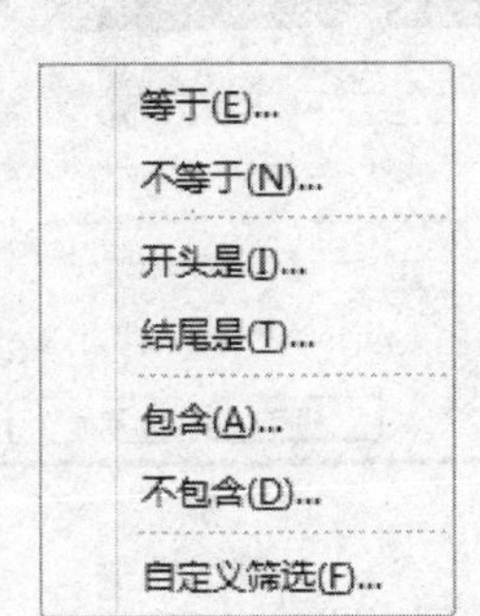

图 2-13　“文本筛选”条件

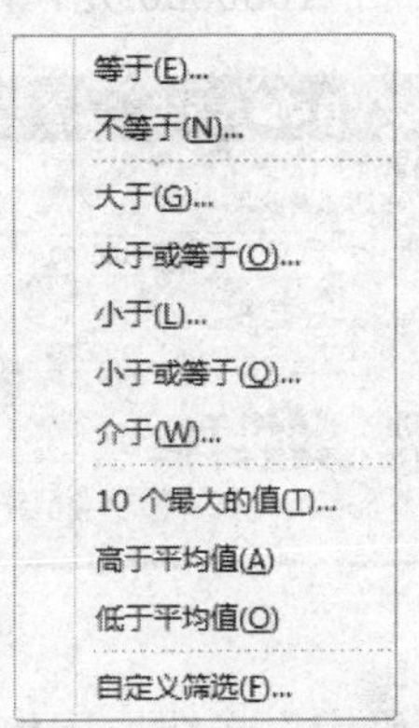

图 2-14　“数字筛选条件”

"数字筛选"条件中，"10 个最大的值..."筛选的数据不一定是最大的数字，也可以是最小的数字；数字个数不一定只是 10 个，可以根据需要设定需要筛选的数据个数。方法是单击"前 10 个..."选项，弹出"自动筛选前 10 个"对话框，如图 2-15 所示。在对话框中可以设定筛选的条件为最大或最小，以及筛选值的项数（或百分比）。

图 2-15 "自动筛选前 10 个"对话框

"自定义筛选..."选项适用于较为复杂的筛选条件。单击"自定义筛选..."选项可以弹出"自定义自动筛选方式"对话框，如图 2-16 所示。在对话框中可以设置两组筛选条件。每一组筛选条件由关系运算符构成条件表达式，其中左侧运算符有等于、不等于、大于、大于或等于、小于、小于或等于、开头是、开头不是、结尾是、结尾不是、包含、不包含等。在对话框右侧，可以单击下拉按钮选择值，也可以直接输入数据。两组条件之间可以是"与"或者是"或"的关系。

图 2-16 "自定义自动筛选方式"对话框

4）设定好筛选条件后，单击对话框中的"确定"按钮，Excel 将在工作表中显示符合条件的记录。

例 2-4 以例 2-3 的资料，显示"主营业务收入"大于 100000 小于 1000000 的数据。

1）选中数据清单中的任一单元格。

2）单击"数据"功能区"排序和筛选"组中的"筛选"按钮。

3）单击"主营业务收入"字段名右边的下拉按钮，在弹出的下拉列表框中选定"自定义筛选"选项。

4）在"自定义自动筛选方式"对话框中，第一个筛选条件设定为大于 100000，第二个筛选条件设定为小于 1000000 元，两者的关系是"与"，如图 2-17 所示。

图 2-17 设定筛选条件

5）单击"确定"按钮，工作表中将显示筛选后的数据，如图 2-18 所示。

完成自动筛选后，单击"数据"功能区"排序和筛选"组中的"筛选"按钮，将退出自动筛选状态，字段名旁的下拉按钮同时消失。

	A	B	C	D	E	F
1	编 号	企业名称	主营业务收	主营业务利	管理费	净利润
2	1001	同仁堂	102439	46408	13384	14665
7	2003	邯钢	585668	99292	4590	75261
8						
9						
10						
11						

图 2-18　自定义筛选结果

（2）高级筛选。自动筛选只能适用于比较简单的条件，如果需要指定的筛选条件比较多，就需要使用 Excel 的高级筛选功能。

高级筛选的关键是条件区域的设定。通常是将条件区域放在整个数据清单的下边（以防止被筛选隐含，并且不改动数据清单的位置），至少要用一个空行隔开。条件区域的第 1 行为字段名，第 2 行及以下各行为条件值。同一行条件之间为“与”的关系，不同行条件之间为“或”的关系，可采用的条件符号有>、<、≥、≤。

设置好条件区域后，选定数据清单中的任一单元格，单击“数据”功能区“排序和筛选”组中的“高级”按钮，在弹出的“高级筛选”对话框中根据需要选择显示筛选结果的方式，并分别指定数据清单（列表区域）和条件区域所在单元格的位置，单击“确定”按钮即完成高级筛选，如图 2-19 所示。

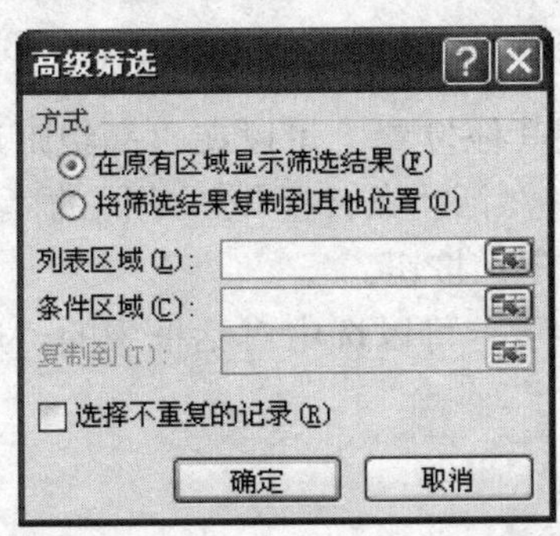

图 2-19　“高级筛选”对话框

例 2-5　以例 2-3 的资料，查找“主营业务收入”大于 1000000，“主营业务利润”大于 100000，“净利润”大于 10000 的数据。

1）设定条件区域。将单元格区域 A1:F1 中的数据复制到单元格区域 A9:F9，在单元格 C10、D10、F10 中分别输入条件“>1000000”、“>100000”、“>10000”，如图 2-20 所示。

	A	B	C	D	E	F
1	编 号	企业名称	主营业务收入	主营业务利润	管理费用	净利润
2	1001	同仁堂	102439	46408	13384	14665
3	1002	西藏药业	8312	6926	1325	3572
4	1003	云南白药	80641	23838	7171	4922
5	2001	首钢	1191658	131116	17526	75873
6	2002	宝钢	3094053	673436	132559	299210
7	2003	邯钢	585668	99292	4590	75261
8						
9	编 号	企业名称	主营业务收入	主营业务利润	管理费用	净利润
10			>1000000	>100000		>10000

图 2-20　设定条件区域

2）单击“数据”功能区 “排序和筛选”组中的“高级”按钮，弹出“高级筛选”对话框。

3）在“列表区域”中输入$A$1:$F$7，在“条件区域”中输入$A$9:$F$10，“方式”选择“在原有区域显示筛选结果”，如图 2-21 所示。

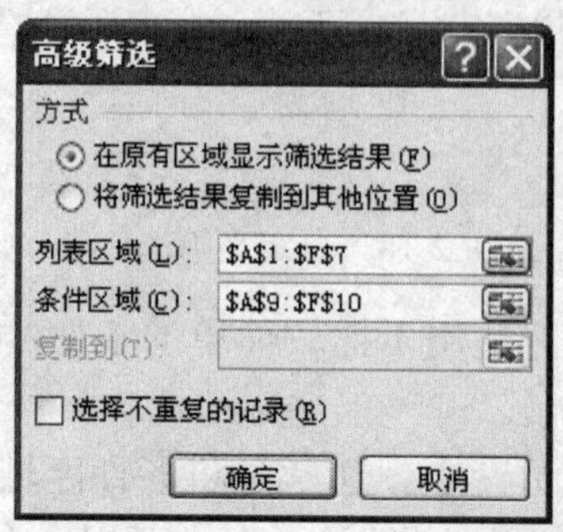

图 2-21 输入列表区域和条件区域

4）单击“确定”按钮，显示筛选结果如图 2-22 所示。

	A	B	C	D	E	F
1	编 号	企业名称	主营业务收入	主营业务利润	管理费用	净利润
5	2001	首钢	1191658	131116	17526	75873
6	2002	宝钢	3094053	673436	132559	299210
8						
9	编 号	企业名称	主营业务收入	主营业务利润	管理费用	净利润
10			>1000000	>100000		>10000

图 2-22 高级筛选结果

如果想将筛选的结果复制到其他位置，可以在“高级筛选”对话框中的“方式”中选择“将筛选结果复制到其他位置”，激活“条件区域”下面的“复制到”选项，输入指定位置左上角的单元格行列号，单击“确定”按钮。

如果对重复记录不想全部显示，可以选中对话框中的“选择不重复的记录”复选框，则如果有重复记录，就只显示一个了。

2.3.3 统计数据的分类汇总

为了使数据清单的内容更加清晰、明确，可以利用 Excel 的分类汇总功能将数据归类，并进行求和、均值等计算，并将计算结果显示出来，以便对数据作进一步分析。

例 2-6 某班 10 个学生的“成本会计”课程考试成绩如图 2-23 所示，要求统计不同分数学生的人数。

	A	B	C
1	学生编号	成 绩	
2	1	82	
3	2	95	
4	3	91	
5	4	65	
6	5	74	
7	6	65	
8	7	78	
9	8	85	
10	9	51	
11	10	74	

图 2-23 学生成绩

（1）对“成绩”字段按升序进行排序，如图 2-24 所示。

	A	B	C
1	学生编号	成 绩	
2	9	51	
3	4	65	
4	6	65	
5	5	74	
6	10	74	
7	7	78	
8	1	82	
9	8	85	
10	3	91	
11	2	95	

图 2-24　按“成绩”的升序排序

（2）单击数据清单中的任一单元格，在“数据”功能区的“分级显示”组中选择“分类汇总”命令，弹出“分类汇总”对话框。

（3）在“分类汇总”对话框中，“分类字段”选择“成绩”，“汇总方式”选择“计数”，“选定汇总项”选择“学生编号”，单击“确定”按钮。可以看到系统已经对分数进行了计数汇总，如图 2-25 所示。

1 2 3		A	B	C
	1	学生编号	成 绩	
+	3	1	**51 计数**	
+	6	2	**65 计数**	
+	9	2	**74 计数**	
+	11	1	**78 计数**	
+	13	1	**82 计数**	
+	15	1	**85 计数**	
+	17	1	**91 计数**	
+	19	1	**95 计数**	
-	20	10	**总计数**	

图 2-25　对“成绩”分类汇总

可以看出，成绩为 65 分和 74 分的学生各有两人，其余分数各有一人。

单纯利用排序与分类汇总还不能很好地描述数据的分布状态，为此，Excel 提供了一个频数分布函数（FREQUENCY），利用它可以对数据进行分组，建立频数分布，从而更好地描述数据分布状态。该函数以一列垂直数组返回某个区域中数据的频率分布。例如，使用函数 FREQUENCY 可以计算在给定的分数范围内测验分数的个数。

语法：FREQUENCY(data_array,bins_array)

其中，data_array 为一数组或对一组数值的引用，用来计算频率。如果 data_array 中不包含任何数值，函数 FREQUENCY 返回零数组。bins_array 为间隔的数组或对间隔的引用，该间隔用于对 data_array 中的数值进行分组。如果 bins_array 中不包含任何数值，函数 FREQUENCY 返回 data_array 中元素的个数。

在选定相邻单元格区域（该区域用于显示返回的分布结果）后，函数 FREQUENCY 应以数组公式的形式输入。

返回的数组中的元素个数比 bins_array（数组）中的元素个数多 1。返回的数组中所多出来的元素表示超出最高间隔的数值个数。例如，如果要计算输入到 3 个单元格中的 3 个数值区间（间隔），一定要在 4 个单元格中输入 FREQUENCY 函数计算的结果。多出来的单元格将返回 data_array 中大于第三个间隔值的数值个数。

例 2-7 利用例 2-6 中排序后的资料（图 2-24），分别统计 60 分以下、60～69 分、70～79 分、80～89 分、90 分（含）以上的学生人数。

（1）分别在单元格 C1、D1 中输入“分组”、“频数”字样。

（2）在单元格区域 C2:C6 中分别输入 60、70、80、90、100，分别表示分数在 60 分以下、60 分以上但在 70 分以下，……。

（3）选定单元格区域 D2:D6，单击编辑栏左边的“插入函数”按钮 *fx*，弹出“插入函数”对话框，在“函数分类”列表中选择“统计”，在“函数名”列表中选择 FREQUENCY，单击“确定”按钮，弹出“函数参数”对话框，如图 2-26 所示。

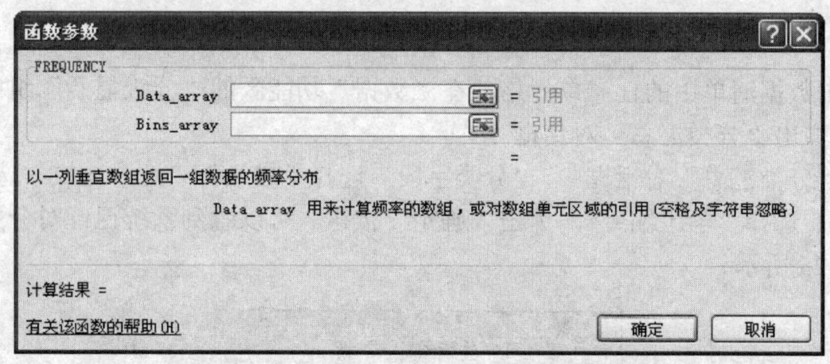

图 2-26 “函数参数”对话框

（4）在数据区域 data_array 中输入 B2:B11，在数据接受区域 bins_array 中输入 C2:C6。由于频数分布是数组操作，所以不能直接单击“确定”按钮，而应按 Ctrl+Shift 组合键，同时按 Enter 键，得到频数分布结果，如图 2-27 所示。

D6 *fx* {=FREQUENCY(B2:B11,C2:C6)}

	A	B	C	D	E
1	学生编号	成 绩	分 组	频 数	
2	9	51	60	1	
3	4	65	70	2	
4	6	65	80	3	
5	5	74	90	2	
6	10	74	100	2	
7	7	78			
8	1	82			
9	8	85			
10	3	91			
11	2	95			

图 2-27 频数分布结果

可以看到，各分数段的人数分别为 1、2、3、2、2。

2.3.4 统计数据的透视分析

Excel 2010 提供了数据透视表和数据透视图功能。数据透视表将排序、筛选和分类汇总功能结合起来，对数据清单或外来的数据重新组织和计算，并以多种不同的形式显示出来。数据透视图是另一种数据表现形式，与数据透视表不同的是，它利用适当的图表和多种色彩来描述数据的特征。利用数据透视图，可以更直观地显示数据。与标准图表一样，数据透视图显示数据系列、类别、数据标记和坐标轴。用户还可以更改图表类型及其他选项，如标题、图例、位置、数据标签和图表位置等。

1. 数据透视表

例 2-8　某地区 3 个商场 6 月份彩电和空调的销售数据清单如图 2-28 所示，通过数据透视表比较不同商场及不同厂家的不同产品的销售情况。

	A	B	C	D
1	商场	商品种类	生产厂家	销售量（台）
2	明珠	彩电	长虹	420
3	明珠	彩电	海尔	380
4	明珠	彩电	TCL	320
5	明珠	空调	长虹	450
6	明珠	空调	海尔	410
7	明珠	空调	TCL	390
8	京客隆	彩电	长虹	340
9	京客隆	彩电	海尔	300
10	京客隆	彩电	TCL	320
11	京客隆	空调	长虹	150
12	京客隆	空调	海尔	210
13	京客隆	空调	TCL	120
14	华联	彩电	长虹	240
15	华联	彩电	海尔	230
16	华联	彩电	TCL	210
17	华联	空调	长虹	110
18	华联	空调	海尔	230
19	华联	空调	TCL	130

图 2-28　商品销售资料

（1）在工作表中，选取任一单元格，在“插入”选项卡的“表格”组中单击“数据透视表”按钮，在展开的下拉菜单中选择“数据透视表”命令，弹出“创建数据透视表”对话框，选择默认选项，单击“确定”按钮，生成空白数据透视表，如图 2-29 所示。

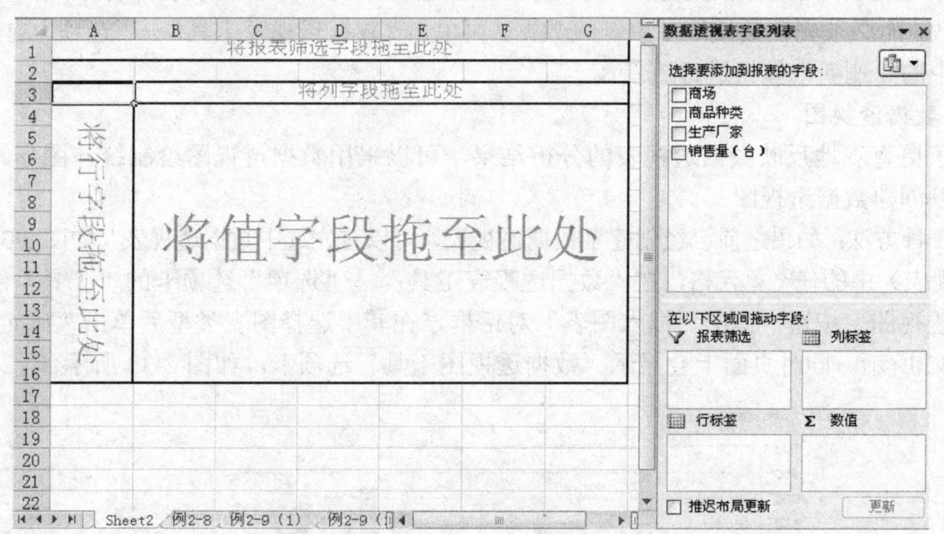

图 2-29　空白数据透视表

（2）在“数据透视表字段列表”中选中“商场”、“商品种类”并用鼠标拖到“在以下区域间拖动字段”区域的“行标签”中，把“生产厂家”拖到“列标签”中，把“销售量（台）”拖到“数值”中。生成的数据透视表如图 2-30 所示。

为使数据透视表更加美观，可以使用“数据透视表工具”—“设计”选项卡中的功能对透视表进行修饰。“数据透视表工具”—“设计”选项卡的“数据透视表样式”组中提供了多种样式，用户可以从中选择合适的格式修饰数据透视表。例如，对图 2-30 所示的数据透视表，在“数据透视表样式”组中选择“中等深浅 3”，生成的格式如图 2-31 所示。当然，用户也可以通过对单元格的操作设计自己喜欢的格式，这样更能满足用户的某些特殊需要，并且符合使用习惯。

求和项:销售量（台）		生产厂家			
商场	商品种类	TCL	长虹	海尔	总计
⊟华联	彩电	210	240	230	680
	空调	130	110	230	470
华联 汇总		340	350	460	1150
⊟京客隆	彩电	320	340	300	960
	空调	120	150	210	480
京客隆 汇总		440	490	510	1440
⊟明珠	彩电	320	420	380	1120
	空调	390	450	410	1250
明珠 汇总		710	870	790	2370
总计		1490	1710	1760	4960

图 2-30　生成的数据透视表

求和项:销售量（台		生产厂家			
商场	商品种类	TCL	长虹	海尔	总计
⊟华联	彩电	210	240	230	680
	空调	130	110	230	470
华联 汇总		340	350	460	1150
⊟京客隆	彩电	320	340	300	960
	空调	120	150	210	480
京客隆 汇总		440	490	510	1440
⊟明珠	彩电	320	420	380	1120
	空调	390	450	410	1250
明珠 汇总		710	870	790	2370
总计		**1490**	**1710**	**1760**	**4960**

图 2-31　改变数据透视表样式

数据透视表中的数据是数据清单中的数据汇总得来的，如果发现表中有错误，不能直接进行修改，而必须先在数据清单中修改数据，再单击“数据透视表工具”—“选项”选项卡“数据”组中的“刷新”按钮进行更新。

2. 数据透视图

为了更直观地反映数据透视表的分析结果，可以采用数据透视图绘制统计图形。有两种方法可以创建数据透视图。

第一种方法：如果之前已经创建了数据透视表，可以首先选中数据透视表（如图 2-30 所示的数据透视表）中的任一单元格，在“数据透视表工具”—“选项”选项卡的“工具”组中单击“数据透视图”按钮，弹出“插入图表”对话框，在其中选择图表类型后单击“确定”按钮，如图 2-32 所示。同时页面上会显示“数据透视图工具”选项卡，如图 2-33 所示。

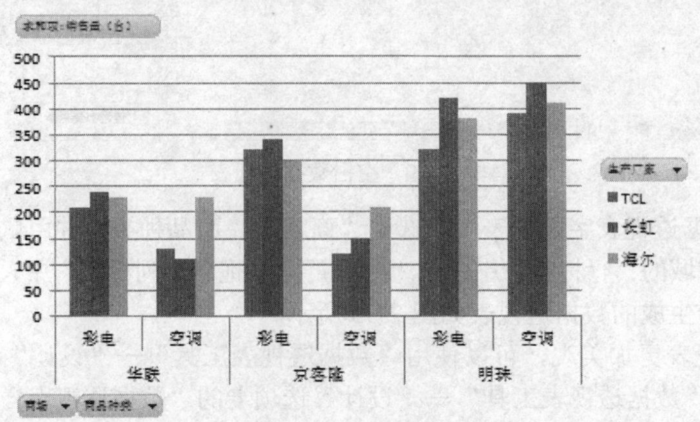

图 2-32　数据透视图（簇状柱形图）

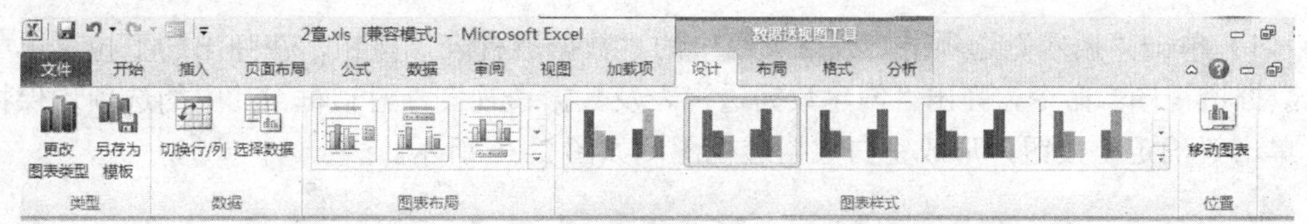

图 2-33　“数据透视图工具”选项卡

如果想改变数据透视图的图表类型，可在“数据透视图工具”—“设计”选项卡的“类型”组中单击“更改图表类型”按钮，在弹出的“更改图表类型”对话框中选择需要的图表类型，如选择“折线图”，单击“确定”按钮后如图 2-34 所示。

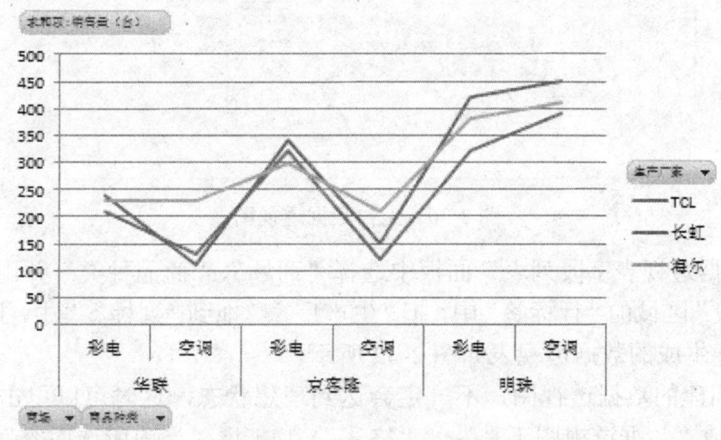

图 2-34　数据透视图改变类型（折线图）

如果想改变数据透视图的图表样式，可在“数据透视图工具”—“设计”选项卡的“图表样式”组中进行选择。如在“数据透视图工具”—“设计”选项卡的“图表样式”组中选择“样式 26”，则数据透视图变为图 2-35 所示的样式。

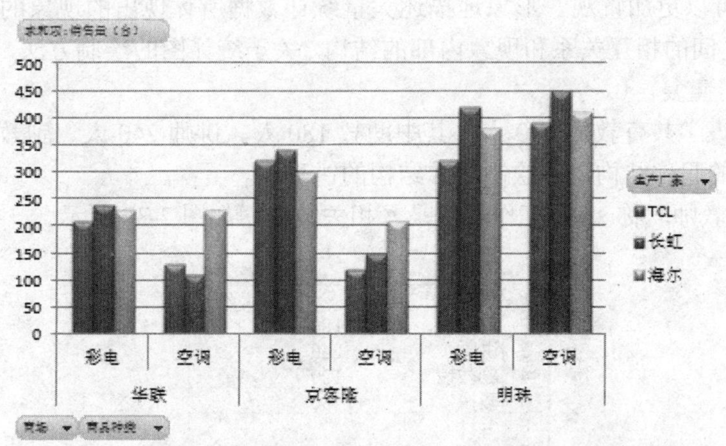

图 2-35　数据透视图改变样式（簇状柱形图）

第二种方法：如果之前还没有创建数据透视表，可以单击“插入”选项卡“表格”组中的“数据透视表”按钮，在弹出的下拉菜单中选择“数据透视图”命令。

例 2-9　以例 2-8 的数据资料创建数据透视图。

（1）单击“插入”选项卡“表格”组中的“数据透视表”按钮，在弹出的下拉菜单中选择“数据透视图”命令，弹出“创建数据透视表及数据透视图”对话框，其中的选项均保持默认，单击“确定”按钮，形成空白数据透视图，如图2-36所示。

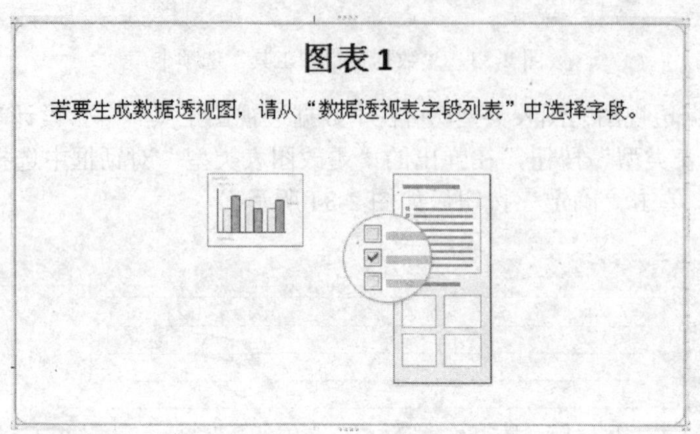

图2-36 空白数据透视图

（2）在“数据透视表字段列表”面板中选择“商场”、“商品种类”并用鼠标拖到“在以下区域间拖动字段”区域的“行标签”中，把“生产厂家”拖到“列标签”中，把“销售量（台）”拖到“数值”中，生成的数据透视表如图2-32所示。

以上是初步创建的数据透视图，不一定会达到理想状态，这时可以单击“数据透视图工具”—“布局”（或“数据透视图工具”—“格式”）功能区“当前所选内容”组中的“设置所选内容格式”按钮，在弹出的对话框中进行设置。

2.3.5 统计图与直方图分析

1. 统计图

使用统计图可以更加直观、形象地描述大量统计数据所体现出的现象的发展规律与发展趋势，以及现象之间的相互关系和现象内部的结构。关于统计图的绘制方法，在第1章中已做过讲述，这里不再重复。

例2-10 某大学共有教师600人，其中助教180人、讲师240人、副教授120人、教授60人，计算教师的职称结构，并绘制职称结构的饼形图。

（1）建立“教师职称.xls”工作表，录入相关数据，如图2-37所示。

	A	B	C
1	职称	人数	结构（%）
2	助教	180	
3	讲师	240	
4	副教授	120	
5	教授	60	
6	合计		
7			

图2-37 教师结构工作表

（2）计算职工总数。选中单元格B6，在编辑栏内输入公式“=SUM(B2:B5)”，按Enter键后显示600。

（3）计算教师比例。选中单元格C2，在编辑栏内输入公式“=B2/B6”，按Enter键后显示 30%（要把单元格的数字格式设成“百分比”），照此方法依次计算单元格 C3、C4、C5 中的数据。选中单元格 C6，在编辑栏内输入公式“=SUM(C2:C5)”，按 Enter 键后显示 100%，如图 2-38 所示。

	A	B	C
1	职称	人数	结构（%）
2	助教	180	30.00%
3	讲师	240	40.00%
4	副教授	120	20.00%
5	教授	60	10.00%
6	合计	600	100.00%

图 2-38　计算合计与比例

（4）从工作表中选择单元格区域 A1:A5、C1:C5，在“插入”选项卡的“图表”组中单击“饼图”按钮，在列表中选择“三维饼图”，形成统计图如图 2-39 所示。

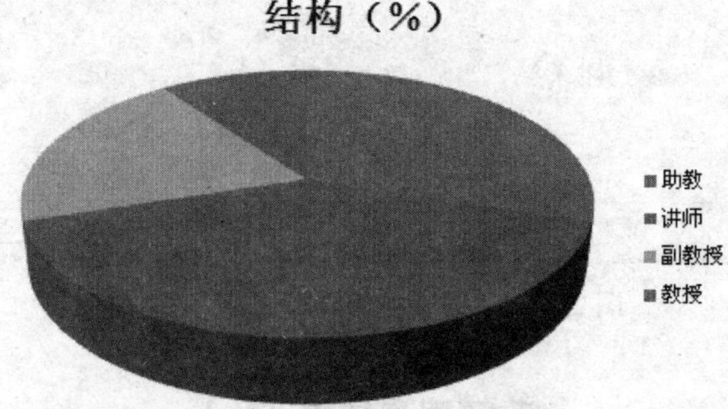

图 2-39　教师职称结构饼形图

（5）单击图表标题位置，在文本框中输入“教师职称结构（%）”字样；鼠标指向饼图并右击，在弹出的快捷菜单中选择“添加数据标签”命令，则统计图的形式变成如图 2-40 所示。

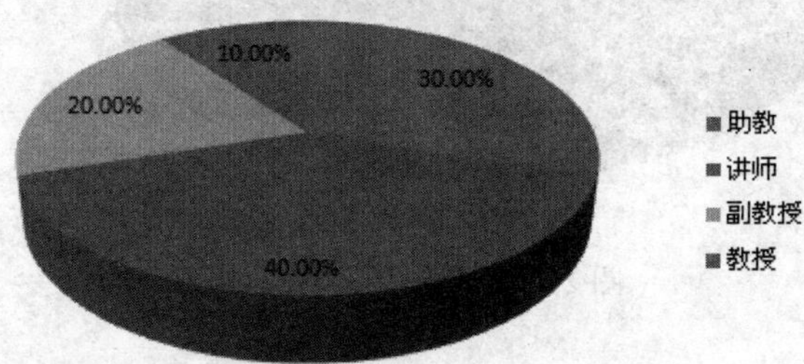

图 2-40　修改标题文字、增加数据标签后的图形

（6）可以进一步对图中的标题文字、图例文字及数据标签格式进行设置。鼠标指向标题文字并右击，选择“字体”命令，在弹出的“字体”工具栏中设置字体为“隶书、常规、14 号”。用同样的方法设置图例的字体为“楷体、常规、10 号”。鼠标指向饼图并右击，在弹出的快捷菜单中选择“设置数据标签格式”命令，弹出“设置数据标签格式”对话框，如图 2-41 所示。在“标签位置”选项区中选中“数据标签外”单选按钮，单击“关闭”按钮。修饰后的图形如图 2-42 所示。

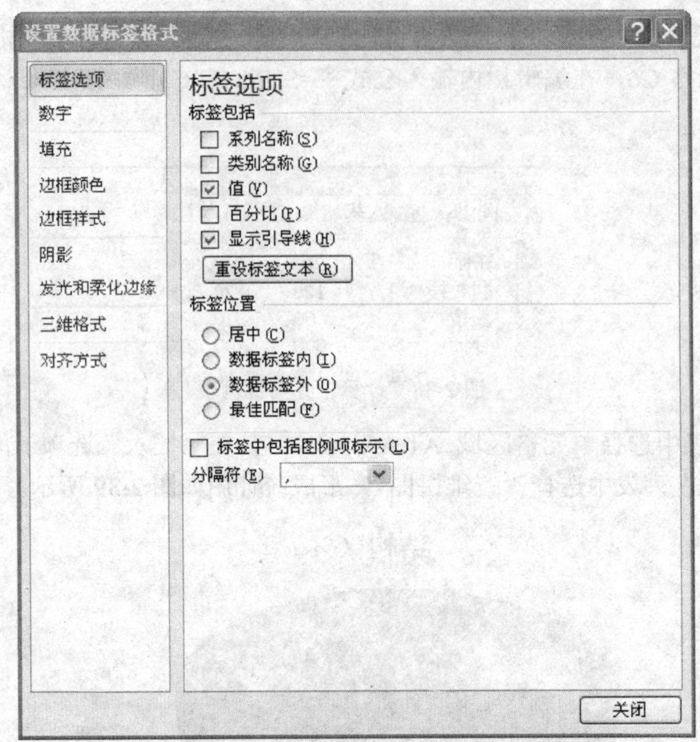

图 2-41 “设置数据标签格式”对话框

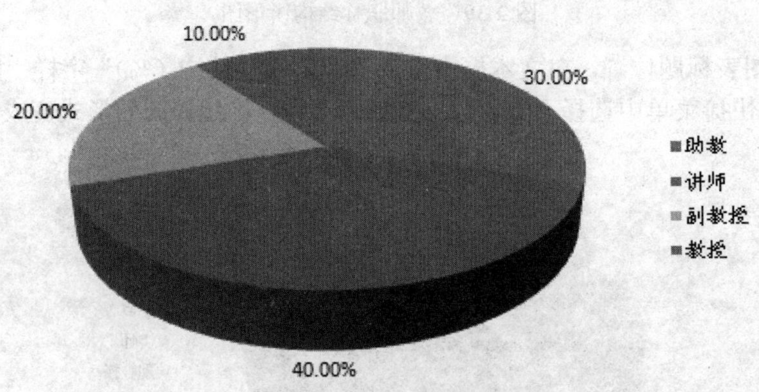

图 2-42 进一步修饰后的图形

2. 直方图分析

直方图是基于一组数据，并根据数据分布于若干称为区间内的个数（频率）绘制的图表（通常是简单的柱形图）。Excel 提供了一个直方图分析工具，可用于确定数据的频数分布、累计频数分布等。直方图分析工具是 Excel 分析工具库中的一种，利用分析工具库中的分析工具可以进行更加复杂的统计计算及数据分析。

分析工具库在默认情况下是不随 Excel 的安装而一同安装的，所以需要单独安装，方法是在“文件”选项卡中单击“选项”按钮，在弹出的“Excel 选项”对话框的左侧项目中单击“加载项”，在右侧下方单击“转到”按钮，弹出“加载宏”对话框，如图 2-43 所示。

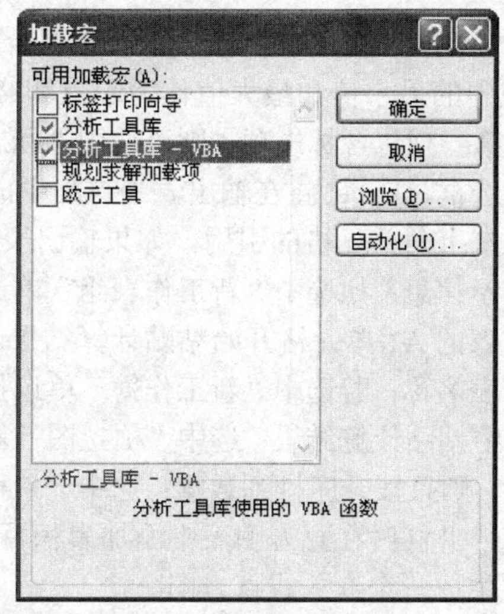

图 2-43　“加载宏”对话框

在“加载宏”对话框中，选中“分析工具库”和“分析工具库－VBA”复选框，单击“确定”按钮，系统会进行安装。安装完毕后，在“数据”选项卡中会出现“分析”组，“分析”组中有“数据分析”按钮。单击“数据分析”按钮，弹出“数据分析”对话框，如图 2-44 所示。

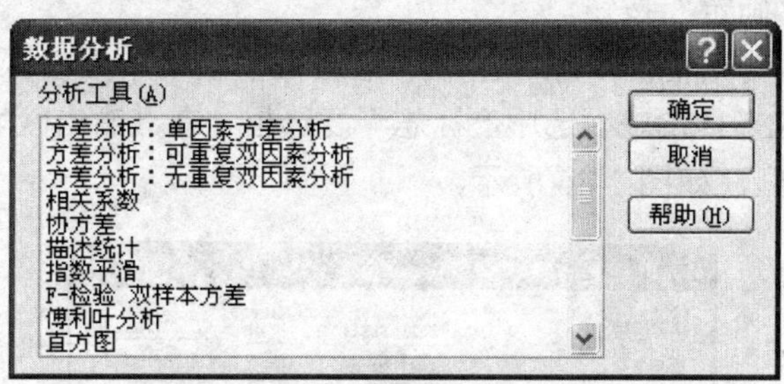

图 2-44　“数据分析”对话框

在“数据分析”对话框的“分析工具”列表框中选择“直方图”选项，单击“确定”按钮，弹出“直方图”对话框，如图 2-45 所示。

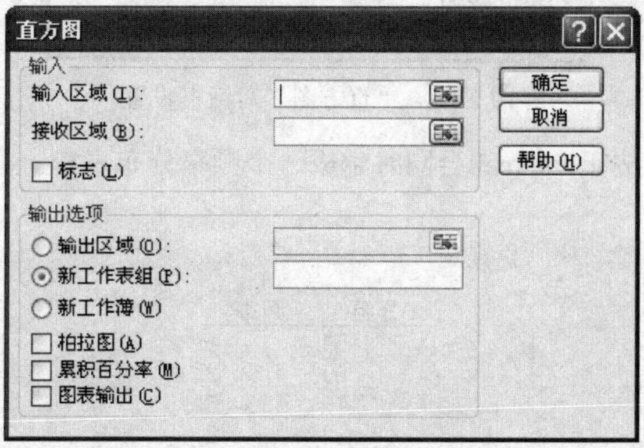

图 2-45　“直方图”对话框

在“直方图”对话框中，“输入区域”组合框内应输入待分析数据区域的单元格引用；“接收区域”组合框内输入接收区域的单元格引用。“接收区域”组合框可以保留为空，“直方图”工具随后会自动使用输入区域中的最小值和最大值作为起点和终点来创建平均分布的区间间隔；如果输入区域的第一行或第一列包含标志项，则可选中“标志”复选框，如果输入区域没有标志项，则不选“标志”复选框，Excel 将在输出表中自动生成数据标志；如选中“输出区域”单选按钮，应指定输出表左上角单元格的引用。如果输出表将覆盖已有的数据，Excel 会自动确定输出区域的大小并显示信息；如选中“新工作表组”单选按钮，则可在当前工作簿中插入新的工作表，并从新工作表的 A1 单元格开始粘贴计算结果。如果需要给新工作表命名，则在右侧的编辑框中输入工作表名称；若选中“新工作簿”单选按钮，则可以创建一个新工作簿，并在新工作簿的新工作表中粘贴计算结果；选中“柏拉图”复选框可以在输出表中同时按降序排列频数数据，如果不选，则只按升序排列数据；选中“累积百分率”复选框可以在输出表中添加一列累积百分比数值，并同时在直方图表中添加累积百分比折线；选中“图表输出”复选框则可以在输出表中同时生成一个嵌入式直方图。

例 2-11 以例 2-6 的资料，用直方图分析工具对学生成绩进行分析。

（1）打开工作表，将成绩按升序排序。

（2）在单元格 D1 中输入文字“分组”，在单元格区域 D2:D6 中分别输入 59、69、79、89、99，表示分组区间的间隔点。

（3）单击“数据”选项卡“分析”组中的“数据分析”按钮，在“数据分析”对话框中选择“直方图”，单击“确定”按钮。

（4）在“直方图”对话框的“输入区域”组合框中输入单元格区域$B$1:$B$11，在“接收区域”组合框中输入$D$1:$D$6，选中“标志”复选框，在“输出区域”组合框中输入$E$1，选中“图表输出”复选框，如图 2-46 所示。

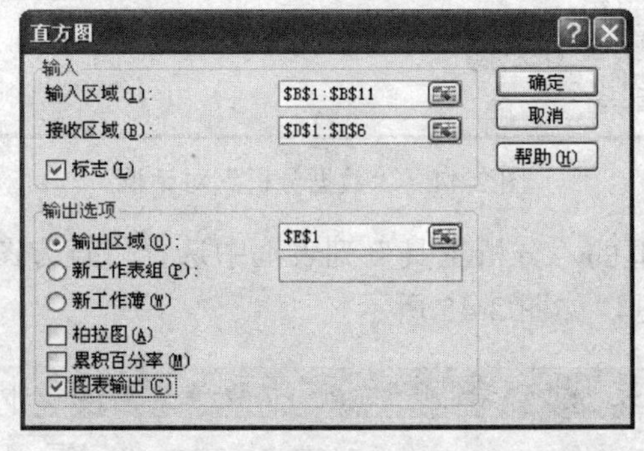

图 2-46 “直方图”对话框设置

（5）单击“确定”按钮，Excel 会同时生成一个频率分布表和一个图表，分别如图 2-47 和图 2-48 所示。

E	F
分组	频率
59	1
69	2
79	3
89	2
99	2
其他	0

图 2-47 频率分布表

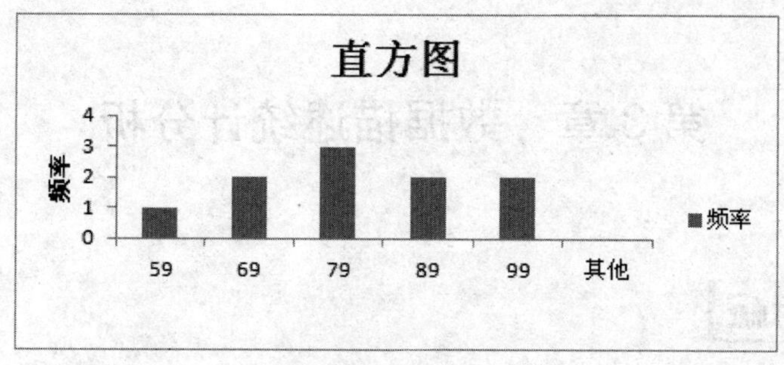

图 2-48　直方图表

注意：直方图显示等于或大于区间值并小于下一区间值的输入值的数量，并将其显示于“频率”列中。表中的最后一个值表示等于或大于最后一个区间值的输入值的数量。

习题二

2-1　统计分析的主要过程和主要分析方法有哪些？

2-2　如何建立数据清单？如何向数据清单中输入数据？如何编辑数据清单？

2-3　如何进行数据的排序，筛选和分类汇总？

2-4　FREQUENCY 函数如何运用？

2-5　如何建立数据透视表和数据透视图？

2-6　Excel 的直方图分析工具如何运用？

第 3 章　数据描述统计分析

本章主要讲解利用 Excel 描述数据的集中趋势、离中趋势以及统计数据的分布形态。通过本章的学习，读者应掌握以下内容：

- Excel 描述数据集中趋势的工作表函数及其应用
- Excel 描述数据离中趋势的工作表函数及其应用
- Excel 描述数据分布形态的工作表函数及其应用
- Excel 描述统计工具的内容及其应用

3.1　集中趋势的测定与分析

3.1.1　集中趋势的测定内容

在统计研究中，需要搜集大量数据并对其进行加工整理，对这些数据进行整理之后发现：大多数情况下数据都会呈现出一种钟形分布，即各个变量值与中间位置的距离越近，出现的次数越多；与中间位置距离越远，出现的次数越少，从而形成了一种以中间值为中心的集中趋势。这个集中趋势是现象共性的特征，是现象规律性的数量表现。

3.1.2　用 Excel 工作表函数描述集中趋势

集中趋势用于度量随机变量取值的一般趋势（平均水平），Excel 提供的统计函数会使计算更加简单。在统计函数类别中，用于集中趋势测定的常用函数主要有 3 种，包括均值函数、中位数函数、众数函数，除此还有最大（小）值函数等。

1. 均值函数

均值函数主要包括算术平均数、调和平均数和几何平均数。

（1）算术平均数。算术平均数是一种应用广泛的平均数形式，是用总体各单位标志值之和除以总体单位的项数求得的，其计算公式为 $\bar{x}=\frac{\sum x}{n}$。

语法：AVERAGE(number1,number2, ...)

其中 number1,number2,...为需要计算平均值的 1～30 个参数，参数可以是数字，或者是涉及数字的名称、数组和引用，如果数组或单元格引用参数中包含文字、逻辑值或空单元格，这些值将被忽略，但包含零值的单元格将计算在内。

（2）调和平均数。调和平均数是计算同质总体各单位平均标志值的一种表现形式，它是各标志值倒数的算术平均数的倒数，其计算公式为 $\frac{1}{H_y}=\frac{1}{n}\sum\frac{1}{Y_i}$，它可以返回数据集合的调和平均值。

语法：HARMEAN(number1,number2, ...)

其中 number1,number2,...为需要计算其平均值的 1～30 个参数。可以使用逗号分隔参数的形式，也可以使用数组或数组的引用。参数可以是数字，或者是涉及数字的名称、数组和引用。如果数组或引用的参数里包含文本、逻辑值或空白单元格，这些值将被忽略，但包含零值的单元格将计算在内。如果任何数据点小于或等于 0，函数 HARMEAN()返回错误值#NUM!。

（3）几何平均数。几何平均数是另一种计算平均标志值的平均数，它是将各单位标志值连乘积再开 n 次方来计算的，是 n 个变量连乘积的 n 次方根，计算公式为 $GM_{\bar{y}}=\sqrt[n]{y_1 y_2 y_3 \ldots y_n}$，它可以返回正数数组或数据区域的几何平均值，如可以用来计算可变复利的平均增长率。

语法：GEOMEAN(number1,number2, ...)

其中 number1,number2,...为需要计算其平均值的 1～30 个参数。除了可以使用逗号分隔参数的形式，还可使用数组或数组的引用。参数可以是数字，或者是涉及数字的名称、数组和引用。如果数组或引用参数里包含文本、逻辑值或空白单元格，这些值将被忽略，但包含零值的单元格将计算在内。如果任何数据点小于 0，函数 GEOMEAN()返回错误值#NUM!。

2. 中位数（中位次数）函数

中位数是指全体数值按大小排列后位于中间的数值。

语法：MEDIAN(number1,number2, ...)

如果参数集合中包含有偶数个数字，函数 MEDIAN()将返回位于中间的两个数的平均值。

3. 众数函数

众数是一组数列中出现次数最多的数值，众数函数 MODE()返回某一数组或数据区域中出现频率最多的数值。与 MEDIAN 相同，MODE 也是一个位置测量函数。

语法：MODE(number1,number2, ...)

如果数据集合中不含有重复的数据，则 MODE()函数返回错误值 N/A。

4. 最大（小）值函数

最大（小）值函数可以返回数据集中的最大（小）数值。

语法：MAX(number1,number2,...)

MIN(number1,number2, ...)

如果参数不包含数字，函数 MAX（MIN）返回 0。

3.1.3　3 种平均数的特点

众数是一组数据中出现次数最多的变量值，它用于对分类数据的概括性度量，其特点是不受极端值的影响，但它没有利用全部数据信息，而且还具有不唯一性。一组数据可能有众数，也可能没有众数；可能有一个众数，也可能有多个众数。如果数值的分布不是明显集中在某个数值上，用众数代表集中程度就没有实际意义，甚至会起误导作用。例如，在数值 1、2、3、4、5、6、7、8、9、10、10 中，众数为 10，但 10 显然不能表示这 10 个数值的集中程度，这时采用中位数或均值就比较恰当。另外，众数也不像均值一样能进行数学运算。

中位数是一组数据按大小顺序排序后处于中间位置上的变量，它主要用于对顺序数据的概括性度量。中位数的特点是不受极端值的影响，但它也没有利用原始数据的全部信息。和众数一样，中位数也不适合于数学运算。

均值是一组数据的算术平均值，它利用了全部数据信息，是概括一组数据最常用的一个值。均值可以进行数学运算，因而适合于在数值上进行统计推论。均值的缺点是易受极端值的影响，当一组数据有极端值时，均值的代表性较差。

以上 3 种平均数都不能单独地完全描绘所有数据。例如，假设数据分布在 3 个区域中，其中一半分布在一个较小数值区中，另一半分布在两个较大数值区中。函数 AVERAGE 和函数 MEDIAN 可能会返回位于数据点稀疏处的中间值，而函数 MODE 则会返回位于数据点密集处的较小值。

由于均值是根据总体所有标志值来计算的，所以又称为数值平均数，而众数和中位数是根据标志值所处的位置来决定的，所以又称为位置平均数。它们所反映的一般水平，有不同的意义，有不同的计算方法，也有不同的应用场合。

例 3-1 某商场家用电器销售情况如图 3-1 所示。

	A	B	C	D	E
1	月份	电视机	电冰箱	洗衣机	电脑
2	1	100	50	100	40
3	2	110	45	120	45
4	3	115	50	130	48
5	4	120	46	98	45
6	5	90	60	99	50
7	6	95	70	110	55
8	7	100	90	100	60
9	8	96	60	100	60
10	9	100	40	150	65
11	10	120	60	110	55
12	11	110	60	100	50
13	12	100	50	100	55

图 3-1 某商场家用电器销售情况

（1）计算各种电器的全年平均销售量，如图 3-2 所示。

B14 fx =AVERAGE(B2:B13)

	A	B	C	D	E
1	月份	电视机	电冰箱	洗衣机	电脑
2	1	100	50	100	40
3	2	110	45	120	45
4	3	115	50	130	48
5	4	120	46	98	45
6	5	90	60	99	50
7	6	95	70	110	55
8	7	100	90	100	60
9	8	96	60	100	60
10	9	100	40	150	65
11	10	120	60	110	55
12	11	110	60	100	50
13	12	100	50	100	55
14	平均销量	105	57	110	52

图 3-2 家用电器销售量平均数

（2）计算各种电器销售量的中位数，如图 3-3 所示。

（3）计算各种电器销售量的众数，如图 3-4 所示。

B14	=MEDIAN(B2:B13)				
	A	B	C	D	E
1	月份	电视机	电冰箱	洗衣机	电脑
2	1	100	50	100	40
3	2	110	45	120	45
4	3	115	50	130	48
5	4	120	46	98	45
6	5	90	60	99	50
7	6	95	70	110	55
8	7	100	90	100	60
9	8	96	60	100	60
10	9	100	40	150	65
11	10	120	60	110	55
12	11	110	60	100	50
13	12	100	50	100	55
14	中位数	100	55	100	53

图 3-3　家用电器销售量中位数

B14	=MODE(B2:B13)				
	A	B	C	D	E
1	月份	电视机	电冰箱	洗衣机	电脑
2	1	100	50	100	40
3	2	110	45	120	45
4	3	115	50	130	48
5	4	120	46	98	45
6	5	90	60	99	50
7	6	95	70	110	55
8	7	100	90	100	60
9	8	96	60	100	60
10	9	100	40	150	65
11	10	120	60	110	55
12	11	110	60	100	50
13	12	100	50	100	55
14	众数	100	60	100	55

图 3-4　家用电器销售量众数

3.2　离中趋势的测定与分析

3.2.1　离中趋势的测定内容

在研究现象总体标志的一般水平时，不仅要研究总体标志的集中趋势，还要研究总体标志的离中趋势，如研究价格背离价值的平均程度。研究离中趋势可以通过计算标志变异指标来进行。标志变异指标是同统计平均数相联系的一种综合指标，用于度量随机变量在取值区间内的分布情况，主要有平均差、标准差、方差、四分位数、百分位数等。在一般计算中，这些指标计算是比较复杂的，但在 Excel 中都有相应的函数，因而使计算变得很简单。

3.2.2　用 Excel 函数计算标准差

统计中常用的标志变异指标是标准差。标准差又称为均方根差，它是总体单位各标志值与其算术平均数离差的平方的平均数（即方差）的平方根，由于其数学性质优良，实际中被广泛应用。可用样本做变量或以总体做变量来分别计算标准差，根据样本变量计算的标准差称为样本标准差，根据总体变量计算的标准差称为总体标准差。标准差越大，表明总体（或样本）的离中趋势越明显；标准差越小，表明总体（或样本）的离中趋势越微弱。

1. *样本标准差*

样本标准差函数用来估算样本的标准偏差，反映相对于平均值（Mean）的离散程度，Excel

计算样本标准差采用不偏估计式（亦即自由度=n–1），其计算公式为$s=\sqrt{\dfrac{n\sum x^2-\left(\sum x\right)^2}{n(n-1)}}$。

语法：STDEV(number1,number2,...)

其中number1,number2,...为对应于构成总体样本的1～30个参数。可以不使用这种用逗号分隔参数的形式，而用单一数组，即对数组单元格的引用。

2. 总体标准差

总体标准差函数返回以参数形式给出的整个样本总体的标准偏差，反映相对于平均值（Mean）的离散程度。计算总体标准差使用整个总体的变量，通常采用偏性估计式（亦即自由度为n），其计算公式为$\sigma=\sqrt{\dfrac{n\sum x^2-\left(\sum x\right)^2}{n^2}}$。

语法：STDEVP(number1,number2,...)

其中number1,number2,... 为对应于样本总体的1～30个参数。可以不使用这种用逗号分隔参数的形式，而用单一数组，即对数组单元格的引用。

当样本数较多（n≥30）时，函数STDEV()和STDEVP()计算结果差不多相等。

例3-2 使用例3-1资料，计算各家电销售量的总体标准差，如图3-5所示。

	A	B	C	D	E
1	月份	电视机	电冰箱	洗衣机	电脑
2	1	100	50	100	40
3	2	110	45	120	45
4	3	115	50	130	48
5	4	120	46	98	45
6	5	90	60	99	50
7	6	95	70	110	55
8	7	100	90	100	60
9	8	96	60	100	60
10	9	100	40	150	65
11	10	120	60	110	55
12	11	110	60	100	50
13	12	100	50	100	55
14	总体标准差	9.59	12.89	15.45	7.00

图3-5 计算总体标准差

样本标准差的计算方法与总体标准差相同。

由于在计算标准差时，需用每个标志值与算术平均数相减，因此标准差的值必然受到均值的影响。当对两个均值不同的总体进行离中趋势比较时，用标准差显然就不再合适。为了消除均值的影响，可以将标准差除以均值，计算一个系数，即标准差系数。标准差系数越大，表明总体（或样本）的离中趋势越明显；标准差系数越小，表明总体（或样本）的离中趋势越微弱。

例3-3 两组工人生产某种零件的产量如图3-6所示。

	A	B	C
1	工人编号	甲组产量（件）	乙组产量（件）
2	1	10	26
3	2	12	25
4	3	10	21
5	4	13	22
6	5	14	24
7	6	12	28
8	7	15	28
9	8	16	20
10	9	16	22
11	10	12	32

图3-6 两组工人产量

（1）计算两组工人产量平均数如图 3-7 所示。

B12　　f_x =AVERAGE(B2:B

	A	B	C
1	工人编号	甲组产量（件）	乙组产量（件）
2	1	10	26
3	2	12	25
4	3	10	21
5	4	13	22
6	5	14	24
7	6	12	28
8	7	15	28
9	8	16	20
10	9	16	22
11	10	12	32
12	总体平均数	13	24.8

图 3-7　计算两组工人产量平均数

（2）计算两组工人产量标准差如图 3-8 所示。

B13　　f_x =STDEVP(B2:B1

	A	B	C
1	工人编号	甲组产量（件）	乙组产量（件）
2	1	10	26
3	2	12	25
4	3	10	21
5	4	13	22
6	5	14	24
7	6	12	28
8	7	15	28
9	8	16	20
10	9	16	22
11	10	12	32
12	总体平均数	13	24.8
13	总体标准差	2.097617696	3.57211422

图 3-8　计算两组工人产量标准差

（3）计算两组工人产量标准差系数如图 3-9 所示。

B14　　f_x =B13/B12

	A	B	C
1	工人编号	甲组产量（件）	乙组产量（件）
2	1	10	26
3	2	12	25
4	3	10	21
5	4	13	22
6	5	14	24
7	6	12	28
8	7	15	28
9	8	16	20
10	9	16	22
11	10	12	32
12	总体平均数	13	24.8
13	总体标准差	2.097617696	3.57211422
14	标准差系数	0.161355207	0.144036864

图 3-9　计算两组工人产量标准差系数

从计算结果可以看出，如果用标准差评价两组工人产量的离散趋势，乙组工人产量的标准差大于甲组工人产量的标准差，所以离散程度大。但两组工人的平均产量不同影响了标准差的大小，使得评价结果不再准确。通过比较两组工人消除了平均产量影响后标准差系数，可以发现甲组大于乙组，说明甲组工人产量的离散程度大。

3.2.3 四分位数与四分位距

四分位数是将中值的前后两部分数值再等分为二，以数值小的一端算起，前半部的分区点称为第 1 四分位数，后半部的分区点称为第 3 四分位数，而中值即为第 2 四分位数。四分位数通常用于在销售额和测量值数据集中对总体进行分组。

语法：QUARTILE(array,quart)

array：需要求四分位数值的数组或数字型单元格区域。

quart：决定返回哪一个四分位值。

quart 值与 QUARTILE 返回值的对应关系如表 3-1 所示。

表 3-1 quart 值与 QUARTILE 返回值的对应关系

quart 值	函数 QUARTILE 返回值
0	最小数值
1	第一个四分位数（第 25 个百分排位）
2	中分位数（第 50 个百分排位）
3	第三个四分位数（第 75 个百分排位）
4	最大数值

如果数组为空或数据点数目超过 8191 个，函数 QUARTILE 返回错误值#NUM!。如果 quart 不为整数，将被截尾取整。如果 quart < 0 或 quart > 4，函数 QUARTILE 返回错误值#NUM!。函数 MIN、MEDIAN 和 MAX 返回的值与 quart 分别等于 0、2 和 4 时函数 QUARTILE 返回的值相同。

四分位距是总体中第 3 四分位数与第 1 四分位数之差。显然，四分位距包括位于总体分布中心的 50%，能集中反映总体的差异特性。

例 3-4 使用例 3-1 的资料，计算四分位数和四分位距，如图 3-10 所示。

B14 =QUARTILE(B2:B13,1)

	A	B	C	D	E
4	3	115	50	130	48
5	4	120	46	98	45
6	5	90	60	99	50
7	6	95	70	110	55
8	7	100	90	100	60
9	8	96	60	100	60
10	9	100	40	150	65
11	10	120	60	110	55
12	11	110	60	100	50
13	12	100	50	100	55
14	第1四分位数	99	49	100	47.25
15	第2四分位数	100	55	100	52.5
16	第3四分位数	111.25	60	112.5	56.25
17	四分位距	12	11	13	9

图 3-10 计算四分位数和四分位距

3.3 分布形态的测定与分析

3.3.1 分布形态的测定内容

只用集中趋势和离中趋势来表示所有数据，难免不够准确。分析总体次数的分布形态有助于识别整个总体的数量特征。总体的分布形态可以从两个角度考虑，一是分布的对称程度，另一个是分布的高低。前者的测定参数称为偏度或偏斜度，后者的测定参数称为峰度。

当一个分布出现偏态时，说明总体中有极端值出现，这个极端值可能是录入或收集资料出现的误差，也可能是由于总体发生变化所致，因而在统计分析中需要对其进行测定与分析。在统计分析中，用偏度指标对其进行测定。如果偏度数值等于零，说明分布为对称；如果偏度数值大于零，说明分布呈现右偏态；如果偏度数值小于零，说明分布呈左偏态。

峰度是掌握分布形态的另一指标，它能描述分布的平缓或陡峭程度。如果峰度数值等于零，说明分布为正态；如果峰度数值大于零，说明分布呈陡峭状态；如果峰度数值小于零，说明分布形态趋于平缓。

3.3.2 用 Excel 工作表函数描述分布形态

Excel 提供了计算总体偏度与峰度的工作表函数。

1. 偏度函数

偏度函数返回分布的偏斜度。偏斜度反映以平均值为中心的分布的不对称程度。正偏斜度表示不对称边的分布更趋向正值，负偏斜度表示不对称边的分布更趋向负值。其计算公式为

$$\frac{n}{(n-1)(n-2)}\sum\left(\frac{x_i-\overline{x}}{s}\right)^3。$$

语法：SKEW(number1,number2,...)

其中 Number1,number2,... 为需要计算偏斜度的 1～30 个参数。可以不用这种逗号分隔参数的形式，而用单一数组，即对数组的引用。如果数据点数目少于 3 个，或样本标准偏差为 0，函数 SKEW()返回错误值#DIV/0!。

2. 峰度函数

峰度函数返回数据集的峰值，表示次数分布高峰的起伏状态。峰值反映与正态分布相比某一分布的尖锐度或平坦度。正峰值表示相对尖锐的分布，负峰值表示相对平坦的分布。其计算公式为

$$\left\{\frac{n(n+1)}{(n-1)(n-2)(n-3)}\sum\left(\frac{x_i-\overline{x}}{s}\right)^4\right\}-\frac{3(n-1)^2}{(n-2)(n-3)}。$$

语法：KURT(number1,number2,...)

其中 number1,number2,...为需要计算峰值的 1～30 个参数。可以使用逗号分隔参数的形式，也可使用单一数组，即对数组单元格的引用。如果数据点少于 4 个，或样本标准偏差为 0，函数 KURT()返回错误值#DIV/0!。

例 3-5 使用例 3-1 的资料，计算各家电销售量的偏度和峰度，如图 3-11 所示。

计算结果表明，电视机和电脑销量的偏度值为零，说明销售量呈对称分布；电冰箱、洗

衣机销量的偏度值大于零，说明其分布呈右偏形态。电视机和电脑销量的峰度值小于零，说明销售量分布形态趋于平缓；电冰箱和洗衣机销量的峰度值大于零，说明其销售量分布趋于陡峭。

B14 =SKEW(B2:B13)

	A	B	C	D	E
1	月份	电视机	电冰箱	洗衣机	电脑
2	1	100	50	100	40
3	2	110	45	120	45
4	3	115	50	130	48
5	4	120	46	98	45
6	5	90	60	99	50
7	6	95	70	110	55
8	7	100	90	100	60
9	8	96	60	100	60
10	9	100	40	150	65
11	10	120	60	110	55
12	11	110	60	100	50
13	12	100	50	100	55
14	偏度	0	1	2	0
15	峰度	-1	3	3	-1

图 3-11 销售量的偏度和峰度

3.4 描述统计工具

对于统计数据的一些常用统计量，如均值、中位数、众数、标准差、峰度系数、偏度系数等，可以利用上述统计函数计算。但 Excel 提供了一种更快捷的方法，就是描述统计工具。描述统计分析工具用于生成数据源区域中数据的单变量统计分析报表，它可以同时计算出一组数据的多个常用统计量，提供有关数据集中趋势和离中趋势及分布形态等方面的信息。

例 3-6 调查某企业生产车间 10 名工人的月工资水平，资料如图 3-12 所示。用描述统计工具对工人工资数据进行分析。

	A	B
1	工人编号	月工资（元）
2	1	800
3	2	450
4	3	600
5	4	700
6	5	650
7	6	1000
8	7	700
9	8	650
10	9	750
11	10	600

图 3-12 工资资料

（1）单击“数据”选项卡“分析”组中的“数据分析”按钮，在弹出的“数据分析”对话框的分析工具中选择“描述统计”，单击“确定”按钮，弹出“描述统计”对话框，如图 3-13 所示。

（2）“描述统计”对话框包括以下内容：

- 输入区域：输入待分析数据所在的单元格区域。本例输入 B2:B11。
- 分组方式：如果需要指出输入区域中的数据是按行还是按列排列，则单击“逐行”或“逐列”单选按钮。本例选中“逐列”单选按钮。

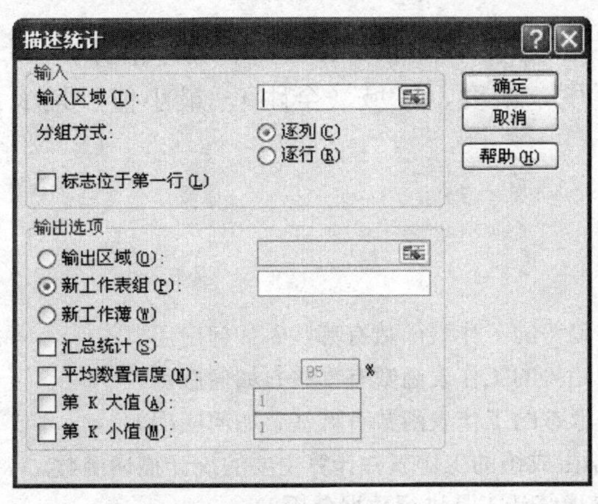

图 3-13　“描述统计”对话框

- 标志位于第一行：若输入区域包括列标志行，则必须选中此复选框；否则不能选中该复选框，此时 Excel 自动以列 1、列 2、列 3、……作为数据的列标志。本例选中此复选框。
- 输出选项：下有 3 个单选按钮：“输出区域”、“新工作表组”和“新工作簿”。如果指定输出到当前工作表的某个单元格区域，这时需在“输出区域”组合框中输入输出单元格区域的左上角单元格地址；如果指定输出到新工作表组，这时需要输入工作表名称；也可以指定输出到新工作簿。本例选中将结果输出到“输出区域”，并输入左上角单元格地址 D1。
- 汇总统计：若选中该复选框，则显示描述统计结果；否则不显示结果。本例选中。
- 平均数置信度：若需要输出包含均值的置信度，则选中此复选框，然后在右侧的编辑框中，输入所要使用的置信度。本例输入 95%，表明要计算在显著性水平为 95%时的均值置信度。
- 第K大/小值：如果需要在输出表的某一行中包含每个区域的数据的第K个最大/小值，则选中此复选框。然后在右侧的编辑框中，输入 K 的数值。本例均选，并输入数值 1，表示要求输出第 1 大/小的数值。

（3）在“描述统计”对话框中，单击“确定”按钮，输出结果如图 3-14 所示。

	A	B	C	D	E
1	工人编号	月工资（元）		月工资（元）	
2	1	800			
3	2	450		平均	690
4	3	600		标准误差	45.82576
5	4	700		中位数	675
6	5	650		众数	600
7	6	1000		标准差	144.9138
8	7	700		方差	21000
9	8	650		峰度	2.019625
10	9	750		偏度	0.727033
11	10	600		区域	550
12				最小值	450
13				最大值	1000
14				求和	6900
15				观测数	10
16				最大(1)	1000
17				最小(1)	450
18				置信度(95.0%)	103.6651

图 3-14　“描述统计”工具输出结果

从图 3-14 可以看出，描述统计工具可生成以下统计指标：平均值、标准误差、中位数、众数、标准差、方差、峰度、偏度、区域（全距）、最小值、最大值、总和、观测数和置信度等。

习题三

3-1 Excel 描述数据集中趋势的工作表函数有哪些？如何应用？

3-2 Excel 描述数据离中趋势的工作表函数有哪些？如何应用？

3-3 Excel 描述数据分布形态的工作表函数有哪些？如何应用？

3-4 自己建立一个统计学生成绩的工作表并计算主要的统计描述函数。

3-5 如何运用 Excel 的描述统计工具进行数据分析？

第 4 章　概率分布与抽样分布

本章主要讲解 Excel 在概率分布及抽样分布中的应用。通过本章的学习，读者应掌握以下内容:

- Excel 离散型随机变量概率分布的工作表函数
- Excel 连续型随机变量概率分布的工作表函数
- 利用 Excel 绘制正态分布图
- Excel 抽样分布的工作表函数

4.1　概率分布

4.1.1　概率与概率分布

在大多数情况下，人们无法研究总体的全部，而是根据总体的部分资料对其进行统计推断，概率理论是统计推断的基础。

概率理论研究的是随机现象的规律性。在相同条件下，可能发生多种不同结果的现象称为随机现象，如抛掷一枚均匀硬币，可能出现正面也可能出现反面。随机现象具有二重性，即在个别实验或观察时，随机现象的某种结果具有不确定性（偶然性），而在大量重复实验或观察时，又呈现出固有的规律性（必然性）。这种在大量重复实验或观察条件下，随机现象发生某种结果的固有规律性称为统计规律性。例如，一枚硬币抛掷一次时，其结果可能是出现正面也可能是出现反面，具有不确定性；而在大量重复抛掷时，正面和反面出现的次数约各占一半，呈现出统计规律性。

随机现象的每一个可能结果都是一个随机事件，换句话说，随机变量的每一个可能取值都是一个随机事件。概率是度量随机事件出现或发生的可能性大小的一种尺度。

概率分布由随机变量的取值及其相应的概率构成。按随机变量取值的特点，概率分布可以分为离散型随机变量的概率分布和连续型随机变量的概率分布。

Excel 提供的离散概率分布包括以下内容：

- BINOMDIST：二项分布。
- CRITBINOM：累积二项分布（依临界值，找最小整数 K）。
- HYPGEOMDIST：超几何分布。
- NEGBINOMDIST：负二项分布。
- POISSON：泊松分布。

Excel 提供的连续概率分布包括以下内容：

- BETADIST：累积 β 概率密度函数。
- BETAINV：累积 β 概率密度函数的反函数。

- EXPONDIST：指数分布函数。
- GAMMADIST：γ 分布函数。
- GAMMAINV：γ 累积分布函数的反函数。
- LOGNORMDIST：对数正态累加分布函数。
- LOGINV：对数正态累加分布函数的反函数。
- NORMDIST：正态分布函数。
- NORMINV：正态累积分布函数的反函数。
- NORMSDIST：标准正态累积分布函数。
- NORMSINV：标准正态累积分布函数的反函数。
- WEIBULL：韦伯分布函数。

4.1.2 二项分布

二项分布是一种具有广泛用途的离散型随机变量的概率分布，用于描述在相同条件的试验中，成功或失败的概率，如描述抛掷硬币实验中出现正（反）面的概率。

Excel 提供的常用二项分布函数有 3 个：二项分布函数 BINOMDIST、累积二项分布函数 CRITBINOM 和负二项分布函数 NEGBINOMDIST。

1. 二项分布函数

二项分布函数适用于固定次数的独立试验，当试验的结果只包含成功或失败两种情况时，且当成功的概率在试验期间固定不变，该函数返回一元二项式分布的概率值，其计算公式为 $b(x,n,p)=\binom{n}{x}p^{x}(1-p)^{n-x}$，式中 $\binom{n}{x}$ 等于 COMBIN(n,x)。COMBIN 函数返回一组对象所有可能的组合数目，如假设有 10 名乒乓球队员，从中选出任意两人搭配参加双打，则计算公式为“=COMBIN(10,2)”，可以得出 45 种搭配方案。

语法：BINOMDIST(number_s,trials,probability_s,cumulative)

其中，number_s 为试验成功的次数；trials 为独立试验的次数；probability_s 为每次试验中成功的概率；cumulative 为一逻辑值，用于确定函数的形式。

如果 cumulative 为 True，函数 BINOMDIST 返回累积分布函数，即至多 number_s 次成功的概率；如果为 False，返回概率密度函数，即 number_s 次成功的概率。如果 number_s、trials 或 probability_s 为非数值型，函数 BINOMDIST 返回错误值#VALVE!。如果 number_s < 0 或 number_s > trials，函数 BINOMDIST 返回错误值#NUM!。如果 probability_s < 0 或 probability_s > 1，函数 BINOMDIST 返回错误值#NUM!。

例 4-1 抛硬币的结果不是正面就是反面，如果每次硬币为正面的概率是 0.5，则抛硬币 10 次中 6 次正面的概率为多少？

（1）建立“BINOMDIST 函数.xls”工作表，输入有关数据，如图 4-1 所示。

	A	B	C
1	参数内容	数据	计算结果
2	实验成功次数	6	
3	独立实验次数	10	
4	每次实验的成功率	0.5	
5			
6			

图 4-1 BINOMDIST 函数工作表

（2）在单元格 C2 中输入公式“=BINOMDIST(B2,B3,B4,FALSE)”，按 Enter 键显示结果等于 0.205078，如图 4-2 所示。表示抛 10 硬币出现 6 次的概率为 0.205078。

C2 　 f_x =BINOMDIST(B2,B3,B4,FALSE)

	A	B	C	D	E
1	参数内容	数据	计算结果		
2	实验成功次数	6	0.205078		
3	独立实验次数	10			
4	每次实验的成功率	0.5			
5					
6					

图 4-2　BINOMDIST 函数计算结果

2. 累积二项分布函数

该函数可以计算使累积二项分布大于或等于临界值的最小整数值。累积二项分布函数可以用于质量检验。例如，使用函数 CRITBINOM 来决定最多允许出现多少个有缺陷的部件，才可以保证整个产品在离开装配线时检验合格。

语法：CRITBINOM(trials,probability_s,alpha)

其中，trials 为伯努利试验次数；probability_s 为每次试验中成功的概率；alpha 为临界值。

如果任意参数为非数值型，函数 CRITBINOM 返回错误值#VALUE!；如果 trials 不是整数，将被截尾取整。如果 trial < 0，函数 CRITBINOM 返回错误值#NUM!；如果 probability_s < 0 或 probability_s > 1，函数 CRITBINOM 返回错误值#NUM!；如果 alpha < 0 或 alpha > 1，函数 CRITBINOM 返回错误值#NUM!。

例 4-2　在产品生产中，检验 8 件产品发现次品的概率为 0.2，如果临界值为 0.8，至少要有多少件次品才会判断生产不合格？

（1）建立“CRITBINOM 函数.xls”工作表，输入有关数据，如图 4-3 所示。

	A	B	C
1	参数内容	数据	计算结果
2	测试个数	8	
3	每次测试成功的概率	0.2	
4	临界值	0.8	
5			

图 4-3　CRITBINOM 函数工作表

（2）在单元格 C2 中输入公式“=CRITBINOM (B2,B3,B4)”，按 Enter 键显示结果等于 3，如图 4-4 所示。表示只要发现 3 件次品就会判断生产不合格。

C2 　 f_x =CRITBINOM(B2,B3,B4)

	A	B	C	D
1	参数内容	数据	计算结果	
2	测试个数	8	3	
3	每次测试成功的概率	0.2		
4	临界值	0.8		
5				

图 4-4　CRITBINOM 函数计算结果

3. 负二项分布函数

该函数返回负二项式分布。当成功概率为常量 probability_s 时，函数 NEGBINOMDIST 返回在到达 number_s 次成功之前，出现 number_f 次失败的概率。此函数与二项式分布函数相似，只是它的成功次数固定，试验总数为变量。与二项式分布类似的是，试验次数被假设为自变量，其计算公式为：$nb(x,r,p)=\binom{x+r-1}{r-1}p^r(1-p)^x$

式中，x 是 number_f；r 是 number_s；p 是 probability_s。

语法：NEGBINOMDIST(number_f,number_s,probability_s)

其中，number_f 为失败次数；number_s 为成功极限次数；probability_s 为成功概率。

number_f 和 number_s 将被截尾取整。如果任意参数为非数值型，函数 NEGBINOMDIST 返回错误值#VALUE!；如果 probability_s < 0 或 probability_s > 1，函数 NEGBINOMDIST 返回错误值#NUM!；如果 number_f < 0 或 number_s < 1，函数 NEGBINOMDIST 返回错误值#NUM!。

例 4-3 从某社区挑选 10 名志愿服务人员，且已知符合条件候选人的概率为 0.3，那么找到 10 名合格候选人之前，已经测试 20 个不合格候选人的概率为多少？

（1）建立“NEGBINOMDIST 函数.xls”工作表，输入有关数据，如图 4-5 所示。

	A	B	C
1	参数内容	数据	计算结果
2	失败次数	20	
3	成功次数	10	
4	成功概率	0.3	
5			

图 4-5 NEGBINOMDIST 函数工作表

（2）在单元格 C2 中输入公式“=NEGBINOMDIST (B2,B3,B4)”，按 Enter 键显示结果等于 0.0471872，如图 4-6 所示。表示找到 10 名合格候选人之前，已经测试 20 个不合格候选人的概率为 0.0471872。

C2　fx　=NEGBINOMDIST(B2, B3, B4)

	A	B	C	D
1	参数内容	数据	计算结果	
2	失败次数	20	0.0471872	
3	成功次数	10		
4	成功概率	0.3		
5				

图 4-6 NEGBINOMDIST 函数计算结果

4.1.3 正态分布

正态分布是一种重要的连续型随机变量分布，利用 Excel 不但可以计算正态分布函数，还可以绘制正态分布图形。

1. 正态分布函数

Excel 提供的正态分布函数有 4 个：正态分布函数 NORMDIST、标准正态分布函数 NORMSDIST、正态分布函数的反函数 NORMINV 和标准正态分布函数的反函数 NORMSINV。

（1）正态分布函数。此函数是返回指定平均值和标准偏差的正态分布函数，在统计方面应用范围广泛（包括假设检验），其计算公式为 $f(x,u,\sigma)=\frac{1}{\sqrt{2\pi}\sigma}e^{-\left(\frac{(x-u)^2}{2\sigma^2}\right)}$。

语法：NORMDIST(x,mean,standard_dev,cumulative)

其中，x 为需要计算其分布的数值；mean 为分布的算术平均值；standard_dev 为分布的标准偏差；cumulative 为一逻辑值，指明函数的形式。

如果 cumulative 为 True，函数 NORMDIST 返回累积分布函数；如果为 False，返回概率密度函数；如果 mean 或 stand_dev 为非数值型，函数 NORMDIST 返回错误值#VALUE!；如果 standard_dev≤0，函数 NORMDIST 返回错误值#NUM!；如果 mean = 0，standard_dev = 1，且 cumulative = True，则函数 NORMDIST 返回标准正态分布，即函数 NORMSDIST；如果 cumulative = True，则公式为从负无穷大到公式中给定的 X 的积分。

（2）标准正态分布函数。该函数返回标准正态累积分布函数，该分布的平均值为 0，标准偏差为 1。可以使用该函数代替标准正态曲线面积表，其计算公式为 $f(z,0,1)=\frac{1}{\sqrt{2\pi}}e^{-\frac{z^2}{2}}$。

语法：NORMSDIST(z)

其中，z 为需要计算其分布的数值。

如果 z 为非数值型，函数 NORMSDIST 返回错误值 #VALUE!。

（3）正态分布函数的反函数。该函数用来计算指定平均值和标准偏差的正态累积分布函数的反函数。

语法：NORMINV(probability,mean,standard_dev)

其中，probability 为正态分布的概率值；mean 为分布的算术平均值；standard_dev 为分布的标准偏差。

如果任一参数为非数值型，函数 NORMINV 返回错误值#VALUE!；如果 probability < 0 或 probability >1，函数 NORMINV 返回错误值#NUM!；如果 standard_dev≤0，函数 NORMINV 返回错误值#NUM!；如果 mean = 0 且 standard_dev = 1，函数 NORMINV 使用标准正态分布。

（4）标准正态分布函数的反函数。该函数用来计算标准正态累积分布函数的反函数。该分布的平均值为 0，标准偏差为 1。

语法：NORMSINV(probability)

其中，probability 为正态分布的概率值。

如果 probability 为非数值型，函数 NORMSINV 返回错误值#VALUE!；如果 probability<0 或 probability>1，函数 NORMINV 返回错误值#NUM!。

2. 绘制正态分布图形

（1）建立正态分布基本数据。现在利用标准正态分布，也就是随机变量 x 满足$\mu=0$，$\sigma=1$的正态分布，其分布的标准差最小与最大分别为-3 与 3，由此建立正态分布的基本数据。

1）在单元格 A1 中输入“-3”，并选取单元格区域 A1:A121，在“开始”选项卡的“编辑”组中单击“填充”按钮，在下拉菜单中选择“系列”命令，弹出“序列”对话框，如图 4-7 所示。

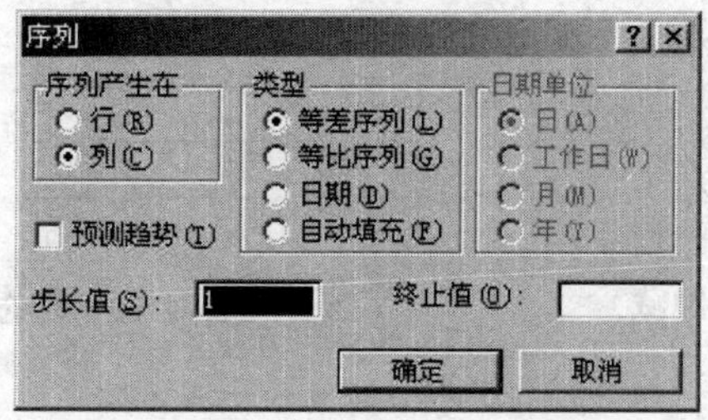

图 4-7　“序列”对话框

2）在“序列产生在”框中选中“列”单选按钮，在“类型”框中选中“等差序列”单选按钮，在“步长值”文本框中输入 0.05，在“终止值”文本框中输入 3，单击“确定”按钮，会看到在单元格区域 A1:A121 中显示-3、-2.95、…、0、…、2.95、3。

3）选定单元格 B1，切换到“公式”选项卡，在“函数库”组中单击“其他函数”按钮，执行“统计”项下的 NORMDIST 命令，弹出“函数参数”对话框，如图 4-8 所示。

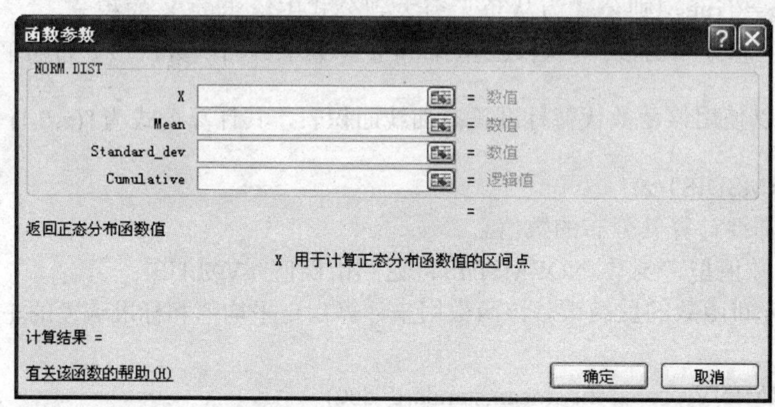

图 4-8　“函数参数”对话框

4）在 NORMDIST 选区中，在“X”组合框中输入用于计算正态分布函数值的区间点，本例选取 A1:A10 区域；在 Mean 组合框中输入正态分布的算术平均值，本例输入 0；在 Standard_devz 组合框中输入分布的标准方差，本例输入 1；在 Cumulative 组合框中输入逻辑值，本例输入 False 代表函数的形式为概率密度函数。如果输入 True 则代表函数的形式为累积分布函数。单击“确定”按钮，计算结果为 0.004 432。

5）将光标放在 B1 单元格右下角，然后按住鼠标左键向下拖动到 B121 单元格，即可完成全部的数据计算，如图 4-9 所示。

（2）绘制正态分布图形。

1）选中单元格区域 A1:B121。

2）切换到“插入”选项卡，在“图表”组中单击“散点图”按钮，选中“带平滑线的散点图”，生成的正态分布密度函数如图 4-10 所示。

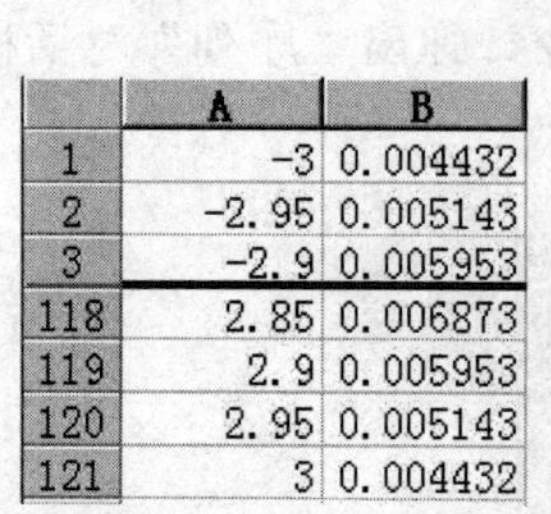

	A	B
1	-3	0.004432
2	-2.95	0.005143
3	-2.9	0.005953
118	2.85	0.006873
119	2.9	0.005953
120	2.95	0.005143
121	3	0.004432

图 4-9　结果显示（4～117 行隐藏）

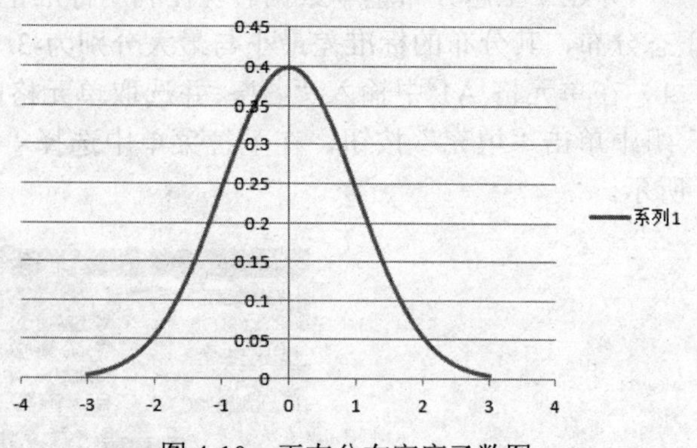

图 4-10　正态分布密度函数图

4.2　抽样分布

抽样是根据随机原则从总体中抽取一部分单位作为样本，并根据样本数量特征对总体数量特征做出具有一定可靠性的估计与推断。抽样分布（Sampling Distribution）就是指样本统计量的分布。

4.2.1　利用 Excel 模拟抽样过程

通过抽样方法，可由母体产生所要的样本，下面抽取一个容量为 10 的样本。

（1）建立一个总体容量为 20 个数据的工作表，如图 4-11 所示。

	A	B	C	D	E	F
1	10					
2	21					
3	15					
4	36					
5	25					
6	45					
7	69					
8	58					
9	42					
10	54					
11	32					
12	56					
13	52					
14	19					
15	28					
16	26					
17	15					
18	21					
19	24					
20	53					

图 4-11　建立工作表

（2）选择 B1:B10 区域，单击“插入函数”按钮，打开“插入函数”对话框，在“或选取类别”列表框中选择“数学与三角函数”，在“选择函数”列表框中选择随机函数 RAND，单击“确定”按钮，弹出“函数参数”对话框，同时按住 Ctrl+Shift 组合键单击“确定”按钮，则 B1:B10 单元格区域中将显示一组大于 0 小于 1 的随机数，如图 4-12 所示。

	A	B	C	D
1	10	0.24503		
2	21	0.445579		
3	15	0.824889		
4	36	0.597558		
5	25	0.344505		
6	45	0.34672		
7	69	0.940244		
8	58	0.369079		
9	42	0.350693		
10	54	0.493447		

图 4-12　产生随机数

（3）将单元格 B1 中的公式改为“10*RAND()”，按住 Ctrl+Shift 组合键，再按 Enter 键，可以看到 B1:B10 中的数值均扩大 10 倍。

（4）选择 C1:C10 区域，单击“插入函数”按钮，打开“插入函数”对话框，在“或选取类别”列表框中选择“数学与三角函数”，在“选择函数”列表框中选择取整函数 CEILING，单击“确定”按钮，弹出“函数参数”对话框，在 Number 组合框中输入 B1:B10，在 Significance 组合框中输入 1，如图 4-13 所示，按住 Ctrl+Shift 组合键并单击 Enter 键。

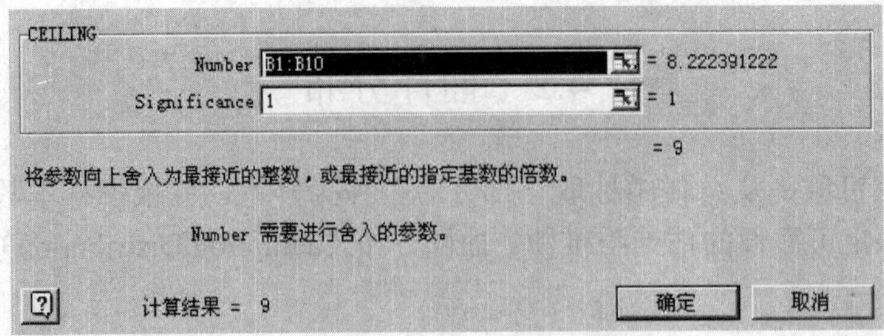

图 4-13 取整函数对话框

（5）选择 D1:D10 区域，单击“插入函数”按钮，打开“插入函数”对话框，在“或选取类别”列表框中选择“查找与引用”，在“选择函数”列表框中选择索引函数 INDEX，打开“选定参数”对话框，选择引用（Reference），如图 4-14 所示，单击“确定”按钮，进入索引函数 INDEX 窗口。

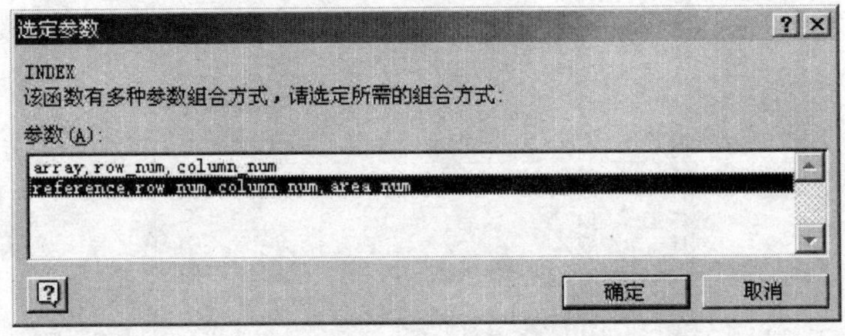

图 4-14 “选定参数”对话框

（6）在 Reference 组合框中输入 A1:A20，在 Row-num 组合框中输入 C1:C10，如图 4-15 所示，按住 Ctrl+Shift 组合键，单击“确定”按钮，即可得到所需的样本，如图 4-16 所示。

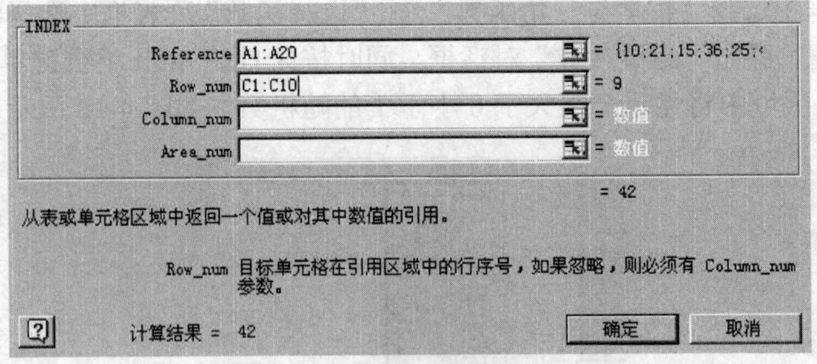

图 4-15 索引函数参数对话框

	A	B	C	D
1	10	6.875983	7	69
2	21	4.217465	5	25
3	15	1.834276	2	21
4	36	6.533507	7	69
5	25	7.690387	8	58
6	45	9.408071	10	54
7	69	8.782963	9	42
8	58	9.591158	10	54
9	42	6.873293	7	69
10	54	4.725055	5	25

图 4-16 抽样结果

4.2.2　总体分布与抽样分布

总体分布与抽样分布之间具有一定数量关系，这个数量关系可以描述为：$E(\bar{x})=\mu$，即样本均值抽样分布的均值等于总体均值；$V(\bar{x})=\sigma_{\bar{x}}^2=\sqrt{\frac{\sigma^2}{n}}$，即样本均值抽样分布的方差等于总体方差除以样本容量的平方根，即 $\sigma_{\bar{x}}=\frac{\sigma}{\sqrt{n}}$，此式又称为标准误差，是抽样分布的标准差。

所有的样本均值 $\bar{x}$ 形成的分布就是样本均值的抽样分布。样本均值 $\bar{x}$ 抽样分布的形状与原有总体的分布有关，如果原有总体是正态分布，那么，无论样本容量的大小，样本均值都服从正态分布，其分布的数学期望为总体均值，方差为总体方差的 1/n，即 $x \sim N(\mu,\sigma^2/n)$。如果原有总体的分布不是正态分布，就要看样本容量的大小了，当 n 为大样本时（n≥30），根据中心极限定理可知，当样本容量 n 增大时，不论原来的总体是否服从正态分布，样本均值 $\bar{x}$ 的抽样分布都将趋于服从正态分布，其分布的数学期望为总体均值，方差为总体方差的 1/n。

4.2.3　中心极限定理

在概率统计中，正态分布占有很重要的地位，很多随机变量服从正态分布，即使原来不服从正态分布的一些独立的随机变量，当随机变量的个数无限增大时，它们的和的分布也服从正态分布。中心极限定理是研究在什么条件下，大量相互独立的随机变量之和的分布是以正态分布为极限的定理，具体表述为：如果变量 x 有有限的平均数和方差，则从中抽取容量为 n 的样本，样本平均数的分布随着样本单位数的增大而趋向于平均数 $\bar{x}$。标准差为 $\sigma(\bar{x})=\mu$ 的正态分布，则 $z=\frac{(\bar{x}-\bar{X})}{\mu}$ 趋向于标准正态分布 N(0,1)。

4.2.4　t 分布

样本统计量的抽样分布，特别是小样本条件下的抽样分布，并不完全服从正态分布，而是服从与正态分布相似的 t 分布。t 分布也是对称的，一般来说，t 分布比正态分布更平坦一些，对于不同的样本容量都有一个不同的 t 分布。随着样本容量的增加，t 分布的形状由平坦逐渐变得接近于正态分布，当样本容量大于 30 时，t 分布就非常接近正态分布了。Excel 提供了两个用于 t 分布的函数：t 分布函数（TDIST）和 t 分布反函数（TINV）。

1．t 分布函数

该函数用于在一定自由度和显著水平下得出 t 分布的概率面积。t 分布用于小样本数据集合的假设检验，使用此函数可以代替 t 分布的临界值表。

语法：TDIST(x,degrees_freedom,tails)

其中，x 为需要计算分布的数字；degrees_freedom 表示自由度；tails 指明返回的分布函数是单尾分布还是双尾分布，如果 tails=1，函数 TDIST 返回单尾分布；如果 tails=2，函数 TDIST 返回双尾分布。

如果任一参数为非数值型，函数 TDIST 返回错误值#VALUE!；如果 degrees_freedom < 1，函数 TDIST 返回错误值#NUM!。参数 degrees_freedom 和 tails 将被截尾取整，如果 tails 不为 1 或 2，函数 TDIST 返回错误值#NUM!；如果 x < 0，TDIST 返回错误值#NUM!；如果 tails = 1，

TDIST 的计算公式为 TDIST = P(X>x)，其中 X 为服从 t 分布的随机变量；如果 tails = 2，TDIST 的计算公式为 TDIST = P(|X| > x) = P(X > x or X < -x)。

因为不允许 x<0，当 x<0 时要使用 TDIST，应该注意 TDIST(-x,df,1)=1-TDIST(x,df,1)= P(X>-x)和 TDIST(-x,df,2)=TDIST(x,df,2) = P(|X| > x)。

2. t 分布反函数

该函数返回作为概率和自由度函数的 t 分布的 t 值。

语法：TINV(probability,degrees_freedom)

其中，probability 为对应于双尾 t 分布的概率；degrees_freedom 为分布的自由度。

如果任一参数为非数值型，函数 TINV 返回错误值#VALUE!；如果 probability < 0 或 probability > 1，函数 TINV 返回错误值#NUM!；如果 degrees_freedom 不是整数，将被截尾取整；如果 degrees_freedom < 1，函数 TINV 返回错误值#NUM!；TINV 返回 t 值，P(|X| > t) = probability，其中 X 为服从 t 分布的随机变量，且 P(|X| > t) = P(X < -t or X > t)。

单尾 t 值可通过用两倍概率替换概率而求得。例如，概率为 0.05 而自由度为 10 ，则双尾值由 TINV(0.05,10)计算得到，它返回 2.28139，而同样概率和自由度的单尾值可由 TINV(2*0.05,10) 计算得到，返回 1.812462。

4-1 Excel 提供的用于二项分布和正态分布的函数有哪些？怎样运用？

4-2 如何利用 Excel 绘制正态分布图？

4-3 利用 Excel 工作表函数建立一个容量为 20 的样本。

4-4 什么是中心极限定理？

4-5 Excel 提供的用于 t 分布的函数有哪些？如何运用？

第 5 章　参数估计

本章主要讲解 Excel 在参数估计中的应用。通过本章的学习，读者应掌握以下内容:

- Excel 在总体均值区间估计中的应用
- Excel 在总体比例区间估计中的应用
- Excel 在总体标准差及方差估计中的应用

5.1　参数估计的基本内容

参数估计是统计推断的重要内容之一，参数估计包括点估计和区间估计两种。

参数估计就是要从样本出发去构造一个统计量作为总体中某未知参数的一个估计量。若总体 X 的分布函数形式已知，但它的一个或多个参数未知，则由总体 X 的一个样本估计总体未知参数的值的问题就是参数的点估计问题。点估计的优良标准是无偏性、一致性和有效性。

参数的点估计，只要给定样本的观测值就能算出总体参数的估计值，此估计值是未知参数的近似值。但是，在理论与实际应用中，不仅需要知道总体参数的近似值，还需要知道这种估计的精度是多少。为此，要求由样本构造一个以较大的概率包含真实参数的一个范围或区间，这种带有概率的区间称为置信区间，通过构造一个置信区间对未知参数进行估计的方法称为区间估计。

设总体分布含有一个未知参数 θ。若确定两个统计量 $\widehat{\theta}_1(x_1,x_2,...,x_n)$ 及 $\widehat{\theta}_2(x_1,x_2,...,x_n)$，对于给定的常数 α （$0<\alpha<1$），满足:

$$P\left\{\widehat{\theta}_1(x_1,x_2,...,x_n)<\theta<\widehat{\theta}_2(x_1,x_2,...,x_n)\right\}=1-\alpha$$

则称随机区间 $(\widehat{\theta}_1,\widehat{\theta}_2)$ 为 θ 的置信区间（或置信域），概率 $1-\alpha$ 称为置信度（也称置信概率或置信系数），$\widehat{\theta}_1$、$\widehat{\theta}_2$ 分别称为 θ 的置信下限和置信上限。实际中，α 一般取 0.05 或 0.01。

区间估计是根据给定的概率保证程度的要求，利用实际抽样资料，指出总体被估计值的上限和下限，即指出总体参数可能存在的区间范围，而不是直接给出总体参数的估计值。总体参数区间估计必须同时具备估计值、抽样误差范围和概率保证程度 3 个要素。

求未知参数 θ 的置信区间，一般可按下列步骤进行:

（1）首先选择一个由样本 $x_1,x_2,...,x_n$ 及参数 θ 确定的随机变量 $Z(x_1,x_2,...,x_n;\ \theta)$，它只含所求置信区间的未知参数 θ，而不含其他未知参数，且其分布也不含任何未知参数。

（2）根据 Z 的分布，对于给定的置信度 $1-\alpha$，求出 z_1、z_2，使其满足:

$$P\left\{z_1<Z<z_2\right\}=1-\alpha$$

（3）将括号内的不等式变形，使被估参数 θ 位于某一区间内，即:

$$P\left\{\hat{\theta}_1(x_1,x_2,...,x_n) < \theta < \hat{\theta}_2(x_1,x_2,...,x_n)\right\} = 1-\alpha$$

$(\hat{\theta}_1,\hat{\theta}_2)$ 为 θ 的置信区间。

5.2 总体均值区间估计

5.2.1 总体均值区间估计的基本内容

设 $x_1,x_2,...,x_n$ 是总体 X 的一个样本，$X\sim N(\mu,\sigma^2)$，求总体均值 μ 的置信区间。

1. 总体方差 σ^2 已知，求 μ 的置信区间

当 $X\sim N(\mu,\sigma^2)$ 时，样本 $x_1,x_2,...,x_n$ 的均值服从均值为 μ，方差为 $\frac{\sigma^2}{n}$ 的正态分布，即 $\bar{x}\sim N\left(\mu,\frac{\sigma^2}{n}\right)$。

当总体方差 σ^2 已知时，在置信度为 $1-\alpha$ 的情况下，可以构造总体均值 μ 的置信区间为：

$$\left\{\bar{x}-z_{\frac{\alpha}{2}}\frac{\sigma}{\sqrt{n}},\bar{x}+z_{\frac{\alpha}{2}}\frac{\sigma}{\sqrt{n}}\right\}$$

式中，$\bar{x}$ 为样本均值；n 为样本容量（即样本单位数）；$z_{\frac{\alpha}{2}}$ 为概率度；$\frac{\sigma}{\sqrt{n}}$ 为抽样误差。

2. 总体方差 σ^2 未知，求 μ 的置信区间

当总体服从正态分布，总体方差 σ^2 未知时，要用样本方差 s^2 代替 σ^2 来建立置信区间。这时，新的统计量不服从标准正态分布，而是服从于自由度为 $n-1$ 的 t 分布，在置信度为 $1-\alpha$ 的情况下，可以构造均值 μ 的置信区间为：

$$\left\{\bar{x}-t_{\frac{\alpha}{2}}\frac{s}{\sqrt{n}},\bar{x}+t_{\frac{\alpha}{2}}\frac{s}{\sqrt{n}}\right\}$$

式中，$t_{\frac{\alpha}{2}}$ 为概率度；$\frac{s}{\sqrt{n}}$ 为抽样误差。

5.2.2 利用 Excel 计算总体均值置信区间

例 5-1 从某班男生中随机抽取 10 名学生，测得其身高（cm）分别为 170、175、172、168、165、178、180、176、177、164，以 95%的置信度估计本班男生的平均身高。

（1）建立工作表，将以上数据录入。

（2）选择单元格 C1，在编辑栏中输入“=COUNT(A:A)”，按 Enter 键后单元格 C1 中会显示 10，即 A 列中数据的个数，也是样本个数。

（3）选择单元格 C2，在编辑栏中输入“=AVERAGE(A:A)”，按 Enter 键后单元格 C2 中会显示 172.5，为样本的平均数。

（4）选择单元格 C3，在编辑栏中输入“=STDEV(A:A)”，按 Enter 键后单元格 C3 中会显示 5.582711408，为样本标准差。

（5）选择单元格 C4，在编辑栏中输入“=C3/SQRT(C1)”，按 Enter 键后单元格 C4 中会

显示 1.765408357，为样本标准误差。

（6）在单元格 C5 中输入置信度 95%，选择单元格 C6，在编辑栏中输入“=TINV(1−C5,C1−1)”，按 Enter 键后在单元格 C6 中显示 2.262158887，为对应于置信度 95%的概率度。

（7）选择单元格 C7，在编辑栏中输入“=C6*C4”，按 Enter 键后单元格 C7 中会显示 3.99363116，为抽样极限误差。

（8）选择单元格 C8，在编辑栏中输入“=C2−C7”，按 Enter 键后单元格 C8 中会显示 168.5063688，为置信区间的下限。

（9）选择单元格 C9，在编辑栏中输入“=C2+C7”，按 Enter 键后单元格 C9 中会显示 176.4936312，为置信区间的上限。

在 95%的置信度下，本班男生身高的置信区间为（168.5063688，176.4936312）。计算结果如图 5-1 所示。

	A	B	C
1	学生身高	抽样单位数	10
2	170	样本均值	172.5
3	175	标准差	5.582711408
4	172	标准误差	1.765408357
5	168	置信度	95%
6	165	t值	2.262157163
7	178	极限误差	3.99363116
8	180	估计下限	168.5063688
9	176	估计上限	176.4936312
10	177		
11	164		

图 5-1　总体均值置信区间的计算

5.2.3　必要抽样容量的计算公式

抽样单位数（样本容量）是决定抽样误差大小的直接因素，在其他条件相同的情况下，抽样单位数越多，抽样误差越小；抽样单位数越少，抽样误差越大。在实际工作中，如果抽样数目过多，会造成各方面的浪费，同时还将影响调查推断的时效性，如果抽样数目过少又可能达不到调查的效果。因此，确定一个必要的抽样数目，是非常重要的问题。

确定抽样数目，应考虑以下几个问题：

（1）被调查总体的标志变动程度。总体各单位值之间差异程度大，抽样数目就多，反之可以少些。

（2）对推断精确度的要求，即被允许的抽样误差范围。在标志变动程度不变的条件下，精确度要求越高，即被允许的误差范围越小，抽样数目就需要增加，反之可以减少。

（3）对推断把握程度的要求。在其他条件不变的情况下，要提高抽样的把握程度，抽样数目就需要增加，反之可以减少。

（4）抽取调查单位的方式。在其他条件不变的情况下，重复抽样要比不重复抽样抽取的样本多一些。

在总体均值的区间估计中，置信区间为 $\bar{x} \pm z_{\frac{\alpha}{2}} \frac{\sigma}{\sqrt{n}}$。从公式中可以看出，从 $\bar{x}$ 到 $z_{\frac{\alpha}{2}} \frac{\sigma}{\sqrt{n}}$ 的距离实际上为置信区间长度的 1/2，这段距离表示在一定的置信度 1-α 下，用样本均值估计总体均值时所允许的最大绝对误差，即抽样极限误差，它表示抽样误差的可能范围，又称允许误差。

如果用 Δ 表示抽样极限误差，则 $\Delta = z_{\frac{\alpha}{2}} \frac{\sigma}{\sqrt{n}}$

那么样本容量 n 的大小则为 $n = \frac{z_{\frac{\alpha}{2}}^2 \sigma^2}{\Delta^2}$。

从式中可以看出，必要样本容量 n 与总体方差、抽样极限误差及置信水平之间具有以下关系：在其他条件不变的情况下，总体方差越大，必要样本容量就越大，二者成正比关系；置信水平越高，必要样本容量越大，二者成正比关系；抽样极限误差越大，样本容量越小，二者成反比关系。

5.2.4 利用 Excel 计算必要样本单位数

例 5-2 某县进行农村经济情况调查，已知农户平均年收入标准差为 30 元，要求把握程度（置信度）为 95.45%，抽样极限误差为 5 元，计算应抽取的样本户数。

（1）建立“样本容量计算”工作表，如图 5-2 所示。

（2）在单元格 B1、B2 中分别输入抽样极限误差 5 和置信度 95.45%。

（3）选中单元格 B3，在编辑栏中输入“=NORMSINV(B2)”，按 Enter 键后单元格 B3 中显示与置信度 95.45%对应的 z 值 1.690146138。

（4）在单元格 B4 中输入标准差 30。

（5）选中单元格 B5，在编辑栏中输入样本容量计算公式“=(B3^2*B4^2)/B1^2”，按 Enter 键后单元格 B5 中显示 102.8373828。

（6）选中单元格 B6，在编辑栏中输入样本容量取整公式“=CEILING(B5,1)”，按 Enter 键后单元格 B6 中显示 103，计算结果如图 5-3 所示。

	A	B
1	抽样极限误差	
2	置信度	
3	z值	
4	标准差	
5	样本容量	
6	取整样本容量	
7		

图 5-2 “样本容量计算”工作表

	A	B	C
1	抽样极限误差	5	
2	置信度	95.45%	
3	z值	1.690146138	
4	标准差	30	
5	样本容量	102.8373828	
6	取整样本容量	103	
7			

图 5-3 必要样本容量计算

（7）103 户即为要抽取的必要样本数。

5.3 两均值之差的区间估计

有时需要知道总体的均值之差，如男生与女生的智商均值之差有多大？经过一段时间的实践教学之后，实验组和正常组的学生成绩的均值之差有多大？如果差异很小，代表实验教学无效。

以上所面临的问题就是两个总体的均值之差，可用两个样本的均值之差当作两总体均值之差的点估计。同时，必须理解点估计（统计量）的抽样分布，才能进行区间估计。

5.3.1 总体方差已知

根据中心极限定理，若有两个正态分布总体，其均值分别为μ_1和μ_2，方差为σ_1^2和σ_2^2。现在想了解μ_1和μ_2的差异$\mu_1-\mu_2$，所以从这两个总体中，分别抽出大小为n_1和n_2的样本，然后求其样本均值$\bar{x}_1$和$\bar{x}_2$及$\bar{x}_1-\bar{x}_2$。重复抽样，并计算$\bar{x}_1-\bar{x}_2$。因此$\bar{x}_1-\bar{x}_2$是随机变量，其抽样分布服从正态分布，其均值是$\mu_1-\mu_2$，方差是$\frac{\sigma_1^2}{n_1}+\frac{\sigma_2^2}{n_2}$，即：

$$\bar{x}_1-\bar{x}_2 \sim N(\mu_1-\mu_2, \frac{\sigma_1^2}{n_1}+\frac{\sigma_2^2}{n_2})$$

$\bar{x}_1-\bar{x}_2$是$\mu_1-\mu_2$的无偏估计式，因此若要进行点估计，可用$\bar{x}_1-\bar{x}_2$作为$\mu_1-\mu_2$的估计量。

如果不是正态总体时，基于中心极限定理，只要两个样本数都很大（如均大于 30），则上述公式仍可成立。既然$\bar{x}_1-\bar{x}_2$服从均值为$\mu_1-\mu_2$，方差为$\frac{\sigma_1^2}{n_1}+\frac{\sigma_2^2}{n_2}$的正态分布，那么：

$Z=\frac{(\bar{x}_1-\bar{x}_2)-(\mu_1-\mu_2)}{\sqrt{\frac{\sigma_1^2}{n_1}+\frac{\sigma_2^2}{n_2}}}$服从标准正态分布。所以$\frac{(\bar{x}_1-\bar{x}_2)-(\mu_1-\mu_2)}{\sqrt{\frac{\sigma_1^2}{n_1}+\frac{\sigma_2^2}{n_2}}}$位于区间（$-Z_{\alpha/2}$，$Z_{\alpha/2}$）的概率为$1-\alpha$。即：

$$1-\alpha = p\left\{-Z_{\alpha/2} < [(\bar{x}_1-\bar{x}_2)-(\mu_1-\mu_2)]/\sqrt{\frac{\sigma_1^2}{n_1}+\frac{\sigma_2^2}{n_2}} < Z_{\alpha/2}\right\}$$

$$= p\left\{-Z_{\alpha/2}\sqrt{\frac{\sigma_1^2}{n_1}+\frac{\sigma_2^2}{n_2}} < (\bar{x}_1-\bar{x}_2)-(\mu_1-\mu_2) < Z_{\alpha/2}\sqrt{\frac{\sigma_1^2}{n_1}+\frac{\sigma_2^2}{n_2}}\right\}$$

$$= p\left\{(\bar{x}_1-\bar{x}_2)-Z_{\alpha/2}\sqrt{\frac{\sigma_1^2}{n_1}+\frac{\sigma_2^2}{n_2}} < \mu_1-\mu_2 < (\bar{x}_1-\bar{x}_2)+Z_{\alpha/2}\sqrt{\frac{\sigma_1^2}{n_1}+\frac{\sigma_2^2}{n_2}}\right\}$$

由上所述，若分别从均值为μ_1和μ_2、方差为σ_1^2和σ_2^2的正态总体抽出大小为n_1和n_2的独立样本，得样本均值分别为$\bar{x}_1$和$\bar{x}_2$，则$\mu_1-\mu_2$的（$1-\alpha$）的置信区间就是：

$$(\bar{x}_1-\bar{x}_2)-Z_{\alpha/2}\sqrt{\frac{\sigma_1^2}{n_1}+\frac{\sigma_2^2}{n_2}} < \mu_1-\mu_2 < (\bar{x}_1-\bar{x}_2)+Z_{\alpha/2}\sqrt{\frac{\sigma_1^2}{n_1}+\frac{\sigma_2^2}{n_2}}$$

如果采取不放回抽样，且样本占总体数的比例不小，则需要考虑有限总体修正系数，公式为：

$$(\bar{x}_1-\bar{x}_2)-Z_{\alpha/2}\sqrt{\frac{\sigma_1^2}{n_1}\times\frac{N_1-n_1}{N_1-1}+\frac{\sigma_2^2}{n_2}\times\frac{N_2-n_2}{N_2-1}} < \mu_1-\mu_2 <$$

$$(\bar{x}_1-\bar{x}_2)+Z_{\alpha/2}\sqrt{\frac{\sigma_1^2}{n_1}\times\frac{N_1-n_1}{N_1-1}+\frac{\sigma_2^2}{n_2}\times\frac{N_2-n_2}{N_2-1}}$$

式中，N_1为第一个总体数；N_2为第二个总体数。

5.3.2 大样本总体方差未知

虽然总体方差未知，但如果两个总体服从正态分布，且样本数 n_1 和 n_2 够大（如均大于30），仍可用 Z 分布。公式中的总体方差可直接用样本方差 S_1^2 和 S_2^2 来取代，即：

$$(\bar{x}_1-\bar{x}_2)-Z_{\alpha/2}\sqrt{\frac{S_1^2}{n_1}+\frac{S_2^2}{n_2}}<\mu_1-\mu_2<(\bar{x}_1-\bar{x}_2)+Z_{\alpha/2}\sqrt{\frac{S_1^2}{n_1}+\frac{S_2^2}{n_2}}$$

如果采取不重复抽样，且样本数占总体数的比例不小，则可考虑有限总体修正系数为：

$$(\bar{x}_1-\bar{x}_2)-Z_{\alpha/2}\sqrt{\frac{S_1^2}{n_1}\times\frac{N_1-n_1}{N_1}+\frac{S_2^2}{n_2}\times\frac{N_2-n_2}{N_2}}<\mu_1-\mu_2<$$

$$(\bar{x}_1-\bar{x}_2)-Z_{\alpha/2}\sqrt{\frac{S_1^2}{n_1}\times\frac{N_1-n_1}{N_1}+\frac{S_2^2}{n_2}\times\frac{N_2-n_2}{N_2}}$$

5.3.3 小样本总体方差未知但相等

当两总体服从正态分布，可是样本数很小，该如何估计两总体的期望差呢？此时若可以假设两总体的方差 σ_1^2 和 σ_2^2 虽未知但却相等，即 $\sigma_1^2=\sigma_2^2=\sigma^2$，那么：

$$t=\frac{(\bar{x}_1-\bar{x}_2)-(\mu_1-\mu_2)}{\sqrt{\frac{S_p^2}{n_1}+\frac{S_p^2}{n_2}}}$$

表示自由度为 n_1+n_2-2 的 t 分布，其中：

$$s_p^2=\frac{(n_1-1)S_1^2+(n_2-1)S_2^2}{n_1+n_2-2}$$

称为公共方差，是总体方差 σ^2 的无偏估计式，它可看作是两个方差的加权均值。因此 $t=\frac{(\bar{x}_1-\bar{x}_2)-(\mu_1-\mu_2)}{\sqrt{\frac{S_p^2}{n_1}+\frac{S_p^2}{n_2}}}$ 位于区间 $(-t_{\alpha/2},t_{\alpha/2})$ 内的概率为 $1-\alpha$。即：

$$1-\alpha=P\left\{-t_{\alpha/2}<\frac{(\bar{x}_1-\bar{x}_2)-(\mu_1-\mu_2)}{\sqrt{\frac{s_p^2}{n_1}+\frac{s_p^2}{n_2}}}<t_{\alpha/2}\right\}$$

$$=p\left\{(\bar{x}_1-\bar{x}_2)-t_{\alpha/2}\sqrt{\frac{S_p^2}{n_1}+\frac{S_p^2}{n_2}}<\mu_1-\mu_2<(\bar{x}_1-\bar{x}_2)+t_{\alpha/2}\sqrt{\frac{S_p^2}{n_1}+\frac{S_p^2}{n_2}}\right\}$$

由上所述，从均值分别为 μ_1 和 μ_2、方差 σ_1^2 和 σ_2^2 未知但相等的正态总体抽出大小为 n_1 和 n_2 的独立样本，得样本均值分别为 $\bar{x}_1$ 和 $\bar{x}_2$，那么 $\mu_1-\mu_2$ 的置信度为 $1-\alpha$ 的置信区间就是：

$$(\bar{x}_1-\bar{x}_2)-t_{\alpha/2}\sqrt{\frac{S_p^2}{n_1}+\frac{S_p^2}{n_2}}<\mu_1-\mu_2<(\bar{x}_1-\bar{x}_2)+t_{\alpha/2}\sqrt{\frac{S_p^2}{n_1}+\frac{S_p^2}{n_2}}$$

式中，S_p^2 为该样本的公共方差的估计值；$t_{\alpha/2}$ 为自由度为 n_1+n_2-2 的 t 分布中右边面积为 $\alpha/2$ 的 t 值。

如果采取不放回抽样，且样本数占总体数的比例不是很小，则可考虑有限总体修正系数为：

$$(\bar{x}_1-\bar{x}_2)-t_{\alpha/2}\sqrt{\frac{S_p^2}{n_1}\times\frac{N_1-n_1}{N_1}+\frac{S_p^2}{n_2}\times\frac{N_2-n_2}{N_2}}<\mu_1-\mu_2$$

$$(\bar{x}_1-\bar{x}_2)+t_{\alpha/2}\sqrt{\frac{S_p^2}{n_1}\times\frac{N_1-n_1}{N_1}+\frac{S_p^2}{n_2}\times\frac{N_2-n_2}{N_2}}$$

5.3.4　小样本总体方差未知且不等

如果正态分布总体的方差未知，而且不相等，则当为小样本时：

$$t=\frac{(\bar{x}_1-\bar{x}_2)-(\mu_1-\mu_2)}{\sqrt{\frac{S_1^2}{n_1}+\frac{S_2^2}{n_2}}}$$

并不服从 t 分布，只是近似服从 t 分布，其自由度为：

$$v=\frac{\left(\frac{S_1^2}{n_1}-\frac{S_2^2}{n_2}\right)^2}{\left(\frac{S_1^2}{n_1}\right)^2/(n_1-1)+\left(\frac{S_2^2}{n_2}\right)^2/(n_2-1)}$$

如果 v 不是整数，就四舍五入至最接近的整数。由上所述，从均值分别为 μ_1 和 μ_2，方差 σ_1^2 和 σ_2^2 未知且不相等的独立总体分别抽出大小为 n_1 和 n_2 的独立样本，得样本均值分别为 $\bar{x}_1$ 和 $\bar{x}_2$，则 $\mu_1-\mu_2$ 的 $(1-\alpha)$ 的置信区间就是：

$$(\bar{x}_1-\bar{x}_2)-t_{\alpha/2}\sqrt{\frac{S_1^2}{n_1}+\frac{S_2^2}{n_2}}<\mu_1-\mu_2<(\bar{x}_1-\bar{x}_2)+t_{\alpha/2}\sqrt{\frac{S_1^2}{n_1}+\frac{S_2^2}{n_2}}$$

式中，$t_{\alpha/2}$ 为自由度为 v 的 t 分布中右边面积为 $\alpha/2$ 的 t 值。

如果采取不放回抽样，且样本数占总体数的比例不小，则可考虑有限总体修正系数为：

$$(\bar{x}_1-\bar{x}_2)-t_{\alpha/2}\sqrt{\frac{S_1^2}{n_1}\times\frac{N_1-n_1}{N_1}+\frac{S_2^2}{n_2}\times\frac{N_2-n_2}{N_2}}<\mu_1-\mu_2<$$

$$(\bar{x}_1-\bar{x}_2)+t_{\alpha/2}\sqrt{\frac{S_1^2}{n_1}\times\frac{N_1-n_1}{N_1}+\frac{S_2^2}{n_2}\times\frac{N_2-n_2}{N_2}}$$

综上所述，如果是大样本，可以不必关心两总体是否服从正态分布，因为可以依赖中心极限定理。如果是小样本，两总体就必须服从正态分布。如果两总体不服从正态分布，而样本数又很小，那么并不适合以上的区间估计方法，应该考虑采用非参数统计方法。

5.3.5　成对样本的均值之差

上述的两均值之差是建立在两个独立样本上，样本之间彼此无关。但如果两个样本是成对地发生，那么这两个样本必定相关。由于受试者是成对地被观察，例如抽取某个家庭的老大和老小；调查某位先生和他的太太；测量某位受试者受训前和受训后的体重，因此两样本之间会有关连，而非两个独立样本。

要估计两成对样本均值之差，只要将每一对的数值相减，成为 $d_1,\ldots,d_n$ 那么这些差异均可视为来自随机样本 $D_1,\ldots,D_n$ 的值。而这些随机样本是从均值 $\mu_D=\mu_1-\mu_2$ 和方差 σ_D^2 的正态分布总体抽样而来。由于不知道是多少，所以用样本的方差 ${S_D}^2$ 来取代。那么 $t=\dfrac{\overline{D}-\mu_D}{\sqrt{{S_D}^2/n}}$ 服从自由度为 n-1 的 t 分布，因此 $\dfrac{\overline{D}-\mu_D}{\sqrt{{S_D}^2/n}}$ 位于区间（$-t_{\alpha/2}$，$t_{\alpha/2}$）内的概率为 $1-\alpha$，即：

$$1-\alpha=P\left\{-t_{\alpha/2}<\frac{\overline{D}-\mu_D}{\sqrt{{S_D}^2/n}}<t_{\alpha/2}\right\}$$

$$=P\left\{\overline{D}-t_{\alpha/2}\frac{S_D}{\sqrt{n}}<\mu_D<\overline{D}+t_{\alpha/2}\frac{S_D}{\sqrt{n}}\right\}$$

由上所述，若 n 对样本的差异的均值是 $\overline{d}$，方差是 ${S_D}^2$，那么 μ_D 的 $(1-\alpha)$ 的置信区间就是：

$$\overline{d}-t_{\alpha/2}\sqrt{\frac{{S_D}^2}{n}}<\mu_D<\overline{d}+t_{\alpha/2}\sqrt{\frac{{S_D}^2}{n}}$$

如果采取不放回抽样，且样本数占总体数的比例不是很小，则可考虑有限总体修正系数为：

$$\overline{d}-t_{\alpha/2}\sqrt{\frac{{S_D}^2}{n}\times\frac{N-n}{N}}<\mu_D<\overline{d}+t_{\alpha/2}\sqrt{\frac{{S_D}^2}{n}\times\frac{N-n}{N}}$$

5.4 总体比例区间估计

在统计中，有些数据不是通过计量获得，也不是通过计数和排序获得，而是通过分类获得的，即只能说明总体单位所属类别的描述尺度。它既没有数量大小，也没有先后顺序，是描述品质标志的主要尺度，这类数据称为分类数据。如反映人口特征的性别、民族、宗教、行业类别等就是通过按不同类别加以区分而获得的数据。由于这些特征不能用数值来表示（或虽可以用数字符号表示，如用“1”表示男性，用“2”表示女性，但这些数字仅仅是一个符号，数值的大小和顺序无任何统计意义），所以不能对其进行平均，自然也不能对其进行均值的区间估计。但是仍然可以描述其数量特征，即可以用某一表现的单位数在总单位数中所占的比例来对其进行分析，将文字的表现转换成比例的形式。这在实际生活与工作中应用比较广泛，如估计某一国家或某一群体的性别比例、国民对政府的支持比例等。由于比例的描述也有总体与样本之分，所以也存在着推断问题。

5.4.1 样本比例的区间估计

同均值的区间估计一样，总体比例的推断也建立在样本比例的抽样分布基础上。样本比例分布直接来源于二项分布。从理论上说，二项分布是确定置信区间用以估计总体比例的一种恰当的分布，但当样本单位数较大时，概率的计算非常复杂，所以使用二项分布估计总体比例非常困难。根据中心极限定理，随着样本容量的增加，二项分布渐近于正态分布，所以这时可以用正态分布代替二项分布。

样本比例抽样分布的数量特征如下：

$$\mu_{p_i} = \pi$$

式中，π 为总体比例。

样本比例抽样分布的标准差为

$$\sigma_{p_1} = \sqrt{\frac{\pi(1-\pi)}{n}}$$

在实际估计时，经常使用样本比例代替总体比例。如果已知总体比例 π 值，根据近似标准正态分布，确定围绕 π 值的置信区间是：

$$\left\{p - z_{\frac{\alpha}{2}}\sqrt{\frac{p(1-p)}{n}}, p + z_{\frac{\alpha}{2}}\sqrt{\frac{p(1-p)}{n}}\right\}$$

式中，p 为样本比例。

例 5-3 某电视机厂从生产的一批电视机中抽取 100 台作为样本进行检测，检测结果为 95 台合格，以 95%的置信度估计这批电视机的合格率。

（1）建立“样本比例估计”工作表，如图 5-4 所示。

	A	B	C	D
1	样本数据		置信区间	
2	样本容量		置信度	
3	样本比例		Z值	
4	标准误差		极限误差	
5			估计下限	
6			估计上限	
7				

图 5-4 建立工作表

（2）在单元格 B2 中输入样本容量 100。

（3）在单元格 B3 中输入“=95/100”，按 Enter 键后显示 95%，为样本中合格品比例。

（4）在单元格 B4 中输入公式“=SQRT((B3*(1-B3)/B2))”，按 Enter 键后显示 0.02179，为样本标准误差。

（5）在单元格 D2 中输入置信度 95%。

（6）在单元格 D3 中输入公式“=NORMSINV(D2+(1-D2)/2)”，按 Enter 键后显示 1.959964，为计算的 z 值。

（7）在单元格 D4 中输入“=D3*B4”，按 Enter 键后显示 0.042716，为抽样极限误差。

（8）在单元格 D5 中输入“=B3-D4”，按 Enter 键后显示 90.73%，为置信区间的下限。

（9）在单元格 D6 中输入“=B3+D4”，按 Enter 键后显示 99.27%，为置信区间的上限。计算结果如图 5-5 所示。

所以，在把握程度为 95%的情况下，这批电视机合格率的置信区间为(90.73%,99.27%)。

	A	B	C	D
1	样本数据		置信区间	
2	样本容量	100	置信度	95%
3	样本比例	95.00%	Z值	1.959964
4	标准误差	0.021794	极限误差	0.0427164
5			估计下限	90.73%
6			估计上限	99.27%
7				

图 5-5 样本比例区间估计的计算结果

5.4.2 估计总体比例的必要抽样容量

比例估计同均值估计相同，也存在一个必要样本容量问题，也受极限误差、置信水平的制约。对于比例估计来讲，其必要样本容量的计算公式为：

$$n = \frac{\pi(1-\pi)}{\Delta^2}$$

同比例区间估计相同，必要样本容量的计算也经常用样本比例代替总体比例。

例 5-4 抽样调查一批产品的合格率，根据过去的资料，产品合格率为98%，若要求把握程度为95%，极限误差不超过2%，则应该抽取多大容量的样本？

（1）建立“比例样本容量”工作表。在单元格B1、B2、B3中分别输入合格率98%、置信度95%、极限误差2%，如图5-6所示。

	A	B	C	D
1	比例	98%		
2	置信度	95%		
3	极限误差	2.00%		
4	Z值			
5	样本容量			
6	取整			
7				

图 5-6 “比例样本容量”工作表

（2）在单元格B4中输入公式“=NORMSINV(B2+(1-B2)/2)”，按Enter键后显示1.959964。

（3）在单元格B5中输入公式“=(B1*(1-B1)*B4^2)/B3^2”，按Enter键后显示188.2315。

（4）在单元格B6中输入公式“=CEILING(B5,1)”，按Enter键后显示189，即为应抽取的样本容量，计算结果如图5-7所示。

	A	B	C	D
1	比例	98%		
2	置信度	95%		
3	极限误差	2.00%		
4	Z值	1.959964		
5	样本容量	188.2315		
6	取整	189		
7				

图 5-7 计算结果

5.5　总体标准差及方差的估计

总体参数中除了对均值和比例的估计之外，还经常要对差异的情况作出估计，从而达到对总体的全面认识。在对总体差异进行估计时，一般要估计总体标准差和方差。

5.5.1　方差估计的内容和χ^2工作表函数

1. 大样本情况下总体标准差的区间估计

只要样本足够大，样本标准差 s 就服从正态分布，其均值近似等于总体标准差 σ，其标准差$\sigma(s)=\frac{\sigma}{\sqrt{2n}}$，所以在置信度为$1-\alpha$时，σ 的置信区间为：

$$\left\{s-z_{\frac{\alpha}{2}}\frac{\sigma}{\sqrt{2n}},s+z_{\frac{\alpha}{2}}\frac{\sigma}{\sqrt{2n}}\right\}$$

2. 小样本情况下正态总体方差的置信区间

设$x_1,x_2,\ldots,x_n$为来自均值为 μ、方差为 σ^2 的正态总体，μ、σ^2 均为未知，则 σ^2 的点估计量为s^2，且$\frac{(n-1)s^2}{\sigma^2}\sim x^2(n-1)$，那么置信度为$1-\alpha$时总体方差的置信区间为：

$$\left\{\frac{(n-1)s^2}{x^2_{1-\frac{\alpha}{2}}(n-1)},\frac{(n-1)s^2}{x^2_{\frac{\alpha}{2}}(n-1)}\right\}$$

式中，$x^2_{\frac{\alpha}{2}}$、$x^2_{1-\frac{\alpha}{2}}$分别是自由度为$(n-1)$的χ^2的临界值。

Excel 提供了两个用于方差估计的工作表函数。

（1）卡方分布函数。该函数返回卡方分布的单尾概率。χ^2分布与χ^2检验相关。使用χ^2检验可以比较观察值和期望值。例如，某项遗传学实验假设下一代植物将呈现出某一组颜色。使用此函数比较观测结果和期望值，可以确定初始假设是否有效。

语法：CHIDIST(x,degrees_freedom)

其中，x 为用来计算分布的数值；degrees_freedom 为自由度。

例如，公式“=CHIDIST(1,2)”的计算结果等于 0.606530663。

如果任一参数为非数值型，函数 CHIDIST 返回错误值#VALUE!；如果 x 为负数，函数 CHIDIST 返回错误值#NUM!；如果 degrees_freedom 不是整数，将被截尾取整；如果 degrees_freedom < 1 或 degrees_freedom≥10^10，函数 CHIDIST 返回错误值 #NUM!。

（2）卡方分布反函数。该函数返回卡方分布单尾概率的反函数值。如果 probability=CHIDIST(x,...)，则 CHIINV(probability,...) =x。使用此函数可比较观测结果和期望值，并确定初始假设是否有效。

语法：CHIINV(probability,degrees_freedom)

其中，probability 为卡方分布的单尾概率；degrees_freedom 为自由度。

如果任一参数为非数值型，函数 CHIINV 返回错误值#VALUE!；如果 probability<0 或 probability>1，函数 CHIINV 返回错误值#NUM!；如果 degrees_freedom 不是整数，将被截尾

取整；如果 degrees_freedom<1 或 degrees_freedom≥10^10，函数 CHIINV 返回错误值#NUM!。

如果已给定概率值，CHIINV 使用 CHIDIST(x, degrees_freedom) = probability 求解数值 x，因此，CHIINV 的精度取决于 CHIDIST 的精度。

5.5.2 总体方差的置信区间

例 5-5 对某机床生产的一批模具随机抽取 20 件进行尺寸检测，其尺寸的标准差为 0.5 毫米，假定总体服从正态分布，以 95%的置信度估计这批模具尺寸的方差的置信区间。

由于总体方差未知，且又是小样本，所以使用 χ^2 分布进行区间估计。在 95%的置信度下，χ^2 分布的右侧置信度为 0.025，左侧置信度为 0.975。

（1）建立“方差区间估计”工作表，如图 5-8 所示。

（2）分别在单元格 B1、B2、B3、B4 中输入相应数据 20、0.5、0.025、0.975。

（3）在单元格 B5 中输入公式“=CHIINV(B3,B1-1)”，按 Enter 键后显示 32.85233。

（4）在单元格 B6 中输入公式“=CHIINV(B4,B1-1)”，按 Enter 键后显示 8.906516。

（5）在单元格 D1 中输入公式“=((B1-1)*B2^2)/B4”，按 Enter 键后显示 4.871795。

（6）在单元格 D2 中输入公式“=((B1-1)*B3^2)/B3”，按 Enter 键后显示 0.475。

（7）在单元格 D3 中输入公式“=SQRT(D1)”，按 Enter 键后显示 2.207214。

（8）在单元格 D4 中输入公式“=SQRT(D2)”，按 Enter 键后显示 0.689202。

计算结果如图 5-9 所示。

	A	B	C	D
1	样本容量		总体方差上限	
2	样本标准差		总体方差下限	
3	右侧置信度		总体标准差上限	
4	左侧置信度		总体标准差下限	
5	卡方右侧临界值			
6	卡方左侧临界值			
7				

图 5-8 “方差区间估计”工作表

	A	B	C	D
1	样本容量	20	总体方差上限	4.871795
2	样本标准差	0.5	总体方差下限	0.475
3	右侧置信度	0.025	总体标准差上限	2.207214
4	左侧置信度	0.975	总体标准差下限	0.689202
5	卡方右侧临界值	32.85233		
6	卡方左侧临界值	8.906516		
7				

图 5-9 计算结果

所以，在 95%的置信度下，总体方差的置信区间为(0.48,4.87)，总体标准差的置信区间为(0.69,2.21)。

5-1 参数区间估计的步骤是什么？

5-2 总体方差已知与未知时，如何利用 Excel 进行总体均值的区间估计？

5-3 如何利用 Excel 计算必要样本单位数？

5-4 如何利用 Excel 进行样本比例的区间估计？

5-5 Excel 用于总体方差估计的工作表函数是什么？如何运用？

第 6 章　假设检验

本章主要讲解 Excel 在假设检验中的应用。通过本章的学习，读者应掌握以下内容:

- 假设检验的基本思想与步骤
- Excel 在总体标准差已知条件下均值检验中的应用
- Excel 在总体标准差未知条件下均值检验中的应用
- Excel 在总体方差检验中的应用

6.1　假设检验的基本思想和步骤

参数估计是对总体参数（如均值、方差、比例等）的估计。如果在进行抽样调查、资料搜集之前，就存在着某个关于总体参数的理论（又叫假设），经过数据分析后，就可以据此判断是否应拒绝原先的假设，这就是假设检验问题。假设检验是统计推断中一项重要的问题。

6.1.1　假设检验的基本思想

假设检验是根据样本的信息来判断总体分布是否具有指定的特征，在管理方面有时称为古典决策。在质量管理中经常用到它，如检验新产品质量是否有显著提高、利用各种控制图判断工序是否出现异常现象等。

在数理统计中，把需要用样本判断正确与否的命题称为一个假设。根据研究目的提出的假设称为原假设，记为 H_0；其对立面假设称为备择假设（或对立假设），记为 H_1。提出假设之后，要用适当的统计方法决定是否接受假设，称为假设检验或统计假设检验。

在许多实际问题中，总体分布的类型已知，仅其中一个或几个参数未知，只要对一个或几个未知参数做出假设，就可以确定总体的分布，这种仅涉及总体分布的未知参数的统计假设称为参数假设，相应的检验方法称为参数假设检验。如果不知道被研究总体分布的具体类型，只能对未知分布函数的类型或它的某些特性提出某种假设，这种不同于参数假设的假设称为非参数假设，相应的检验方法称为非参数假设检验。

下面举例说明参数假设检验的基本思想。

例 6-1　某厂为了提高其产品的寿命进行了工艺改革，从生产的一大批产品中随机抽取 10 只，测得其样本均值 $\bar{x}=204.8$ 小时，已知旧工艺条件下的产品寿命服从正态分布 $N(200, 5^2)$，试问新产品的寿命与旧产品的寿命是否一致？

一般说来，工艺条件的变化只影响均值，而对方差影响不大。因此，可以认为新产品寿命服从正态分布 $N(\mu, 5^2)$，μ 是未知的，而 $\mu=200$ 是否成立也是未知的。已知 μ 的估计值 $\bar{x}=204.8$，$\bar{x}>200$，能否说 $\mu>200$ 呢？不能。因为样本均值 $\bar{x}$ 是随机变量，若再抽取 10 个产品，其平均寿命可能小于 200，随机变量与常数之间不能比大小。如何利用样本信息对假设 $\mu=200$ 或 $\mu\neq200$ 做出推断呢？

如果原假设 $\mu=200$ 成立，那么 $x\sim N(200, 5^2)$，从而由单个总体的抽样分布的结论可知：$\bar{x}=\frac{1}{10}\sum_{k=1}^{10}x_k \sim N(200,25/10)$，统计量 $z=\frac{\bar{x}-200}{5/\sqrt{10}}\sim N(0,1)$。

对于给定的 $\alpha=0.05$，令 $P\left\{\left|\frac{\bar{x}-200}{5/\sqrt{10}}\right|<z_{\frac{\alpha}{2}}\right\}=1-\alpha=0.95$，或 $P\left\{\left|\frac{\bar{x}-200}{5/\sqrt{10}}\right|\geqslant z_{\frac{\alpha}{2}}\right\}=\alpha=0.05$。

为保证服从标准正态分布的统计量 z 落在$[-z_{\alpha/2}, z_{\alpha/2}]$区域内的概率为 0.95，查标准正态分布函数表，得 $z_{\alpha/2}=1.96$。

由于观测值 $\bar{x}=204.8$，因此统计量 z 的观测值 z_0 满足：

$$|z_0|=\left|\frac{204.8-200}{5/\sqrt{10}}\right|=3.306>1.96=Z_{\frac{\alpha}{2}}$$

而由前可知，$P\left\{\left|\frac{\bar{x}-200}{5/\sqrt{10}}\right|\geqslant z_{\frac{\alpha}{2}}\right\}=\alpha=0.05$ 是一个小概率。这就意味着，若原假设 H_0: $\mu=200$ 成立，那么由抽出的样本观测值计算出的统计量 z 的观测值$|z_0|>1.96$ 的可能性只有 5%，而现在它在一次抽样中竟发生了，这是不合理的。产生这种不合理的根源在于假设 H_0：$\mu=200$ 不合理，因此拒绝 H_0，而接受 H_1：$\mu\neq200$。

假设检验所依据的基本原理是小概率事件原理：小概率事件在一次试验（或观测）中几乎是不可能出现的。

至于什么算“概率很小”，在检验之前需事先指定，如 5%、1%等，即在检验给定的假设时，犯第一类错误的概率，把它称为检验的显著性水平或检验水平。这个概率通常用 α 表示，它是事先指定的小正数。

对原假设 H_0 的一个检验就是指定一个规则，根据所选定的统计量的值决定拒绝 H_0 还是接受 H_0，检验规则常用拒绝域的形式给出，即按照统计量的值，把样本空间分成拒绝 H_0 的区域（称为拒绝域）和接受 H_0 的区域（称为接受域）。

进行假设检验时，用来作为拒绝域和接受域的分界线的数值称为临界值，即临界值的一边是拒绝域，一边是接受域，因此为了求检验的拒绝域，只需求出检验用的临界值。

需要指出的是，假设检验的结论与选取的显著性水平 α 有密切关系，因此必须说明假设检验的结论是在怎样的显著性水平下做出的。

6.1.2 假设检验的基本步骤

一般来说，假设检验需要经过以下操作步骤：

（1）构造假设。根据研究问题的需要提出原假设和备择假设。在统计的假设检验中，原假设 H_0 用参数的等式、≥、≤来表示，而相应的备择假设分别用参数的不等式、<、>来表示，通常等号只出现在 H_0 中。具体建立何种假设要看决策人准备下何种结论而定。假设检验中所用的推理方法类似于数学中的反证法，希望证明的假设常作为备择假设，否定原假设则接受备则假设。

（2）确定检验的统计量及其分布。假设确定以后，是否拒绝原假设需根据某一统计量出现的数值的概率意义来判断，这取决于样本观察值。对于均值检验来说，当总体方差已知，现象服从正态分布，可选用z统计量；如果总体标准差未知且是小样本情况，现象服从t分布，选择t统计量。

（3）确定显著性水平。确定显著性水平α以后，拒绝域也就随之而定。如果拒绝域放在两侧，则称为双侧检验或双尾检验，两边各为$\alpha/2$；如果拒绝域放在曲线一侧，则称为单侧检验或单尾检验。显著性水平的大小可根据研究问题所需要的精确程度和可靠程度而定。

（4）确定决策规则。确定了显著性水平以后，根据统计量的分布可以规定决策规则，找出接受域和拒绝域的临界值。决策规则通常有两种方法：一种是临界值法，即用统计量与临界值z或t进行比较，通常对于双侧检验，统计量绝对值大于临界值便拒绝原假设，小于临界值便接受原假设；另一种是P值法，它将统计量所计算的z值或t值转换成概率P，然后与显著性水平α进行比较。$P<\alpha$，拒绝原假设，说明样本所描述的总体与原假设所描述的总体具有显著差异；$P>\alpha$，接受原假设，说明所采用的检验方法不能证明样本所描述的总体与原假设所描述的总体具有显著差异。

对于显著性水平已知的检验，两种方法是等效的，答案也是相同的。用Excel进行这两种检验都很容易，临界值法更传统些。随着计算机的广泛应用，P值法越来越流行，也更为方便。

（5）判断决策。确定决策规则之后就可以根据抽样观察结果计算检验统计量的具体数值，并按照决策规则作出统计决策。

6.2 总体标准差已知条件下均值双侧检验

6.2.1 构造检验统计量

设总体X服从正态分布$N(\mu, \sigma^2)$，方差σ^2已知，可以通过构造一个服从正态分布的统计量z来进行关于均值μ的假设检验。

设$x_1, x_2, \ldots, x_n$是来自正态总体X的一个简单随机样本，样本均值为$\bar{x} = \frac{1}{n}\sum_{i=1}^{n} x_i$，根据单个总体的抽样分布结论，选用统计量$z = \frac{\bar{x} - \mu}{\sigma / \sqrt{n}}$。

如果给定一个常数μ_0，根据不同的问题可以做出不同的假设。

（1）μ是否等于μ_0，假设：H_0：$\mu=\mu_0$，H_1：$\mu\neq\mu_0$（双侧检验）。

（2）μ是否不大于μ_0，假设：H_0：$\mu\leqslant\mu_0$，H_1：$\mu>\mu_0$（单侧检验）。它与模型H_0：$\mu=\mu_0$，H_1：$\mu>\mu_0$有相同的拒绝域。

（3）μ是否不小于μ_0，假设：H_0：$\mu\geqslant\mu_0$，H_1：$\mu<\mu_0$（单侧检验）。它与模型H_0：$\mu=\mu_0$，H_1：$\mu<\mu_0$有相同的拒绝域。

当H_0成立时，$z = \frac{\bar{x} - \mu_0}{\sigma / \sqrt{n}} \sim N(0,1)$。

对于给定的显著性水平α，由于标准正态分布的密度曲线是关于y轴对称的，因此，由假设（1）的双侧检验可以定出小概率事件$P\left\{|z| \geqslant z_{\frac{\alpha}{2}}\right\} = \alpha$，即$P\left\{z \geqslant z_{\frac{\alpha}{2}}\right\} = P\left\{z \leqslant -z_{\frac{\alpha}{2}}\right\} = \frac{\alpha}{2}$。由假设（2）的单侧检验可以定出小概率事件$P\{z \geqslant z_\alpha\} = \alpha$。由假设（3）的单侧检验可以定出小

概率事件 $P\{z \leqslant -z_{\alpha}\}=\alpha$。

根据统计量 z 的分布，寻找临界值 $z_{\alpha/2}$ 和 z_{α} 以满足上面几个小概率事件的条件。

因为 $P\left\{|z| \geqslant z_{\frac{\alpha}{2}}\right\}=\alpha$

所以 $P\left\{-z_{\frac{\alpha}{2}}<z<z_{\frac{\alpha}{2}}\right\}=1-\alpha$

即 $\Phi(z_{\alpha/2})-\Phi(-z_{\alpha/2})=1-\alpha$，其中 $\Phi(x)$为标准正态分布的分布函数，而 $\Phi(-z_{\alpha/2})=1-\Phi(z_{\alpha/2})$，所以 $\Phi(z_{\alpha/2})=1-\alpha/2$。

查正态分布函数表（在 Excel 中利用统计函数），就可以得到临界值 $U_{\alpha/2}$。

对于 $P\{z \geqslant z_{\alpha}\}=\alpha$，有 $P(z<z_{\alpha})=1-\alpha$，即 $\Phi(z_{\alpha})=1-\alpha$。

用同样方法可以得到临界值 z_{α}。

由样本观测数据 $x_1, x_2, \ldots, x_n$ 计算统计量 z 的样本观测值 u_0，习惯上采用以下方法进行判定：

对于假设（1），当$|u_0| \geqslant z_{\alpha/2}$ 时，拒绝 H_0，否则不拒绝 H_0；其拒绝域是$\{|u_0| \geqslant z_{\alpha/2}\}$，如图 6-1 所示。

对于假设（2），当 $u_0 \geqslant z_{\alpha}$ 时，拒绝 H_0，否则不拒绝 H_0；其拒绝域是$\{u_0 \geqslant z_{\alpha}\}$，如图 6-2 所示。

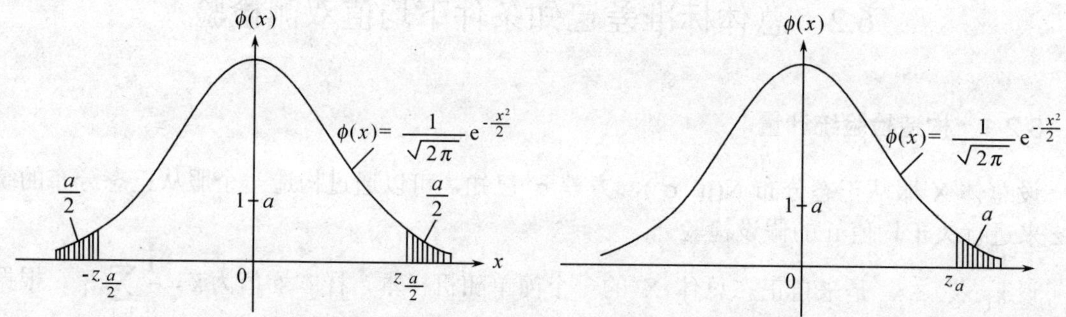

图 6-1　双侧检验的拒绝与接受域　　图 6-2　单侧检验的拒绝与接受域（1）

对于假设（3），当 $u_0 \leqslant -z_{\alpha}$ 时，拒绝 H_0，否则不拒绝 H_0；其拒绝域是$\{u_0 \leqslant -z_{\alpha}\}$，如图 6-3 所示。

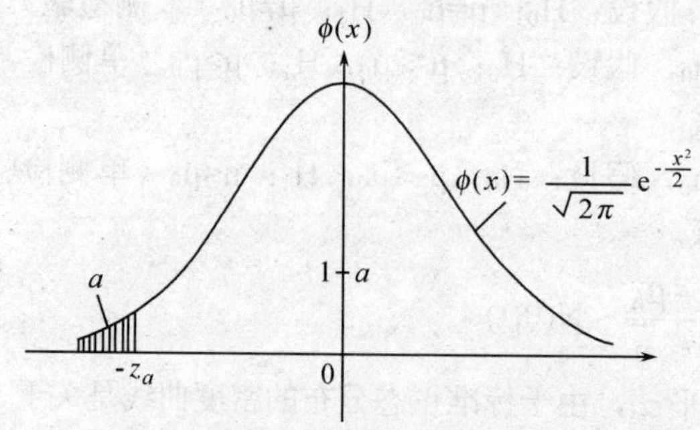

图 6-3　单侧检验的拒绝与接受域（2）

例 6-2　某大学一年级新生女生的身高服从正态分布，平均身高为 162.5cm，标准差为 6.9cm。若从全校女生中随机抽取 50 名组成随机样本，平均身高为 165.2cm，则在 $\alpha=0.05$ 的显著性水平上，是否有理由相信女生总体的平均身高有所改变。

设原假设 H_0：$\mu=162.5$；备择假设 H_1：$\mu\neq162.5$，根据假设检验的步骤，利用 Excel 公式进行假设检验。

（1）建立“双侧检验”工作表，如图 6-4 所示。

	A	B	C	D
1	总体均值			
2	标准差			
3	标准误差			
4	样本均值			
5	样本容量			
6	显著水平			
7	统计量Z值			

图 6-4　“双侧检验”工作表

（2）在单元格 B1、B2、B4、B5、B6 中分别输入 162.5、6.9、165.2、50、0.05。

（3）在单元格 B3 中输入“=B2/SQRT(B5)”，计算标准误差，按 Enter 键后显示 0.975807。

（4）在单元格 B7 中输入公式“=ABS((B4−B1)/B3)”，按 Enter 键后显示 2.76694，为统计量 z 的值。计算结果如图 6-5 所示。

	A	B	C	D
1	总体均值	162.5		
2	标准差	6.9		
3	标准误差	0.975807		
4	样本均值	165.2		
5	样本容量	50		
6	显著水平	0.05		
7	统计量Z值	2.76694		

图 6-5　最终计算结果

要判断是否拒绝原假设，有两种方法可以选择，一种是将统计量 z 值转换成概率的 P 值法，另一种是将显著性水平转化为一个 z 值的临界值法。

6.2.2　P 值法

P 值法是将统计量 z 值转换成概率，即大于统计量 z 的绝对值的概率。以例 6-2 资料为例，如图 6-6 所示，阴影区域的面积即为该概率。

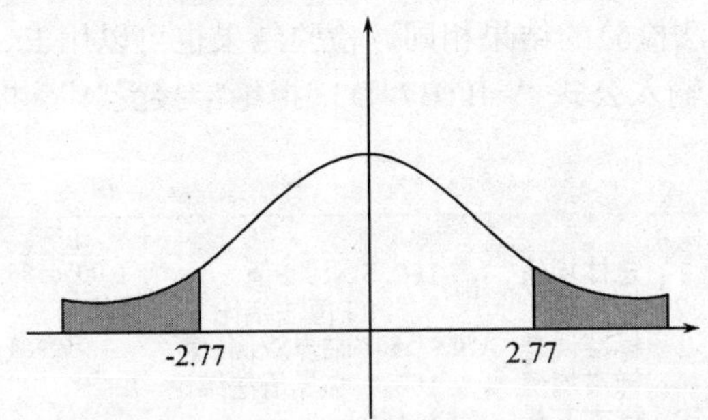

图 6-6　P 值法的概率

在 Excel 中可以用标准正态分布函数 NORMSDIST 计算这个面积，返回小于已知标准正态变量的概率。如果变量值为−2.76694，则 NORMSDIST 将返回图 6-6 中左侧阴影区域的面积；

如果变量值为 2.76694，则 NORMSDIST 将返回这个值左边区域的面积，它等于 1 减去图 6-6 中右侧阴影部分的概率。本例要求的是双侧阴影区域的面积，把由−2.76694 所计算的概率加倍，即可得到该概率。具体操作步骤如下：

（1）打开“双侧检验”工作表。

（2）在单元格 D1 中输入公式“=2*NORMSDIST(−ABS(B7))”，按 Enter 键后显示 P 值 0.0056585。

如果 P 值小于显著性水平，则拒绝原假设；如果 P 值大于显著性水平，则接受原假设。本例中计算的 P 值是 0.0056585，小于显著性水平 0.05，所以应拒绝原假设。用 Excel 工作表的逻辑函数可以将检验结果显示在工作表中。

（3）在单元格 D2 中输入公式“=IF(D1<B7,"拒绝","接受")”，按 Enter 键后显示“拒绝”，如图 6-7 所示，即有 95%的把握相信总体的平均身高有改变。

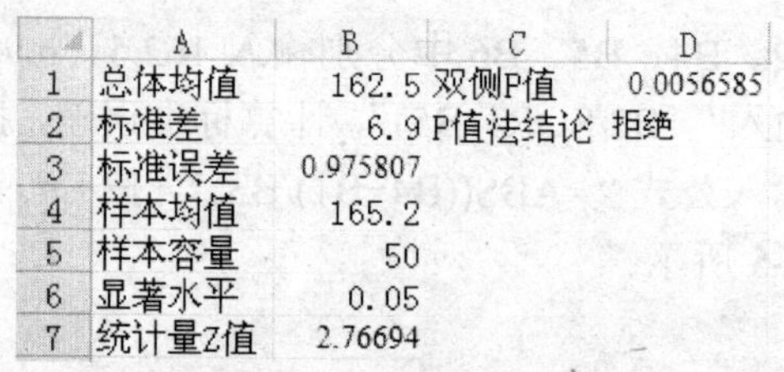

	A	B	C	D
1	总体均值	162.5	双侧P值	0.0056585
2	标准差	6.9	P值法结论	拒绝
3	标准误差	0.975807		
4	样本均值	165.2		
5	样本容量	50		
6	显著水平	0.05		
7	统计量Z值	2.76694		

图 6-7　P 值法检验结果

6.2.3　临界值法

临界值法是将显著性水平转换成临界值 z_α，定义“拒绝域”。落入拒绝域中的 z 值的概率等于显著性水平所对应的阴影面积。对于双侧检验来说，每个单侧的面积是显著性水平的一半。

以例 6-2 资料为例，利用临界值法进行检验。

（1）打开“双侧检验”工作表。

（2）在单元格 D3 中输入公式“=ABS(NORMSINV(B6/2))”，按 Enter 键后显示 1.959964，为临界值 z_α。

将检验统计量 z 和临界值 z_α 进行比较以决定是否拒绝原假设。如果检验统计量的绝对值小于临界值，则接受原假设；如果检验统计量的绝对值大于临界值，则拒绝原假设。本例中检验统计量 z 值为 2.76694，临界值 z_α 为 1.959964，前者大于后者，所以应该拒绝原假设。由此可见，用 P 值法和临界值法检验的结果相同。检验结果也可以用 Excel 工作表函数进行表示。

（3）在单元格 D4 中输入公式“=IF(B7>D3,"拒绝","接受")”，按 Enter 键后显示“拒绝”，如图 6-8 所示。

	A	B	C	D
1	总体均值	162.5	双侧P值	0.0056585
2	标准差	6.9	P值法结论	拒绝
3	标准误差	0.975807	临界双侧z值	1.959964
4	样本均值	165.2	临界值法结论	拒绝
5	样本容量	50		
6	显著水平	0.05		
7	统计量Z值	2.76694		

图 6-8　临界值法检验结果

6.3　标准差未知时总体均值的假设检验

设总体 X 服从正态分布 $N(\mu, \sigma^2)$，方差 σ^2 未知，此时，可以用服从 t 分布的统计量去检验总体均值。由于总体方差 σ^2 未知，因而需要用样本标准差 s 代替总体标准差。

例 6-3　某糖厂用自动打包机包糖，每包重量服从正态分布，其标准重量 μ_0=100 斤，某日开工后测得 10 包的平均重量为 99.98 斤，标准差为 1.23 斤，如果显著性水平为 0.05，那么打包机的工作是否正常？

设每包糖的重量为 X，$X \sim N(\mu, \sigma^2)$，σ^2 未知。

由题意作假设 H_0：$\mu=100$，H_1：$\mu \neq 100$。

（1）建立“t 双侧检验”工作表，如图 6-9 所示。

	A	B	C	D
1	总体均值		双侧P值	
2	标准差		P值法结论	
3	标准误差		临界双侧t值	
4	样本均值		t值法结论	
5	样本容量			
6	显著水平			
7	统计量t值			

图 6-9　“t 双侧检验”工作表

（2）在单元格 B1、B2、B4、B5、B6 中分别输入 100、1.23、99.98、10、0.05。

（3）在单元格 B3 中输入“=B2/SQRT(B5)”，计算标准误差，按 Enter 键后显示 0.38896。

（4）在单元格 B7 中输入公式“=ABS((B4−B1)/B3)”，按 Enter 键后显示 0.051419，为统计量 t 的值。

（5）在单元格 D3 中输入公式“=TINV(B6,B5−1)”，按 Enter 键后显示 2.2621572，为临界双侧 t 值。

TINV 函数返回的是已知自由度和双侧概率的 t 值，虽然 Excel 能够给出概率等于显著性水平 t 值，但不能简单地把显著性水平作为参数值，要计算单侧临界值，参数值应输入显著性水平的 2 倍。对于双侧临界值，参数就是显著性水平。

（6）根据样本数据计算 P 值。在单元格 D1 中输入公式“=TDIST(B7,B5−1,2)”，按 Enter 键后显示 P 值 0.9601147。

（7）在单元格 D2 中输入公式“=IF(D1<B7,"拒绝","接受")”，按 Enter 键后显示“接受”。

（8）在单元格 D4 中输入公式“=IF(B7>D3,"拒绝","接受")”，按 Enter 键后显示“接受”，如图 6-10 所示。

	A	B	C	D
1	总体均值	100	双侧P值	0.9601147
2	标准差	1.23	P值法结论	接受
3	标准误差	0.38896	临界双侧t值	2.2621572
4	样本均值	99.98	t值法结论	接受
5	样本容量	10		
6	显著水平	0.05		
7	统计量t值	0.051419		

图 6-10　t 双侧检验计算结果

所以，可以说在把握程度为 95%的情况下，打包机的工作是正常的。

6.4 总体方差的假设检验

6.4.1 总体方差假设检验的基本思想及步骤

检验方差的程序及基本思想和检验均值是一样的。它们之间的主要差别是所使用的检验统计量不同。检验方差的基本思想是：利用样本方差建立一个χ^2统计量，并为这个总体方差的统计量构造一个置信区间。这个置信区间包括总体方差的概率是$1-\alpha$，显著性水平是α。在确定的α水平下，χ^2统计量有其固定的拒绝区域，在单侧检验中，拒绝区域分布在χ^2统计量的分布曲线的一边；在双侧检验中，拒绝区域分布在χ^2统计量的分布曲线的两边。如果检验统计量大于或等于临界值而落入拒绝区域，或 P 值小于显著性水平而落入拒绝区域，便拒绝原假设；反之，则接受原假设。

方差检验的基本步骤如下：

（1）提出原假设 H_0 和备择假设 H_1，H_0: $\sigma^2=\sigma_0^2$；H_1: $\sigma^2\neq\sigma_0^2$。

（2）构造检验统计量$\frac{(n-1)s^2}{\sigma^2}\sim\chi^2(n-1)$，在 H_0 成立的条件下，统计量χ^2服从自由度为$n-1$的χ^2分布。

（3）确定显著性水平。

（4）规定决策规则。

在双侧检验的情况下，拒绝区域在两侧，如果检验统计量大于右侧χ^2临界值，或小于左侧χ^2临界值，则拒绝原假设。若是单侧检验，拒绝区域分布在一侧，具体左侧还是右侧根据备择假设 H_1 的情况而定。

（5）进行判断决策。

6.4.2 总体方差单侧检验

例 6-4 某厂生产的某种电池，其寿命长期以来服从方差σ_0^2=5000（小时）的正态分布。今有一批这种电池，为判断其寿命的波动性是否较以往有所变化，随机抽取了一个容量 n=26 的样本测得其寿命的样本方差为s^2=7200（小时）。试问，在检验水平α=0.05 下这批电池寿命的波动性较以往是否显著变大?

根据题意，构造原假设 H_0: $\sigma^2=5000$；备择假设 H_1: $\sigma^2>5000$，所以此检验为单侧检验。选择χ^2作为检验统计量。

（1）建立“方差检验”工作表，如图 6-11 所示。

（2）在单元格 B1～B4 中分别输入 5000、7200、26、0.05。

（3）计算χ^2检验统计量。在单元格 B5 中输入公式“=(B3-1)*B2/B1”，按 Enter 键后显示 36。

（4）计算单侧 P 值。在单元格 B6 中输入公式“=CHIDIST(B5,B3-1)”，按 Enter 键后显示 0.0716。

（5）计算右侧χ^2临界值。在单元格 B7 中输入公式“=CHIINV(B4,B3-1)”，按 Enter 键后显示 37.65248。

（6）显示检验结论。P 值法：在单元格 D1 中输入“=IF(B6<=B4,"拒绝","接受")”，按 Enter 键后显示“接受”；临界值法：在单元格 D2 中输入“=IF(B7<=B5,"拒绝","接受")”，按 Enter 键后显示“接受”，计算结果如图 6-12 所示。

	A	B	C
1	总体方差		单侧p值法
2	样本方差		单侧右侧临界值法
3	样本容量		
4	显著水平		
5	卡方值		
6	单侧p值		
7	单侧右侧卡方临界值		

图 6-11　“方差检验”工作表

	A	B	C	D
1	总体方差	5000	单侧p值法	接受
2	样本方差	7200	单侧右侧临界值法	接受
3	样本容量	26		
4	显著水平	0.05		
5	卡方值	36		
6	单侧p值	0.0716		
7	单侧右侧卡方临界值	37.65248		

图 6-12　方差单侧检验计算结果

所以，在把握程度为 95%的情况下，不能拒绝 H_0，即认为这批电池的寿命波动性没有显著变大。

6.4.3　总体方差双侧检验

例 6-5　以例 6-4 资料为例，在 0.05 的显著性水平下，是否可以证明这种电池寿命的方差不是 5000 小时。

这是一个双侧检验问题，原假设 H_0：$\sigma^2 = 5000$；H_1：$\sigma^2 \neq 5000$。

（1）打开“方差检验”工作表。

（2）计算双侧 P 值。在检验中，双侧 P 值检验是单侧 P 值检验的 2 倍。在单元格 B8 中输入公式“=2*B6”，按 Enter 键后显示 0.1432。

（3）在单元格 D3 中输入“=IF(B8<=B4,"拒绝","接受")”，按 Enter 键后显示“接受”。表明在显著性水平为 0.05 的条件下，不能证明这种电池寿命的方差不是 5000 小时，计算结果如图 6-13 所示。用临界值法计算可以得出相同结论。

	A	B	C	D
1	总体方差	5000	单侧p值法	接受
2	样本方差	7200	单侧右侧临界值法	接受
3	样本容量	26	双侧p值法	接受
4	显著水平	0.05		
5	卡方值	36		
6	单侧p值	0.0716		
7	单侧右侧卡方临界值	37.65248		
8	双侧p值	0.1432		

图 6-13　双侧 P 值检验计算结果

习题六

6-1　假设检验的基本原理是什么？

6-2　如何构造检验统计量？

6-3　什么是 P 值法与临界值法？在 Excel 中如何应用？

6-4　总体方差假设检验的基本思想及步骤是什么？

6-5　如何利用 Excel 进行总体方差假设检验？

第7章 方差分析

本章主要讲解Excel在方差分析中的应用。通过本章的学习，读者应掌握以下内容：

- 方差分析的基本思想
- Excel单因素方差分析工具的运用
- Excel无重复双因素方差分析工具的运用
- Excel有重复双因素方差分析工具的运用

7.1 单因素方差分析

方差分析是研究一个或多个可分组的自变量与一个连续的因变量之间的统计关系，并且测定自变量对因变量的影响和作用的一种统计分析方法。例如，可以研究化肥与某种农作物的关系，测定是否不同化肥的增产效果也不同。通过比较和检验不同组或总体平均数的差异来反映分组变量（如化肥）对因变量（农作物产量）的影响和作用是方差分析的主要内容。因此，方差分析可以简单地看成是比较和分析若干组或总体之间平均数差异显著性的一种统计分析方法。

方差分析最简单的形式就是单因素方差分析。单因素方差分析可用于检验两个或两个以上总体均值相等的原假设。方差分析有3个基本假设：

（1）每个总体都应服从正态分布。也就是说，对于因素的每一个水平，其观察值是来自服从正态分布总体的简单随机样本。

（2）各个总体的方差σ^2必须相同。也就是说，各组观察数据是从具有相同方差的总体中抽取的。

（3）观察值是独立的。

7.1.1 单因素方差分析的构想

为了分析某一个因素A对所考察的随机变量ξ的影响，可以在试验时让其他因素保持不变，而只让因素A改变，这样的试验叫做单因素试验，因素A所处的状态叫做水平。

假设因素A有不同水平$A_1, A_2, ..., A_i$，各水平A_i对应的总体服从正态分布$N(\mu_i, \sigma^2)$，在水平A_i进行n_i次试验，假定所有的试验都是独立的，设得到样本观测值x_{ij}如表7-1所示。

因为在水平A_i下的样本观测值x_{ij}与总体服从相同的分布，所以有$x_{ij} \sim N(\mu, \sigma^2)$。如果因素A对试验结果的影响不显著，则所有样本观测值x_{ij}就可以看做是来自同一总体，因此要检验的原假设是H_0：$\mu_1 = \mu_2 = ... = \mu_r$，令$n = \sum_{i=1}^{r} n_i$，$\mu = \frac{1}{n}\sum_{i=1}^{r} n_i \mu_i$，$\alpha_i = \mu_i - \mu$（$i = 1, 2, ..., r$），当原假设成

立时，各 $\mu_i = \mu$，则原假设等价于 $H_0 : \alpha_1 = \alpha_2 = \ldots = \alpha_r = 0$，所以方差分析实质上是一个假设检验问题。

表 7-1 不同水平下的样本观测值

水平	A_1	A_2	…	A_i
观测值	x_{11}	x_{21}	…	x_{i1}
	x_{12}	x_{22}	…	x_{i2}
	…	…	…	…
	x_{1n_1}	x_{1n_2}	…	x_{1n_i}

例 7-1 某公司对新销售人员进行不同的销售培训。为了比较培训课程的有效性，随机选择了 3 组销售人员，每组 5 人，一组接受 A 课程训练，一组接受 B 课程训练，另一组 C 不接受任何训练。当前两组的训练课程结束时，收集训练后两个星期内各组销售人员的销售记录，如表 7-2 所示。根据表中数据判断在显著性水平为 0.1 的条件下是否有理由证明 3 组销售人员的销售水平有所不同。

表 7-2 各组销售人员销售业绩

A 课程	B 课程	C 组
2058	3339	2228
2176	2777	2578
3449	3020	1227
2517	2437	2044
944	3067	1681

这个问题中，销售训练是所要检验的因素。3 种不同的销售训练可看做该因素的 3 种水平，这是一个单因素三水平的试验。若 3 种训练对销售量的影响没有显著差异，则无需培训也可达到较好的销售业绩。若有显著差异，则需从中选取一种较优的方案，以取得最佳销售业绩。

如何判断培训课程是否对销售业绩有显著影响呢？由表 7-2 可以看出以下两个特点：一是在同一种培训课程下，销售业绩有所不同；二是在不同培训课程的影响下，销售业绩也不同。这可能是由于培训方法与内容不同造成的，也可能是由于随机原因造成的。于是，判断培训课程对销售业绩的影响是否显著，可以转化为检验销售业绩的差异主要是由什么原因引起的，如果假设销售人员来自 3 个不同的总体，这一问题可以归结为判断 3 个总体是否具有相同分布的问题。通常假定所研究的总体服从正态分布，同时，除了所研究的因素，其他条件应尽可能保持一致，即认为各个总体的方差相同，因而推断几个总体是否具有相同分布的问题，就简化为检验几个具有相同方差的正态总体均值是否相等的问题。

在 Excel 中具体的操作步骤如下：

（1）建立“方差分析”工作表，如图 7-1 所示。

	A	B	C	D
1		A课程	B课程	无课程
2		2058.00	3339.00	2228.00
3		2176.00	2777.00	2578.00
4		3449.00	3020.00	1227.00
5		2517.00	2437.00	2044.00
6		944.00	3067.00	1681.00
7	样本均值	2228.80	2928.00	1951.60

图 7-1 “方差分析”工作表

（2）在单元格 A7 中输入“样本均值”，在单元格 A8 中输入“总体均值”。

（3）选择单元格 B7，输入公式“=AVERAGE(B2:B6)”，计算样本均值，并将其复制到

C7 和 D7 单元格中，得到的值分别是 2228.80、2928.00 和 1951.60。

（4）在单元格 D8 中输入公式“=AVERAGE(B2:D6)”，按 Enter 键后显示 2369.47。

（5）建立一个新工作表“计算表”。在单元格 A1 中输入“样本”，单元格 B1 中输入“x”，单元格 C1 中输入样本均值“xbar”，单元格 D1 中输入总体均值“Xbar”。

（6）分别将单元格 A2～A6、A7～A11、A12～A16 合并，并分别输入“第一组”、“第二组”、“第三组”，表示样本的组数。

（7）将“方差分析”工作表中 B2～B6、C2～C6、D2～D6 区域内的数据复制到“计算表”的 B2～B16 区域中。

（8）在“方差分析”工作表中选择单元格 B7，单击“复制”按钮，切换到“计算表”工作表，选定单元格 C2～C6 并右击，在弹出的快捷菜单中选择“选择性粘贴”命令，打开“选择性粘贴”对话框，单击“粘贴链接”按钮。用同样方法将“方差分析”表 C7、D7 中的数据复制到“计算表”的 C7～C11、C12～C16 区域。

（9）按照步骤（8）的方法将“方差分析”表 D8 中的数据复制到“计算表”D2～D16 区域。“计算表”中的数据如图 7-2 所示。

	A	B	C	D
1	样本	x	xbar	Xbar
2	第一组	2058.00	2228.80	2369.47
3		2176.00	2228.80	2369.47
4		3449.00	2228.80	2369.47
5		2517.00	2228.80	2369.47
6		944.00	2228.80	2369.47
7	第二组	3339.00	2928.00	2369.47
8		2777.00	2928.00	2369.47
9		3020.00	2928.00	2369.47
10		2437.00	2928.00	2369.47
11		3067.00	2928.00	2369.47
12	第三组	2228.00	1951.60	2369.47
13		2578.00	1951.60	2369.47
14		1227.00	1951.60	2369.47
15		2044.00	1951.60	2369.47
16		1681.00	1951.60	2369.47

图 7-2 “计算表”工作表

从图 7-2 可以看出，各组样本数据差异较大，尤其是第 3 组与第 1、2 组的均值具有一定差异。当然，这还不能说明销售培训会直接影响销售业绩，因为这种差异也可能是偶然因素造成的，需要进行统计检验。

7.1.2 检验模型

假设 3 组数据分别来自 3 个相互独立的正态总体，且方差相等，观察值 x_{ij} 是分别从总体中随机抽取的样本，则通过 3 个总体均值是否相等的检验可以判断培训课程的效果。

检验 r 个正态总体的均值是否相等，应建立的假设组为：

原假设：H_0: $\mu_1 = \mu_2 = \ldots = \mu_r$

备择假设：H_1: $\mu_i (i = 1,2,\ldots,r)$ 不完全相等。

使用 F 统计量进行方差分析检验，即 $F = \dfrac{Q_2/(r-1)}{Q_1/(n-r)} = \dfrac{S_2^2}{S_1^2}$。

其中，Q_1 是每个样本数据 x_{ij} 与其组均值 $\bar{x}_i$ 离差或 xbar 的平方和，它反映了数据 x_{ij} 抽样误差的大小程度，属于随机误差，即组内误差；Q_2 是各组均值 $\overline{x_i}$ 或 xbar 与总体均值 $\overline{X}$ 或 Xbar 离差的平方和，反映了各总体样本均值之间的差异程度，属于系统误差，被称为组间离差平方和。若 H_0 成立，表明没有系统误差，各总体样本均值之间的差异是随机产生的，则 Q_1 和 Q_2 的差异不会太大；若 Q_1 显著大于 Q_2，说明各组之间的差异与抽样误差显著不同，即差异不是由随机原因产生的，这种情况下，H_0 可能不成立。F 统计量就是方差分析中分析判断 H_0 是否成立的检验统计量。对于给定的显著性水平 α，根据自由度确定相应的临界值 $F_\alpha(r-1, n-r)$。若 $F>F_\alpha$，则拒绝 H_0，即各总体均值不相等，表明各总体之间的差异显著，也就是说，有 $1-\alpha$ 的把握认为检验因素具有显著影响；若 $F\leqslant F_\alpha$，则接受 H_0，不能认为各总体之间的差异是显著的，也就是说，有 $1-\alpha$ 的把握认为检验因素无显著差异。

接例 7-1，构造 F 统计量进行检验，需要利用“计算表”中的数据。

（1）打开“计算表”工作表，在单元格 E1、F1、G1 中分别输入“$(x-xbar)^2$”、“$(xbar-Xbar)^2$”和“$(x-Xbar)^2$”，分别表示组内方差、组间方差和总方差。在单元格 A17 中输入“合计”。

（2）在单元格 E2 中输入“=(B2-C2)^2”，按 Enter 键后显示 29172.64。

（3）在单元格 F2 中输入“=(C2-D2)^2”，按 Enter 键后显示 19787.11。

（4）在单元格 G2 中输入“=(B2-D2)^2”，按 Enter 键后显示 97011.48。

（5）选择单元格 E2:G2，并复制到 E3:G16 区域中。

（6）在单元格 E17 中输入“=SUM(E2:E16)”，并将其复制到 F17 和 G17，计算结果如图 7-3 所示。

	A	B	C	D	E	F	G
1	样本	x	xbar	Xbar	(x-xbar)²	(xbar-Xbar)²	(x-Xbar)²
2	第一组	2058.00	2228.80	2369.47	29172.64	19787.11111	97011.484
3		2176.00	2228.80	2369.47	2787.84	19787.11111	37429.351
4		3449.00	2228.80	2369.47	1488888	19787.11111	1165392.2
5		2517.00	2228.80	2369.47	83059.24	19787.11111	21766.084
6		944.00	2228.80	2369.47	1650711	19787.11111	2031955.2
7	第二组	3339.00	2928.00	2369.47	168921	311959.4844	939994.88
8		2777.00	2928.00	2369.47	22801	311959.4844	166083.42
9		3020.00	2928.00	2369.47	8464	311959.4844	423193.62
10		2437.00	2928.00	2369.47	241081	311959.4844	4560.7511
11		3067.00	2928.00	2369.47	19321	311959.4844	486552.75
12	第三组	2228.00	1951.60	2369.47	76396.96	174612.5511	20012.818
13		2578.00	1951.60	2369.47	392377	174612.5511	43486.151
14		1227.00	1951.60	2369.47	525045.2	174612.5511	1305230.1
15		2044.00	1951.60	2369.47	8537.76	174612.5511	105928.55
16		1681.00	1951.60	2369.47	73224.36	174612.5511	473986.35
17		合计			4790788	2531795.733	7322583.7

图 7-3　各离差平方和的计算

这 3 个平方和将用于方差分析的计算。

7.1.3　方差分析表

当所要分析研究的问题满足应用方差分析的条件时，便可以建立原假设，计算离差平方和，确定 F 统计量，并用 F 统计量与 F 临界值比较做出判断。在实际分析中，通常将有关计算结果归纳为一张方差分析表。下面用 Excel 建立方差分析表。

（1）打开“方差分析”工作表和“计算表”工作表。

（2）在“方差分析”工作表的单元格 B10～F10 中分别输入“平方和”、“自由度”、“均方差”、“F 值”、“P 值”；分别在单元格 A11～A13 中输入“组间方差”、“组内方差”和“总方差”。

（3）将“计算表”工作表单元格 E17、F17、G17 中的数据“粘贴链接”到“方差分析”工作表的 B12、B11 和 B13 单元格中。

（4）确定各方差的自由度。总方差的自由度是样本容量数之和减 1，因此应为 5+5+5-1=14，在单元格 C13 中输入 14。每个方差对应着各自的样本，每个样本的自由度都是样本容量减 1，所以，组内方差的自由度之和是各个样本自由度之和，也就是样本容量之和减去样本的个数。这里有 3 个样本，其自由度为 5+5+5-3=12，在单元格 C12 中输入 12。组间方差是样本均值与总体均值之差的平方和，它的自由度是水平数减 1，即组间方差的自由度是 3-1=2，在单元格 C11 中输入 2。

（5）在单元格 D11 中输入“=B11/C11”，并将其复制到 D12 和 D13。

（6）在单元格 E11 中输入“=D11/D12”，计算 F 值。

（7）在单元格 F11 中输入公式“=FDIST(E11,C11,C12)”，按 Enter 键后显示 0.078425，即为 P 值，计算结果如图 7-4 所示。

	A	B	C	D	E	F
10		平方和	自由度	均方差	F值	P值
11	组间方差	2531796	2	1265898	3.17083	0.078425
12	组内方差	4790788	12	399232.3		
13	总方差	7322584	14	523041.7		

图 7-4　方差分析表

因为 P 值低于显著性水平 0.10，应拒绝原假设，所以接受培训人员与未接受培训人员的销售业绩是有显著差异的。

7.2　单因素方差分析工具

Excel 分析工具中具有方差分析模块，利用它分析例 7-1 可以产生与 7.1 节操作相同的结论。具体方法如下：

（1）打开“方差分析”工作表。

（2）在“数据”选项卡的“分析”组中单击“数据分析”按钮，弹出“数据分析”对话框，选择“方差分析：单因素方差分析”选项，单击“确定”按钮，进入“方差分析：单因素方差分析”对话框。

（3）在“输入区域”组合框中输入$B$1: $D$6，选中“标志位于第一行”复选框，在α文本框中输入 0.1，表明显著性水平。选中“输出区域”单选按钮，输入$A$16，表明以 A16 为起点放置方差分析结果，如图 7-5 所示。

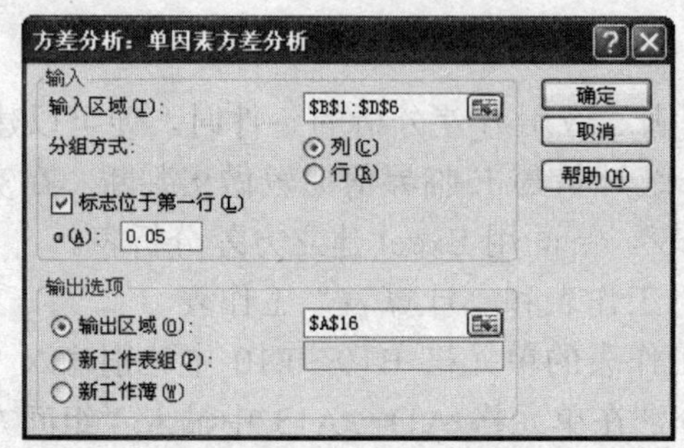

图 7-5　“方差分析：单因素方差分析”对话框

（4）单击“确定”按钮，输出结果如图 7-6 所示。

	A	B	C	D	E	F	G
16	方差分析：单因素方差分析						
17							
18	SUMMARY						
19	组	观测数	求和	平均	方差		
20	A课程	5	11144	2228.8	813654.7		
21	B课程	5	14640	2928	115147		
22	无课程	5	9758	1951.6	268895.3		
23							
24							
25	方差分析						
26	差异源	SS	df	MS	F	P-value	F crit
27	组间	2531796	2	1265898	3.17083	0.078425	2.806796
28	组内	4790788	12	399232.3			
29							
30	总计	7322584	14				

图 7-6　单因素方差分析输出结果

例 7-2　选用 15 头情况相似的仔猪随机分为 3 组，用于研究 3 种饲养标准的饲养试验。试验 1 组按饲养标准饲喂，试验 2 组前期按比标准低 20%饲喂，后期按比标准低 15%饲喂，试验 3 组自由采食。经 56 天试验取得增重结果如表 7-3 所示。

表 7-3　56 天试验取得增重结果

组别	56 天增重				
试验 1 组	39	34	35	35	26
试验 2 组	18	20	19	19	20
试验 3 组	35	29	42	35	26

用 Excel 进行方差分析。

（1）输入原始数据。建立“增重试验分析”工作表。在 A1、B1、C1 单元格中分别输入试验 1 组、试验 2 组、试验 3 组。在 A2:A6 单元格区域中分别输入试验 1 组增重数据，同理在 B2:B6、C2:C6 单元格区域中分别输入试验 2 组、试验 3 组的增重数据，如图 7-7 所示。

	A	B	C
1	试验1组	试验2组	试验3组
2	39	18	35
3	34	20	29
4	35	19	42
5	35	19	35
6	26	20	26

图 7-7　“增重试验分析”工作表

（2）实现自动计算，得出方差分析结果。在“数据”选项卡的“分析”组中单击“数据分析”按钮，弹出“数据分析”对话框。在分析工具列表中，选择“方差分析：单因素方差分析”工具，单击“确定”按钮，在出现的“方差分析：单因素方差分析”对话框的“输入区域”组合框中输入 A1:C6；在“分组方式”中选定“列”单选按钮；选中“标志位于第一行”复选框；在“α”文本框中输入需要用来计算 F 统计临界值的置信度（0.05 或 0.01），本例输入 0.01；在“输出选项”中，选定要粘贴计算结果的位置，本例在“输出区域”组合框中选定为 A8 单元格。单击“确定”按钮，就得到增重分析结果报告表，如图 7-8 所示。

	A	B	C	D	E	F	G
8	方差分析：单因素方差分析						
9							
10	SUMMARY						
11	组	观测数	求和	平均	方差		
12	试验1组	5	169	33.8	22.7		
13	试验2组	5	96	19.2	0.7		
14	试验3组	5	167	33.4	38.3		
15							
16							
17	方差分析						
18	差异源	SS	df	MS	F	P-value	F crit
19	组间	691.6	2	345.8	16.81361	0.000331	6.926608
20	组内	246.8	12	20.56667			
21							
22	总计	938.4	14				

图 7-8 单因素方差分析输出结果

由图 7-8 可知，$F=16.81>F_{crit}=6.93$。这说明 3 种饲养标准喂得仔猪平均增重有极显著差异。

7.3 双因素方差分析

在许多实际问题中，往往不能只考虑一个因素的各水平的影响，必须同时考虑几种因素的相互影响作用。研究两种因素对试验指标的影响，称为双因素方差分析。双因素方差分析有“无重复”和“有重复”之分。无重复双因素分析方法又称为无交互作用的双因素方差分析，有重复双因素分析又称为有交互作用的双因素方差分析。

Excel 对双因素方差分析提供了两个分析工具：“方差分析：无重复双因素分析”工具，可用于数据按照二维进行分类且包含重复情况的双因素方差分析；“方差分析：可重复双因素分析”工具，可用于数据按照二维进行分类时的双因素方差分析。

7.3.1 无重复双因素方差分析

例 7-3 将土质基本相同的一块耕地等分为 5 个地块，每个地块又等分成 4 个小块，有 4 个品种的小麦，在每一地块内随机地分种在 4 小块上，每一小块种同样多种子的任意一种小麦，今测得收获量如表 7-4 所示。

表 7-4 小麦产量表

地块 A / 品种 B	A1	A2	A3	A4	A5
B1	32.3	34.0	34.7	36.0	35.5
B2	33.2	33.6	36.8	34.3	36.1
B3	30.8	34.4	32.3	35.8	32.8
B4	29.5	26.2	28.1	28.5	29.4

试以显著性水平 $\alpha=0.05$，判断地块和品种各对小麦收获量有无显著影响（假定小麦收获量服从方差相同的正态分布）。

（1）建立“无重复方差分析”工作表，将相关数据录入表中，如图 7-9 所示。

（2）在“数据”选项卡的“分析”组中单击“数据分析”按钮，弹出“数据分析”对话框，选择“方差分析：无重复双因素分析”选项，单击“确定”按钮，进入“方差分析：无重复双因素分析”对话框。

	A	B	C	D	E	F
1	品种	地块A1	地块A2	地块A3	地块A4	地块A5
2	B1	32.3	34	34.7	36	35.5
3	B2	33.2	33.6	36.8	34.3	36.1
4	B3	30.8	34.4	32.3	35.8	32.8
5	B4	29.5	26.2	28.1	28.5	29.4
6						

图 7-9　“无重复方差分析”工作表

（3）在“输入区域”组合框中输入$A$1: $F$5，选中“标志”复选框，在α文本框中输入 0.05，表明显著性水平。选中“输出区域”单选按钮，输入$A$6，表明以 A6 为起点放置方差分析结果，如图 7-10 所示。

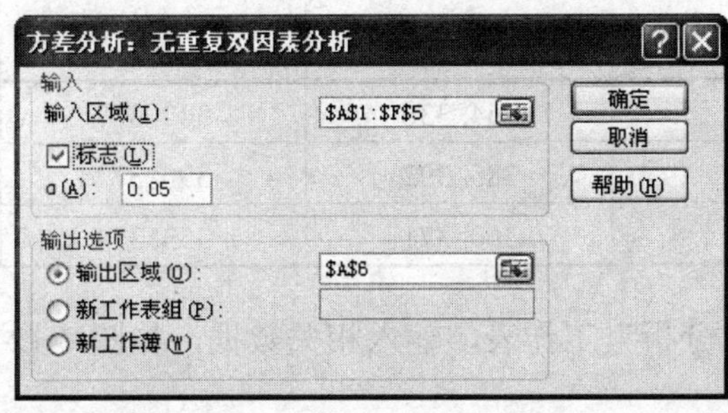

图 7-10　“方差分析：无重复双因素分析”对话框

（4）单击“确定”按钮，输出结果如图 7-11 所示。

	A	B	C	D	E	F	G
6	方差分析：无重复双因素分析						
7							
8	SUMMARY	观测数	求和	平均	方差		
9	B1	5	172.5	34.5	2.095		
10	B2	5	174	34.8	2.485		
11	B3	5	166.1	33.22	3.732		
12	B4	5	141.7	28.34	1.783		
13							
14	地块A1	4	125.8	31.45	2.67		
15	地块A2	4	128.2	32.05	15.31667		
16	地块A3	4	131.9	32.975	13.9425		
17	地块A4	4	134.6	33.65	12.36333		
18	地块A5	4	133.8	33.45	9.35		
19							
20							
21	方差分析						
22	差异源	SS	df	MS	F	P-value	F crit
23	行	134.6455	3	44.88183	20.49243	5.16E-05	3.490295
24	列	14.098	4	3.5245	1.609238	0.23528	3.259167
25	误差	26.282	12	2.190167			
26							
27	总计	175.0255	19				

图 7-11　无重复双因素方差分析结果

计算结果表明，对于给定的α=0.05，地块的不同对小麦收获量没有显著影响，品种的不同对小麦收获量有显著影响。

7.3.2　有重复的双因素方差分析

有重复的双因素方差分析是用来分析影响某一特定结果的两个不同的特征值之间关系的一种方法。它与无重复双因素分析相比具有以下几点区别：

（1）通常调查者对两个因素都感兴趣。

（2）每个因素的每组值都不止一个观察值。

（3）除了每个因素的影响外，分析者也应注意到因素之间的相互作用，这些因素的不同组合可能带来不同影响。

例 7-4 为了了解 3 种改革方案（因素 B）在 3 个不同地区（因素 A）促使经济效益提高的状况，现抽样调查，得到数据如表 7-5 所示（假定数据来自方差相等的正态分布）。试在 5% 的显著性水平下推断不同的地区、方案以及两者的交互作用中哪些因素对经济效益的提高有显著影响。

表 7-5 改革方案效益表

地区 A / 方案 B	A1	A2	A3
B1	354, 336	342, 367	330, 352
B2	385, 392	390, 377	388, 380
B3	360, 371	353, 374	378, 359

（1）建立“重复方差分析”工作表，输入相关数据，如图 7-12 所示。

	A	B	C	D
1	方案	地区A1	地区A2	地区A3
2	B1	354	342	330
3		336	367	352
4	B2	385	390	388
5		392	377	380
6	B3	360	353	378
7		371	374	359

图 7-12 “重复方差分析”工作表

（2）在“数据”选项卡的“分析”组中单击“数据分析”按钮，弹出“数据分析”对话框，选择“方差分析：可重复双因素分析”选项，单击“确定”按钮，进入“方差分析：可重复双因素分析”对话框。

（3）在“输入区域”组合框中输入$A$1: $D$7，在“每一样本的行数”文本框中输入 2，在α 文本框中输入 0.05，表明显著性水平。选中“输出区域”单选按钮，输入$A$8，表明以$A$8 为起点放置方差分析结果，如图 7-13 所示。

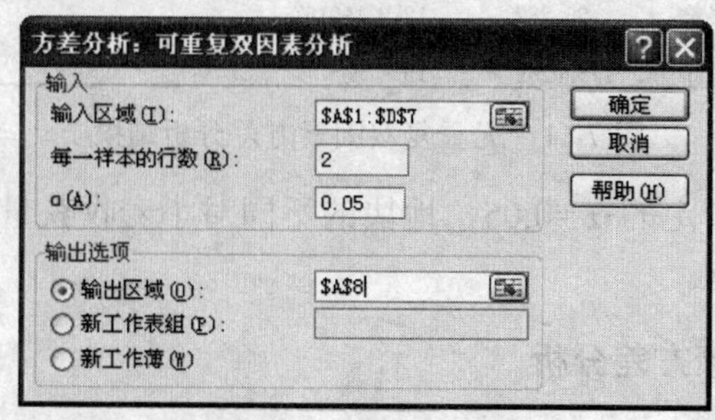

图 7-13 “方差分析：可重复双因素分析”对话框

（4）单击“确定”按钮，显示输出结果，如图 7-14 所示。

	A	B	C	D	E	F	G
36	方差分析						
37	差异源	SS	df	MS	F	P-value	F crit
38	样本	4447	2	2223.5	15.17172	0.00131	4.256495
39	列	22.33333	2	11.16667	0.076194	0.927228	4.256495
40	交互	225.6667	4	56.41667	0.384951	0.814289	3.633089
41	内部	1319	9	146.5556			
42							
43	总计	6014	17				

图 7-14　可重复双因素分析结果

通过分析结果可以得出结论：在给定的显著性水平下，不同的改革方案对经济效益的提高有显著的影响，不同的地区以及二者的交互作用对经济效益的提高没有显著的影响。

例 7-5　用含能量分为高、低两个水平（用 A1、A2 表示），蛋白质也分为高、低两个水平（用 B1、B2 表示）的饲料，组成 A1B1（高能量高蛋白）、A1B2（高能量低蛋白）、A2B1（低能量高蛋白）、A2B2（低能量低蛋白）4 种口粮。随机抽取试验用仔猪 28 头，随机分置于 4 个试验组，分别饲喂上述 4 种口粮，每组 7 头，28 头仔猪分别单圈喂饲。记录试验开始与结束时体重。试验结束时取得的仔猪增重数据列入表 7-6 中。

表 7-6　猪仔重量数据

能量（A）	高（A1）		低（A2）	
蛋白质（B）	高（B1）	低（B2）	高（B1）	低（B2）
口粮符号	A1B1	A1B2	A2B1	A2B2
增重（千克）	34.5	27.5	20.2	28.2
	35.1	33.5	24.8	11.9
	33.8	31.6	20.6	23.4
	40.3	34.7	22.3	20.9
	42.5	41.0	16.5	24.9
	24.6	27.6	20.4	14.6
	16.8	22.4	25.5	13.5

用 Excel 进行方差分析。

（1）输入原始数据。建立“分组试验”工作表。在 A2、A9、B1、C1 单元格中输入 A1、A2、B1、B2，在 B2:B8 单元格区域中依次输入表 7-6 中 A1B1 列增重数据。同理，在 C2:C8、B9:B15、C9:C15 单元格区域中依次输入表 7-6 中 A1:B2、A2:B1、A2:B2 列增重数据，如图 7-15 所示。

	A	B	C
1		B1	B2
2	A1	34.5	27.5
3		35.1	33.5
4		33.8	31.6
5		40.3	34.7
6		42.5	41
7		24.6	27.6
8		16.8	22.4
9	A2	20.2	28.2
10		24.8	11.9
11		20.6	23.4
12		22.3	20.9
13		16.5	24.9
14		20.4	14.6
15		25.5	13.5

图 7-15　“分组试验”工作表

（2）实现自动计算，得出方差分析结果。在“数据”选项卡的“分析”组中单击“数据分析”按钮，在弹出的“数据分析”对话框中，选择“可重复双因素分析”选项，单击“确定”按钮，弹出“方差分析：可重复双因素分析”对话框。在“输入区域”组合框中输入 A1:C15，在“每一样本的行数”文本框中输入 7，在“α”文本框中输入 0.01，在“输出区域”

组合框中输入 A8，单击“确定”按钮，得到口粮中含量不同的能量、蛋白质效应方差分析结果，如图 7-16 所示。

	A	B	C	D	E	F	G
38	方差分析						
39	差异源	SS	df	MS	F	P-value	F crit
40	样本	893.83	1	893.83	21.53968	0.000103	7.822871
41	列	17.60143	1	17.60143	0.424162	0.521055	7.822871
42	交互	0.462857	1	0.462857	0.011154	0.916768	7.822871
43	内部	995.9257	24	41.4969			
44							
45	总计	1907.82	27				

图 7-16　有重复双因素方差分析结果

由图 7-16 知，$F_{能量}=21.54>F_{crit}=7.82$，所以 $P<0.01$，表明能量效应差异极显著。$F_{蛋白}=0.42<F_{crit}=7.82$，所以 $P>0.01$。$F_{交互}=0.01<F_{crit}=7.82$，所以 $P>0.01$，表明蛋白质效应、交互作用差异不显著。

习题七

7-1　进行方差分析的假设条件是什么？

7-2　如何运用 Excel 的单因素方差分析工具进行方差分析？

7-3　如何运用 Excel 的无重复双因素方差分析工具进行方差分析？

7-4　如何运用 Excel 的可重复双因素方差分析工具进行方差分析？

第 8 章　回归分析

本章主要讲解 Excel 在回归分析中的应用。通过本章的学习，读者应掌握以下内容：

- 回归分析的基本思想
- 利用 Excel 图表进行线性回归分析
- 利用 Excel 回归分析工作表函数进行线性回归分析
- 利用 Excel 回归分析工具进行一元及多元线性回归分析
- 非线性回归分析的基本思路

8.1　线性回归分析的基本原理

在客观世界中经常会遇到一些相互依赖、相互制约的变量。它们之间有着一定的关系，这种关系在量上主要有两种类型：一类是确定性关系，也就是所熟悉的函数关系，其特点就是给定自变量的值，能确定因变量的对应值；另一类是非确定性关系，其特点是给定自变量的值，不能确定因变量的值。例如，身高和体重之间的关系，一般来说，人高一些，体重大一些，但同样高度的人体重往往不尽相同；又如在气候、土质、水利、种子和栽培技术等条件基本相同时，水稻亩产量 y 与施肥量 x 有密切关系，但是施肥量相同，亩产量不一定相同等。在数理统计中，这种既存在着密切的关系，但又不能由一个（或一组）变量的值来确定另一个变量的值，称为统计关系或相关关系。回归分析就是研究这类关系的统计方法。

8.1.1　回归分析的概念

首先要区分两种主要类型的变量：一种变量相当于通常函数关系中的自变量，对这样的变量能够赋予一个需要的值（如室内的温度、施肥量）或者能够取到一个可观测但不能人为控制的值（如室外的温度），这样的变量称为自变量；自变量的变化能引起另一些变量（如水稻亩产量）的变化，这样的变量称为因变量。所感兴趣的问题是自变量对因变量的取值有什么样的影响。回归分析是研究自变量的变化对因变量变化的影响程度，其目的在于根据已知自变量的变化来估计或预测因变量的变化情况。

由一个或一组非随机变量来估计或预测某一个随机变量的观测值时，所建立的数学模型及所进行的统计分析，称为回归分析。因此，回归分析是研究随机变量与非随机变量之间的数量关系的一种数学方法。如果所建立的模型是线性的就称为线性回归分析。线性回归分析不仅说明怎样建立变量间的数学表达式，即经验公式，而且还利用概率统计知识进行分析讨论，判断出所建立的经验公式的有效性，从而可以进行预测或估计。

按变量个数的多少，回归分析有一元回归分析与多元回归分析之分，多元回归分析的原理与一元回归分析的原理类似。按变量之间关系的形式，回归分析可以分为线性回归分析和非线性回归分析。

8.1.2 回归分析的主要内容

回归分析的内容包括如何确定因变量与自变量之间的回归模型；如何根据样本观测数据，估计并检验回归模型及未知参数；在众多的自变量中，判断哪些变量对因变量的影响是显著的，哪些变量的影响是不显著的；根据自变量的已知值或给定值来估计和预测因变量的值。

Excel 提供了许多回归分析的方法与工具，它们可用于不同的分析目的。

8.2 图表分析与回归函数分析

如果只是描述现象间的相关程度与变动关系，可以利用图表进行回归分析，它具有直观方便、便于理解的优点，但不能用于统计推断。

8.2.1 利用图表进行分析

例 8-1 某种合成纤维的强度与其拉伸倍数之间存在一定关系，图 8-1 所示（“线性回归分析”工作表）是实测 12 个纤维样品的强度 y 与相应的拉伸倍数 x 的数据记录。试求出它们之间的关系。

H22

	A	B	C
1	编号	拉伸倍数	强度
2	1	1.9	1.4
3	2	2	1.3
4	3	2.1	1.8
5	4	2.5	2.5
6	5	2.7	2.8
7	6	2.7	2.5
8	7	3.5	3
9	8	3.5	2.7
10	9	4	4
11	10	4	3.5
12	11	4.5	4.2
13	12	4.6	3.5

图 8-1 “线性回归分析.xls”工作表

（1）打开“线性回归分析”工作表。

（2）选择单元格区域 B2:C13，在“插入”选项卡的“图表”组中单击“散点图”按钮，选择“仅带数据标记的散点图”，形成的散点图如图 8-2 所示。

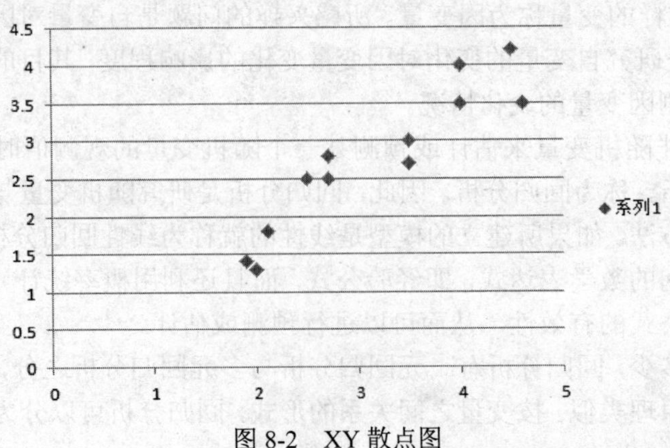

图 8-2 XY 散点图

（3）在散点图中，在任一数据点上右击，在弹出的快捷菜单中选择“添加趋势线”命令，打开“设置趋势线格式”对话框，如图 8-3 所示。

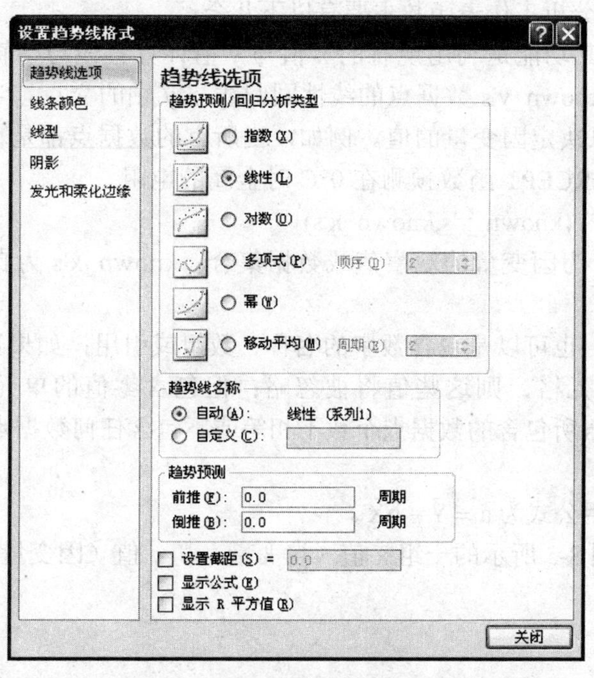

图 8-3　“设置趋势线格式”对话框

（4）在“趋势预测/回归分析类型”框中选中“线性”单选按钮，在“显示公式”和“显示 R 平方值”前面的复选框中打√，单击“关闭”按钮得到趋势回归图。选中该图，在“图表工具”—“布局”选项卡的“标签”组中单击“坐标轴标签”按钮，在弹出的菜单中分别选择“主要横坐标轴标题”—“坐标轴下方标题”和“主要纵坐标轴标题”—“竖排标题”命令，在出现的横坐标标轴标题文本框中输入“拉伸倍数”，在纵坐标轴标题文本框中输入“强度”，则形成的趋势线如图 8-4 所示。

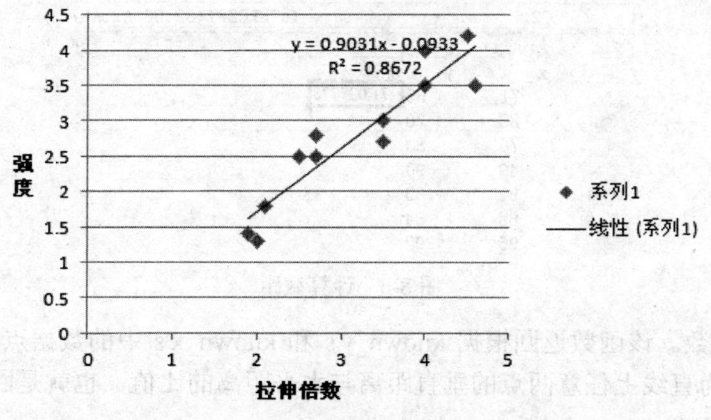

图 8-4　趋势回归直线

从图 8-4 中可以看出，强度 y 有随着拉伸倍数 x 增加而增加的趋势，拉伸倍数每增加 1，抗拉强度就增加 0.9031。

8.2.2 Excel 中的回归分析工作表函数

Excel 提供的回归分析工作表函数主要有以下几个：

（1）截距函数。其功能是利用现有的 x 值与 y 值计算直线与 y 轴的截距。截距为穿过已知的 known_x's 和 known_y's 数据点的线性回归线与 y 轴的交点。当自变量为 0 时，使用 INTERCEPT 函数可以决定因变量的值。例如，当所有的数据点都是在室温或更高的温度下取得的，可以用 INTERCEPT 函数预测在 0°C 时金属的电阻。

语法：INTERCEPT(known_y's,known_x's)

其中，known_y's 为因变量的观察值或数据集合；known_x's 为自变量的观察值或数据集合。

参数可以是数字，也可以是包含数字的名称、数组或引用；如果数组或引用参数包含文本、逻辑值或空白单元格，则这些值将被忽略；但包含零值的单元格将计算在内；如果 known_y's 和 known_x's 所包含的数据点个数不相等或不包含任何数据点，则函数 INTERCEPT 返回错误值#N/A!。

线性回归线的截距公式为 $a = \bar{Y} - b\bar{X}$。

例 8-2 已知如图 8-5 所示的一组 x 值（自变量）和 y 值（因变量），计算直线的截距。

	A	B
1	x	y
2	71	59
3	83	70
4	76	80
5	49	90
6	92	89
7	88	84
8	96	92

图 8-5 x、y 数据

在单元格 C2 中输入公式“=INTERCEPT(B2:B8,A2:A8)”，按 Enter 键后显示 71.027778，如图 8-6 所示。

C2 =INTERCEPT(B2:B8,A2:A8)

	A	B	C	D	E	F
1	x	y	斜率			
2	71	59	71.027778			
3	83	70				
4	76	80				
5	49	90				
6	92	89				
7	88	84				
8	96	92				

图 8-6 计算截距

（2）斜率函数。该函数返回根据 known_y's 和 known_x's 中的数据点拟合的线性回归直线的斜率。斜率为直线上任意两点的垂直距离与水平距离的比值，也就是回归直线的变化率。

语法：SLOPE (known_y's,known_x's)

其中，known_y's 为数字型因变量数据点数组或单元格区域；known_x's 为自变量数据点集合。

参数可以是数字，也可以是包含数字的名称、数组或引用；如果数组或引用参数包含文本、逻辑值或空白单元格，则这些值将被忽略；但包含零值的单元格将计算在内；如果 known_y's 和 known_x's 为空或其数据点个数不同，函数 SLOPE 返回错误值#N/A!。

回归直线的斜率计算公式如下：

$$b=\frac{n\sum xy-\left(\sum x\right)\left(\sum y\right)}{n\sum x^2-\left(\sum x\right)^2}$$

例 8-3　以例 8-2 的数据计算直线的斜率。

在单元格 C2 中输入公式"= SLOPE (B2:B8,A2:A8)"，按 Enter 键后显示 0.1203704，如图 8-7 所示。

C2　　f_x =SLOPE(B2:B8,A2:A8)

	A	B	C	D	E
1	x	y	斜率		
2	71	59	0.1203704		
3	83	70			
4	76	80			
5	49	90			
6	92	89			
7	88	84			
8	96	92			

图 8-7　计算斜率

（3）测定系数函数。该函数返回根据 known_y's 和 known_x's 中数据点计算得出的乘积矩相关系数的平方。R 平方值可以解释为 y 方差与 x 方差的比例。

语法：RSQ(known_y's,known_x's)

其中，known_y's 为数组或数据点区域；known_x's 为数组或数据点区域。

参数可以是数字，也可以是包含数字的名称、数组或引用；如果数组或引用参数包含文本、逻辑值或空白单元格，则这些值将被忽略；但包含零值的单元格将计算在内；如果 known_y's 和 known_x's 为空或其数据点个数不同，函数 RSQ 返回错误值 #N/A!。

（4）估计标准误差函数。该函数返回通过线性回归法计算每个 x 的 y 预测值时所产生的标准误差。标准误差用来度量根据单个 x 变量计算出的 y 预测值的误差量。

语法：STEYX(known_y's,known_x's)

其中，known_y's 为因变量数据点数组或区域；known_x's 为自变量数据点数组或区域。

参数是数字，或者是包含数字的名称、数组或引用；如果数组或引用参数包含文本、逻辑值或空白单元格，则这些值将被忽略；但包含零值的单元格将计算在内。如果 known_y's 和 known_x's 为空或其数据点个数不同，函数 STEYX 返回错误值 #N//A!。

预测值 y 的标准误差计算公式如下：

$$S_{yx}=\sqrt{\left[\frac{1}{n(n-2)}\right]\left[n\sum y^2-\left(\sum y\right)^2-\frac{\left[n\sum xy-\left(\sum x\right)\left(\sum y\right)\right]^2}{n\sum x^2-\left(\sum x\right)^2}\right]}$$

式中，n 为样本容量。

8.2.3 利用工作表函数进行回归分析

例 8-4　在某大学一年级新生体检表中随机抽取 10 张，得到 10 名大学生的身高（x）和体重（y）的数据，如图 8-8 所示。

	A	B	C
1		身高x(cm)	体重y(kg)
2		162	51
3		170	54
4		166	52
5		158	47
6		174	63
7		166	59
8		167	55
9		170	60
10		173	57
11		168	54

图 8-8 “身高体重”工作表

用 Excel 提供的工作表函数进行相关计算。

（1）在单元格 A12～A15 中分别输入“截距”、“斜率”、“测定系数”、“估计标准误差”。

（2）在单元格 B12 中输入公式“=INTERCEPT(C2:C11,B2:B11)”，按 Enter 键后显示 -79.42015。

（3）在单元格 B13 中输入公式“=SLOPE(C2:C11,B2:B11)”，按 Enter 键后显示 0.8041825。

（4）在单元格 B14 中输入公式“=RSQ(C2:C11,B2:B11)”，按 Enter 键后显示 0.6817018。

（5）在单元格 B15 中输入公式“=STEYX(C2:C11,B2:B11)”，按 Enter 键后显示 2.8180738。计算结果如图 8-9 所示。

	A	B	C
1		身高x(cm)	体重y(kg)
2		162	51
3		170	54
4		166	52
5		158	47
6		174	63
7		166	59
8		167	55
9		170	60
10		173	57
11		168	54
12	截距	-79.42015	
13	斜率	0.8041825	
14	测定系数	0.6817018	
15	估计标准误差	2.8180738	

图 8-9 “身高体重”回归计算结果

根据计算结果可以得出直线方程：$\hat{y} = -79.42 + 0.8x$ 。

表中估计标准误差值，表明每个观察值 y 与 $\hat{y}$ 的平均离差为 2.8180738；测定系数值表明在体重的变化中，可以用身高的变化解释 68.17%。

8.3 Excel 回归分析工具

8.3.1 回归分析工具的主要内容

回归分析工具是通过对一组观察值使用“最小平方法”进行直线拟合，以分析一个或多个自变量对单个因变量的影响方向与影响程度的方法。它是 Excel 中数据分析工具的一个内容。

在“数据”选项卡的“分析”组中单击“数据分析”按钮，在弹出的对话框中选择“回归”，单击“确定”按钮就会进入“回归”对话框，如图 8-10 所示。

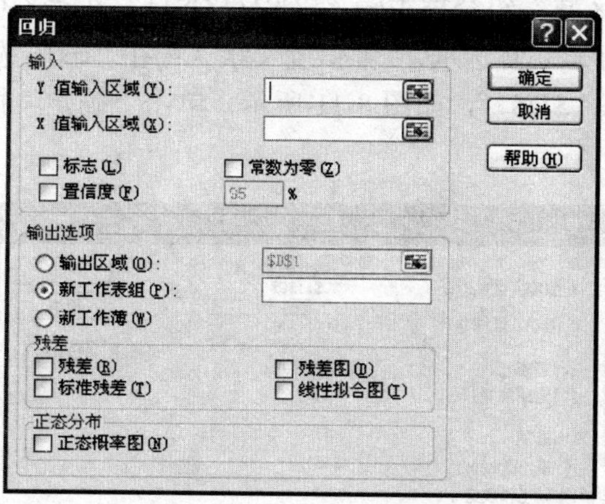

图 8-10　“回归”对话框

在此对话框中主要包括以下内容：

Y 值输入区域：在此输入对因变量数据区域的引用。该区域必须由单列数据组成。

X 值输入区域：在此输入对自变量数据区域的引用。Excel 将对此区域中的自变量从左到右按升序排列。

标志：如果输入区域的第一行和第一列中包含标志项，则选中此复选框；如果在输入区域中没有标志项，Excel 将在输出表中自动生成数据标志。

置信度：如果需要在汇总输出表中包含附加的置信度信息，则选中此复选框，然后在右侧的编辑框中输入所要使用的置信度，如果为 95%，则可省略。

常数为零：如果要强制回归线通过原点，则选中此复选框。

输出区域：在此输入对输出表左上角单元格的引用。汇总输出表至少需要有 7 列的宽度，包含的内容有方差分析表、各个回归系数、估计标准误差、R^2 值、观察值个数以及系数的标准误差。

新工作表组：单击此选项，可在当前工作簿中插入新工作表，并由新工作表的 A1 单元格开始粘贴计算结果。如果需要给新工作表命名，则在右侧的编辑框中输入名称。

新工作簿：单击此选项，可创建一新工作簿，并在新工作簿的新工作表中粘贴计算结果。

残差：如果需要以残差输出表的形式查看残差，则选中此复选框，Excel 将产生一张表，其中有每个观测值 y 与预测变量值 $\hat{y}$ 和残差（误差）值 $y-\hat{y}$。

标准残差：如果需要在残差输出表中包含标准残差，则选中此复选框。

残差图：如果需要生成一张图表，绘制每个自变量及其残差，则选中此复选框。

线性拟合图：如果需要为预测值和观察值生成一个图表，则选中此复选框。

正态概率图：如果需要绘制正态概率图，则选中此复选框。

8.3.2　回归分析工具的应用

例 8-5　以例 8-4 的资料为例，利用回归分析工具进行回归分析。

（1）打开“身高体重”工作表。

（2）在“数据”选项卡的“分析”组中单击“数据分析”按钮，在弹出的“数据分析”

对话框中，选择“回归”，单击“确定”按钮，打开“回归”对话框。

（3）在“Y 值输入区域”组合框中输入$C$1: $C$11，在“X 值输入区域”组合框中输入$B$1: $B$11；选择“标志”复选框，“置信度”默认；在“输出选项”中选中“输出区域”单选按钮，在其右边输入“$D$1”，如图 8-11 所示，单击“确定”按钮输出结果，如图 8-12 所示。

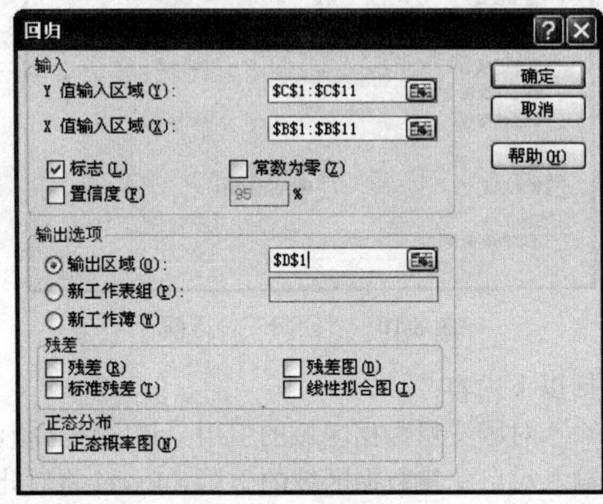

图 8-11 “回归”对话框

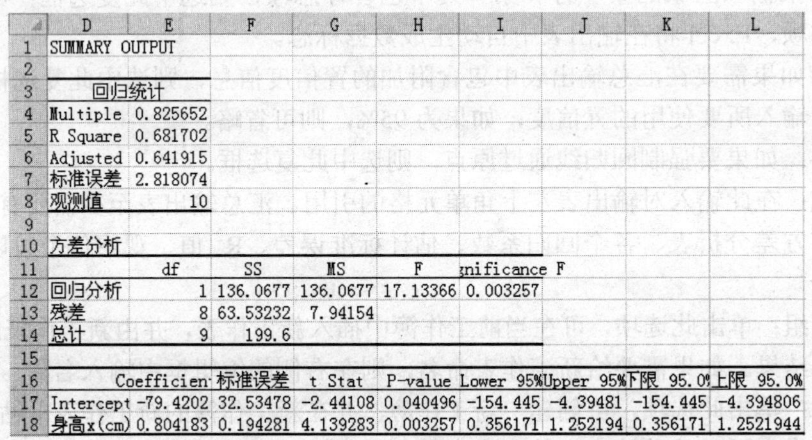

	D	E	F	G	H	I	J	K	L
1	SUMMARY OUTPUT								
2									
3	回归统计								
4	Multiple	0.825652							
5	R Square	0.681702							
6	Adjusted	0.641915							
7	标准误差	2.818074							
8	观测值	10							
9									
10	方差分析								
11		df	SS	MS	F	gnificance F			
12	回归分析	1	136.0677	136.0677	17.13366	0.003257			
13	残差	8	63.53232	7.94154					
14	总计	9	199.6						
15									
16		Coefficien	标准误差	t Stat	P-value	Lower 95%	Upper 95%	下限 95.0%	上限 95.0%
17	Intercept	-79.4202	32.53478	-2.44108	0.040496	-154.445	-4.39481	-154.445	-4.394806
18	身高x(cm)	0.804183	0.194281	4.139283	0.003257	0.356171	1.252194	0.356171	1.2521944

图 8-12 回归分析结果

8.3.3 回归分析工具的输出解释

Excel 回归分析工具的输出结果包括 3 个部分。

1. 回归统计表

回归统计表包括以下几部分内容：

（1）Multiple R（复相关系数 R）。这是 R^2 的平方根，又称为相关系数，用来衡量变量 x 和 y 之间相关程度的大小。本例中 R 为 0.825652，表示二者之间的关系是高度正相关。

（2）R Square（复测定系数 R^2）。用来说明自变量解释因变量变差的程度，以测定因变量 y 的拟合效果。

（3）Adjusted R Square（调整复测定系数 R^2）。仅用于多元回归才有意义，它用于衡量加入独立变量后模型的拟合程度。当有新的独立变量加入后，即使这一变量同因变量之间不相关，未经修正的 R^2 也要增大，修正的 R^2 仅用于比较含有同一个因变量的各种模型。

（4）标准误差。用来衡量拟合程度的大小，也用于计算与回归相关的其他统计量，此值越小，说明拟合程度越好。

（5）观测值。用于估计回归方程的数据的观测值个数。

2. *方差分析表*

方差分析表的主要作用是通过 F 检验来判断回归模型的回归效果。表中“回归分析”行计算的是估计值 $\hat{y}$ 同均值 $\bar{y}$ 之差（$\hat{y}-\bar{y}$）的各项指标；“残差”行是用于计算每个样本观察值 y 与估计值 $\hat{y}$ 之差（$\hat{y}-y$）的各项指标；“总计”行用于计算每个 y 值同均值 $\bar{y}$ 之差（$y-\bar{y}$）的各项指标。第二列 df 是自由度，第三列 SS 是离差的平方和，第四列 MS 是均方差，它是离差平方和除以自由度，第五列是 F 统计量，第六列 Significance F 是在显著性水平下的 F_α 的临界值。

3. *回归参数表*

回归参数表主要用于回归方程的描述和回归参数的推断。

如图 8-12 所示的表中最下面 3 行中的第二行和第三行分别是 β_0（截距）和 β_1(斜率）的各项指标。对于大多数回归分析来讲，关注 β_1 要比 β_0 更重要。第二列是 β_0 和 β_1 的值，据此可以写出回归方程。第三列是各个回归系数的 P 值（双侧），最后给出 β_0 和 β_1 的 95%的置信区间的上下限。

8.4　多元回归分析

在实际问题中，影响一个事物的因素往往不止一个，要揭示这些变量之间的数量关系，就要运用多元回归分析。

例 8-6　有一个工厂会计部门在估计每月管理费 y 时，用工人的劳动日数 x_1 与机器的开工台数 x_2 作自变量，现将当年 10 个月的数据搜集起来，如图 8-13 所示，估计 y 对 x_1 与 x_2 的线性回归方程（α=0.05）。

	A	B	C	D
1	月份	劳动日数 x_1	机器开工台数	管理费用y
2	1	45	16	29
3	2	42	14	24
4	3	44	15	27
5	4	45	13	25
6	5	43	13	26
7	6	46	14	28
8	7	44	16	30
9	8	45	16	28
11	10	43	15	27

图 8-13　“多元回归分析”工作表

（1）在“数据”选项卡的“分析”组中单击“数据分析”按钮，在弹出的“数据分析”对话框中，选择“回归”，单击“确定”按钮，打开“回归”对话框。

（2）在“Y 值输入区域”中输入 D1:D11，在“X 值输入区域”中输入 B1:C11；选中“标志”复选框，“置信度”保持默认；在“输出选项”中选中“输出区域”单选按钮，在其右边输入 A12，单击“确定”按钮输出结果，如图 8-14 所示。

	A	B	C	D	E	F	G	H	I
12	SUMMARY OUTPUT								
13									
14	回归统计								
15	Multiple R	0.85377							
16	R Square	0.7289232							
17	Adjusted R Sc	0.6514727							
18	标准误差	1.0706388							
19	观测值	10							
20									
21	方差分析								
22		df	SS	MS	F	gnificance F			
23	回归分析	2	21.57612732	10.788064	9.411471	0.010371			
24	残差	7	8.023872679	1.1462675					
25	总计	9	29.6						
26									
27		Coefficient	标准误差	t Stat	P-value	Lower 95%	Upper 95%	下限 95.0%	上限 95.0%
28	Intercept	-13.81963	13.3232999	-1.037253	0.334115	-45.3242	17.68497	-45.3242	17.684969
29	劳动日数x1	0.5636605	0.303273881	1.8585856	0.10543	-0.15347	1.280789	-0.15347	1.2807893
30	机器开工台数	1.0994695	0.313139013	3.5111227	0.009844	0.359013	1.839926	0.359013	1.8399256

图 8-14　二元线性回归分析计算结果

从计算结果可以得到回归方程 $\hat{y} = -13.82 + 0.564x_1 + 1.099x_2$。从方程中可以看出，如果劳动日数 x_1 增加 1，则管理费用要增加 0.564 元；机器开工台数增加 1，则管理费用需增加 1.099 元。

8.5　非线性回归分析

在实际分析工作中，大多数回归模型的因变量与自变量之间的关系都不是简单的线性关系，而是各种各样的非线性关系。如施肥量和产量、作物不同密度下的单株有效穗数等，可能在 x 的某一区间，x 与 y 的关系是线性的，但就 x 可能取值的整个区间而言，它们的关系往往是非线性的。

以最小平方法分析非线性关系资料在数量变化上的规律叫做非线性回归分析。从非线性回归的角度看，线性回归仅是其中的一个特例。一个恰当的非线性回归方程的确定不是很容易的，一般要经过变量转换，将非线性问题转化为线性问题解决。下面讨论几种非线性方程线性化的情况。

1.　$y = a + b\lg x$

这是一种对数函数型曲线，$\lg x$ 表示以 10 为底的对数。为求得曲线回归方程，需将曲线进行直线化处理，令 $x' = \lg x$，则有 $y = a + bx'$。

此时，y 与 x' 之间可进行直线回归分析，按直线回归分析方法可求 a 与 b 的值。

例 8-7　测得不同地区某微量元素超标量与平均患病人数资料如表 8-1 所示，试拟合 Y 关于 X 的非线性回归方程。

表 8-1　微量元素超标量与患病人数

超标量（毫克）X	0.2	0.4	0.6	0.8	1.0	1.2	1.4	1.6
平均患病人数（人）Y	7.6	12.3	15.7	18.2	18.7	21.4	22.6	23.8

（1）添加趋势线。按图 8-15 所示输入数据，并绘制散点图。在散点图的任一个散点上单击右键，选取快捷菜单中的“添加趋势线”命令，在弹出的“设置趋势线格式”对话框的“类型”中选取“对数”，同时选中“显示公式”和“显示 R 平方值”复选框，单击“关闭”按钮

获得对数曲线回归方程为 $\hat{Y}=19.745+7.7771\ln(X)$，$R^2=0.9922$，如图 8-15 所示：

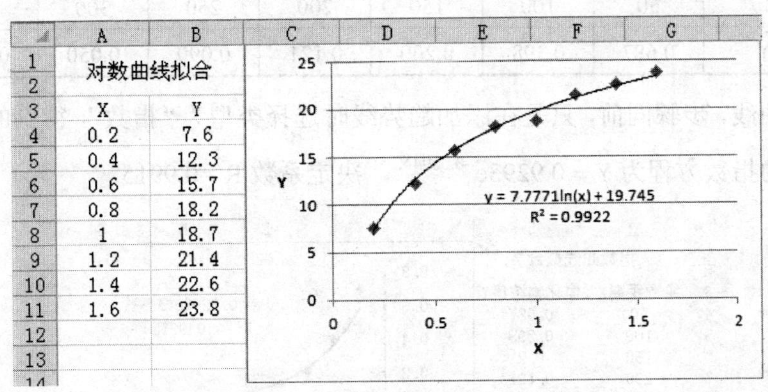

图 8-15　添加对数趋势线结果

（2）利用回归分析工具。在单元格 C4 中输入公式“=LN(A4)”，将原始数据的自变量 X 作对数变换，即计算 ln(X)。将此公式向下拖放填充至单元格 C11。

在“数据”选项卡的“分析”组中单击“数据分析”按钮，在弹出的“数据分析”对话框中，选择“回归”，单击“确定”按钮，打开“回归”对话框。在“回归”对话框中的“Y 值输入区域”组合框中选择 B4:B11，在“X 值输入区域”组合框中选择 C4:C11，即用第 C 和 B 列数据分别当作 X 和 Y 进行线性回归分析。“输出区域”选取单元格 E1，单击“确定”按钮，显示分析结果。

删除方差分析结果（因为对于两变量回归分析，其检验结果与回归系数检验结果完全等价）及第 L、M 列多余的 95%置信区间结果，获得的回归分析结果如图 8-16 所示。

	A	B	C	D	E	F	G	H	I	J	K
1	对数曲线拟合				SUMMARY OUTPUT						
2											
3	X	Y			回归统计						
4	0.2	7.6	-1.60944		Multiple	0.996094					
5	0.4	12.3	-0.91629		R Square	0.992203					
6	0.6	15.7	-0.51083		Adjusted	0.990903					
7	0.8	18.2	-0.22314		标准误差	0.523793					
8	1	18.7	0		观测值	8					
9	1.2	21.4	0.182322								
10	1.4	22.6	0.336472		方差分析						
11	1.6	23.8	0.470004			df	SS	MS	F	gnificance F	
12					回归分析	1	209.4726	209.4726	763.4989	1.4858E-07	
13					残差	6	1.646152	0.274359			
14					总计	7	211.1188				
15											
16						Coefficien	标准误差	t Stat	P-value	Lower 95%	Upper 95%
17					Intercept	19.74512	0.201688	97.89932	7.65E-11	19.2516033	20.23863
18					X Variabl	7.77706	0.281456	27.63148	1.49E-07	7.08836081	8.465759
19											

图 8-16　“回归”工具获得的对数曲线模型拟合结果

2.　$y=ab^x$

这是一种指数方程。为求得指数回归方程，需将曲线进行直线化处理，对方程两端取对数，则有 $\lg y=\lg a+(\lg b)x$，此时 $\lg y$ 与 x 可进行直线回归分析，按直线回归的方法可求 a 与 b 的值。

例 8-8　某地大气中氰化物浓度测定结果如表 8-2 所示，试根据表中数据拟合一条指数曲线。

表 8-2　氰化物浓度数据

染源距离 X	50	100	150	200	250	300	400	500
氰化物浓度 Y	0.687	0.398	0.200	0.121	0.090	0.050	0.020	0.010

拟合指数曲线，步骤同前，只是在添加趋势线时选择类型为“指数”，得到的结果如图 8-17 所示。拟合出的指数方程为 $\hat{Y}=0.9293e^{-0.0094X}$，决定系数 R^2=0.9915。

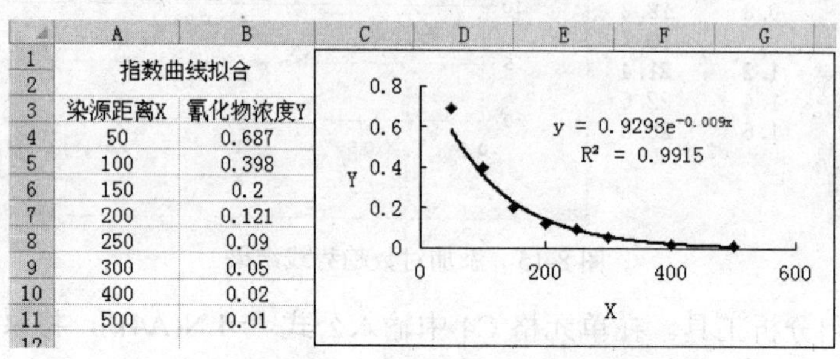

	A	B
1	指数曲线拟合	
2		
3	染源距离X	氰化物浓度Y
4	50	0.687
5	100	0.398
6	150	0.2
7	200	0.121
8	250	0.09
9	300	0.05
10	400	0.02
11	500	0.01

图 8-17　添加指数趋势线结果

用回归分析工具进行分析，在单元格 C4 中输入公式“=LN(B4)”，并拖放填充至 C11，计算因变量 Y 的对数 ln(Y)。以单元格区域 A4:A11 中的自变量 X 数据与单元格区域 C4:C11 中的 ln(Y)数据拟合线性回归模型，得到的回归分析结果如图 8-18 所示。

	A	B	C	D	E	F	G	H	I	J	K	L
1	指数曲线拟合			SUMMARY OUTPUT								
2												
3	染源距离X	氰化物浓度Y	ln(Y)	回归统计								
4	50	0.687	-0.37542	Multiple	0.995752							
5	100	0.398	-0.9213	R Square	0.991522							
6	150	0.2	-1.60944	Adjusted	0.990109							
7	200	0.121	-2.11196	标准误差	15.1386							
8	250	0.09	-2.40795	观测值	8							
9	300	0.05	-2.99573									
10	400	0.02	-3.91202	方差分析								
11	500	0.01	-4.60517		df	SS	MS	F	gnificance	F		
12				回归分析	1	160812.4	160812.4	701.6951	1.9105E-07			
13				残差	6	1375.063	229.1771					
14				总计	7	162187.5						
15												
16					Coefficient	标准误差	t Stat	P-value	Lower 95%	Upper 95%	下限 95.0%	上限 95.0%
17				Intercept	-5.6577	10.83031	-0.5224	0.620114	-32.158514	20.84311	-32.1585	20.84311
18				X Variabl	-105.352	3.977119	-26.4895	1.91E-07	-115.08368	-95.6204	-115.084	-95.6204

图 8-18　“回归”工具获得的指数曲线模型拟合结果

拟合出的线性方程为 ln（Y）=-0.0733-0.0094X，变换后的指数方程为 $\hat{Y}=\exp(-0.0733-0.0094X)=0.9293e^{-0.0094X}$，决定系数 R^2=0.9915。结果与添加趋势线一致。此外，回归系数的 t 检验结果显示 P=1.9106×10^{-7}<0.05，说明回归模型有统计学意义。该模型的剩余标准差为 0.1431。

3.　$y=axe^{bx}$

该方程是由指数函数和一次函数的积所表示的方程，对其进行直线化，可改写成 $\frac{y}{x}=ae^{bx}$，进而改写成 $\ln\left(\frac{y}{x}\right)=\ln a+bx$，则 $\ln\left(\frac{y}{x}\right)$ 与 x 之间可进行直线回归分析。

4.　$y=ax^b$

这是幂函数型曲线形式，又称为等比曲线，将曲线直线化，两端取对数变成 $\lg y=\lg a+$

$b\lg x$，则 $\lg y$ 与 $\lg x$ 之间可进行直线回归分析。

5.　$y=(a+bx)/x$

将方程两端乘以 x，变为 $xy=a+bx$，则 xy 与 x 之间可进行直线回归分析。

6.　$y=1/(a+bx)$

将方程 $y=1/(a+bx)$ 移项，得到曲线化方程 $\frac{1}{y}=a+bx$，则 $\frac{1}{y}$ 与 x 之间可进行直线回归分析。

7.　$y=x/(a+bx)$

可将方程改写成 $\frac{x}{y}=a+bx$，$\frac{x}{y}$ 与 x 之间可以进行直线回归分析。

总之，对于非线性回归方程，可以首先将其转化为线性方程，然后利用 Excel 提供的回归分析工具进行回归分析。

习题八

8-1　什么是回归分析？回归分析的主要内容是什么？

8-2　如何运用 Excel 图表进行线性回归分析？

8-3　Excel 提供的回归分析工作表函数有哪些？如何运用？

8-4　Excel 回归分析工具的主要内容是什么？

8-5　如何利用 Excel 回归分析工具进行回归分析？

8-6　如何将非线性回归方程转化为线性回归方程以进行分析？

第 9 章　时间数列分析与预测

本章主要讲解 Excel 在时间数列分析中的应用。通过本章的学习，读者应掌握以下内容:

- 时间数列的构成及影响因素
- 时间数列分析的移动平均法
- 时间数列分析的回归分析法
- 时间数列分析的指数平滑法
- 利用长期趋势剔除法进行季节变动的分析

9.1　时间数列的基本特征

时间数列是一种特殊形式的统计模型，所有观测数据都按时间先后顺序有序地排列，不能随意改变。换句话说，每个时间数列都有一个隐含标志，即时间标志。

时间数列预测，就是要根据这个已知数值序列，找出一组拟合得相对好或相对接近的平滑数值序列，再利用平滑公式对其作朝前一期的外推计算，以达到短期预测的目的。

9.1.1　时间数列的概念与特点

时间数列是指观察或记录下来的一组按时间顺序排列起来的数值序列，它在经济统计中占有极其重要的地位。因为经济发展是一个动态过程，具有连续性和持续性，所以时间数列分析可以建立一个描述经济现象变化发展的动态模型，反映当前经济运行状况，分析经济周期的变动规律，预测经济发展趋势。时间数列具有以下特点:

（1）时间数列按时间先后顺序排列。

（2）时间数列是按一定方式搜集的一系列数据。

（3）时间数列中的观察值具有差异。

（4）时间数列中的数据不许遗漏。

9.1.2　时间数列的构成与分解

影响时间数列变动的因素主要有 4 种:

（1）长期趋势（T）。它是由各个时期普遍的、持续的、决定性的基本因素的作用，使变量保持沿某一方向变动的基本趋势。

（2）季节变动（S）。它是指当数据按周、月或季的间隔记录时，在一年内时间数列的周期起伏现象。比如，各类服装销售量会随淡、旺季变化而上下起伏。这种周期起伏现象一般比较固定。如果时间数列按年度统计，则不存在季节变动。

（3）循环变动（C）。这是在一个更长时间区间上存在的一种周期起伏。比如，我国人口增长过程中发生的几次出生高峰，就是人口增长的循环变动现象。各个周期到达的时间和起伏幅度都不一定规则，甚至可能出现以几年为周期的长波，这很容易与长期趋势混淆。由于可能存在这种显式的和隐含的循环变动现象，大大增加了时间数列分析的难度。

（4）不规则变动（I）。它是时间数列不规则表现的统称。有两种类型：一种是严格的随机变动，它是具有某种特定分布规律（一般假设为正态分布）的不规则的随机现象；另一种是偶然性变动，如罢工、政治动荡、战争等引起的突变。

为了能对上述 4 种因素进行量化分析，需要使用数学模型。时间数列的因素分解模型有加法模型、乘法模型和混合模型等。其中最常用的是乘法模型，其形式为：

$$Y=T \times S \times C \times I$$

式中，Y 为时间数列。

这是一种比较理想的模式：一个复杂的变化被归结为几类变量的复合体。

时间数列分析的直接目的是将数列分解为反映长期趋势、季节变动、循环变动和不规则变动的几个部分，并揭示各自的数量大小、影响程度和结合方式，其中趋势分析是最基本和最重要的。

9.2　移动平均法分析与预测

9.2.1　移动平均法的概念及特点

移动平均法是测定时间数列趋势的一种方法。它按一定的间隔长度逐期移动，计算一系列的移动平均数，来修匀原时间数列的波动，呈现出现象发展的变动趋势。采取移动平均法时，移动平均间隔的长度应长短适中。移动平均法是在算术平均法的基础上发展起来的预测方法，它利用过去若干期实际值的均值来预测现象的发展趋势。

简单移动平均公式如下：

$$M_{(t+1)}=\frac{1}{N}\sum_{j=1}^{n}A_{t-j+1}$$

式中，N 为期数；A_{t-j+1} 为 t–j+1 期的实际值；$M_{(t+1)}$为 t+1 期的预测值。

移动平均法最显著的特点是：当移动平均项数很大时，周期（及其整数倍）与移动平均项数相等的周期性变动基本得以消除，而且互相独立的不规则变动得以平滑。

9.2.2　趋势图直接预测法

例 9-1　某电视机厂 3 年的销售额（万元）资料如图 9-1 所示，试对第四年的销售额进行预测。

（1）产生“年季”变量。

1）打开“移动平均”工作表。

2）在 C 列选定任一个单元格，单击右键在弹出的快捷菜单中选择“插入”命令，在弹出的“插入”对话框中选择“整列”，单击“确定”按钮，则原来 C 列的内容被移到 D 列。

3）在 C1 单元格中输入标志“年季”，在 C2 单元格中输入公式“=B2&CHAR(13)&A2”，再把单元格 C2 中的公式复制到 C3:C13。结果如图 9-2 所示。

	A	B	C
1	年份	季度	销售额
2	2009	1	216
3		2	63
4		3	18
5		4	225
6	2010	1	245
7		2	75
8		3	22
9		4	378
10	2011	1	288
11		2	99
12		3	26
13		4	399

图9-1 “移动平均”工作表

	A	B	C	D
1	年份	季度	年季	销售额
2	2009	1	12009	216
3		2	2	63
4		3	3	18
5		4	4	225
6	2010	1	12010	245
7		2	2	75
8		3	3	22
9		4	4	378
10	2011	1	12011	288
11		2	2	99
12		3	3	26
13		4	4	399

图9-2 产生“年季”变量

（2）绘制销售额趋势图。

1）选择单元格区域C1:D13，切换到“插入”选项卡，在“图表”组中单击“折线图”按钮，在弹出的类型下拉列表框中选择“带数据标记的折线图”选项，形成的折线图如图9-3所示。

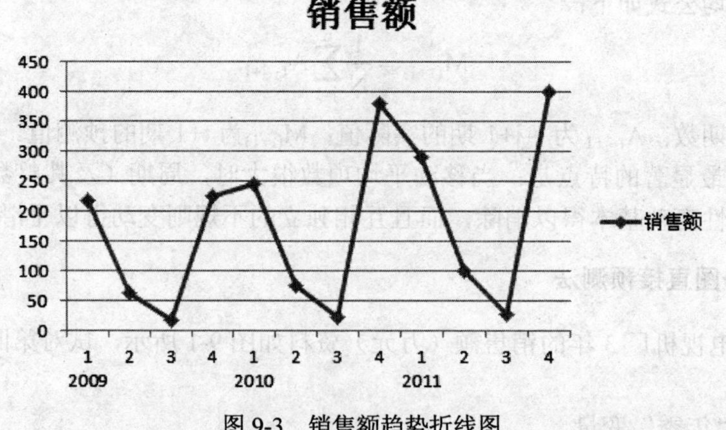

图9-3 销售额趋势折线图

2）切换到“图表工具”—“布局”选项卡，在“标签”组中单击“图表标题”按钮，在弹出的菜单中选择“图表上方”命令，在图表标题文本框中输入“销售额趋势图”字样。单击“坐标轴标题”按钮，在弹出的菜单中分别选择“主要横坐标轴标题”—“坐标轴下方标题”和“主要纵坐标轴标题”—“竖排标题”命令，在横坐标轴标题文本框中输入“季度”字样，在纵坐标轴文本框中输入“销售额”字样。在“当前所选内容”组中的“图表元素”区中单击右侧的下拉按钮，在弹出的菜单中选择“垂直（值）轴主要网格线”命令，单击“设置所选内容格式”按钮，弹出“设置主要网格线格式”对话框，在“线条颜色”中选中“无线条”单选按钮，如图 9-4 所示，单击“关闭”按钮。经过编辑后的销售额趋势图如图 9-5 所示。

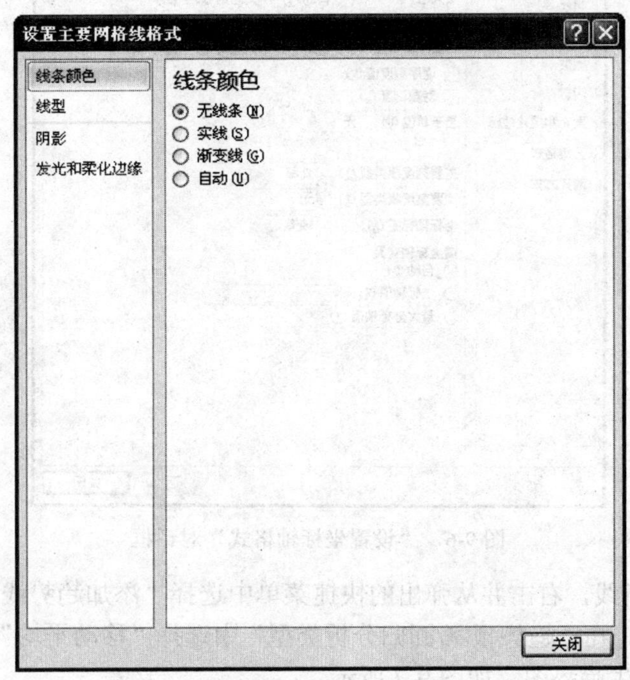

图 9-4　“设置主要网格线格式”对话框

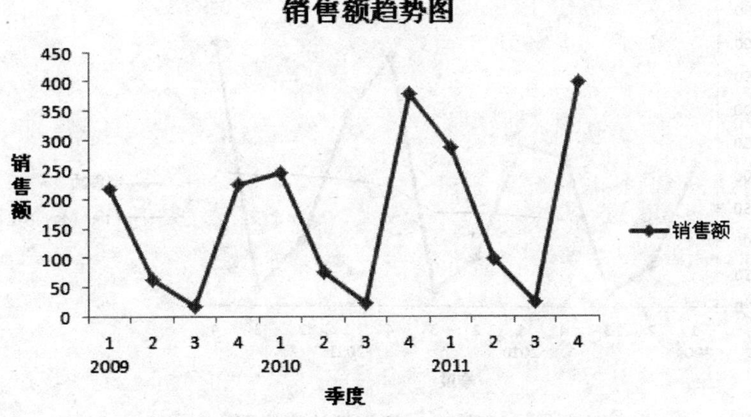

图 9-5　编辑后的销售额趋势折线图

（3）在图表中插入趋势线进行预测。

1）单击图表以激活它，在“图表工具”—“布局”选项卡“当前所选内容”组中的“图表元素”区中单击右侧的下拉按钮，在弹出的菜单中选择“垂直（值）轴”命令，单击“设置所选内容格式”按钮，弹出“设置坐标轴格式”对话框。在“坐标轴选项”中，“最大值”、“主要刻度单位”、“次要刻度单位”均选中“固定”单选按钮，并分别输入 600、100 和 20，如图

9-6 所示，单击“关闭”按钮。

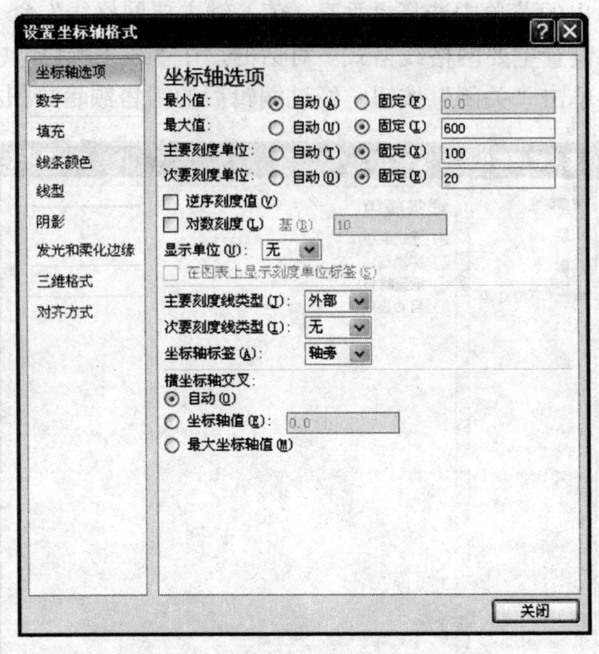

图 9-6 “设置坐标轴格式”对话框

2）选取图中的折线，右击并从弹出的快捷菜单中选择“添加趋势线”命令，打开“设置趋势线格式”对话框，在“趋势预测/回归分析类型”中选择“移动平均”，设置“周期”为 4，单击“关闭”按钮产生趋势图，如图 9-7 所示。

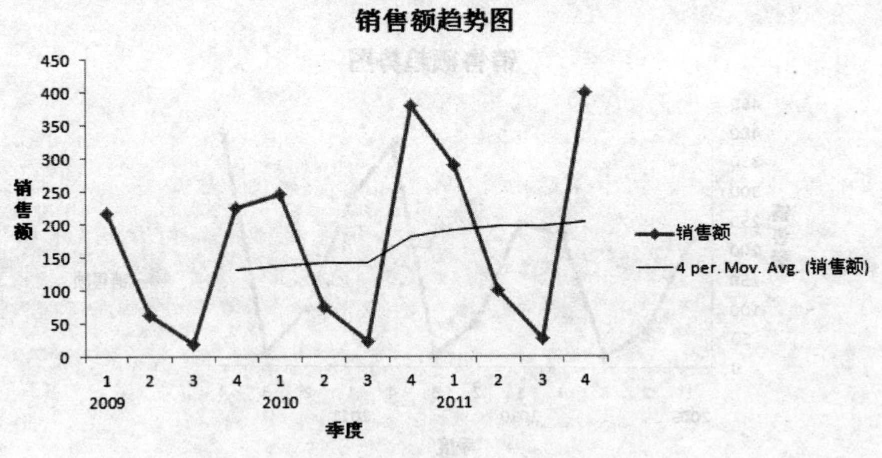

图 9-7 销售额趋势线图

9.2.3 利用 Excel 创建公式预测

可以利用 Excel 提供的均值函数进行移动平均计算。

（1）打开“移动平均”工作表。

（2）在单元格 E1 中输入“公式预测值”。

（3）在单元格 E6 中输入公式“=AVERAGE(D2:D5)”，此处需要相对引用以便复制。

（4）把单元格 E6 中的公式复制到 E7:E14 各单元格中，结果如图 9-8 所示。可以看出，2012 年第一季度的预测值为 203 万元。

	A	B	C	D	E
1	年份	季度	年季	销售额	公式预测值
2	2009	1	12009	216	
3		2	2	63	
4		3	3	18	
5		4	4	225	
6	2010	1	12010	245	130.5
7		2	2	75	137.75
8		3	3	22	140.75
9		4	4	378	141.75
10	2011	1	12011	288	180
11		2	2	99	190.75
12		3	3	26	196.75
13		4	4	399	197.75
14	2012	1	12012		203

图 9-8　移动平均预测结果

9.2.4　利用移动平均分析工具预测

在 Excel 中有一个专用于移动平均分析的工具。使用这个工具，可以简便、迅速地求得移动平均数，同时给出平均数与原数列的标准差，以及显示长期趋势的统计图。

例 9-2　某地区过去 15 年商品零售额资料如图 9-9 所示，用移动分析工具进行预测。

	A	B	C	D
1	年度	零售额	三年移动平均	
2			平均数	标准差
3	1997	145.5		
4	1998	155.6		
5	1999	165.8		
6	2000	186.8		
7	2001	200.8		
8	2002	245.8		
9	2003	368.9		
10	2004	387.2		
11	2005	423.1		
12	2006	486.5		
13	2007	536.2		
14	2008	567.9		
15	2009	637.2		
16	2010	786.5		
17	2011	872.4		

图 9-9　“移动分析”工作表

（1）在“数据”选项卡的“分析”组中单击“数据分析”按钮，在弹出的“数据分析”对话框中，选择“移动平均”，单击“确定”按钮，打开“移动平均”对话框，如图 9-10 所示。

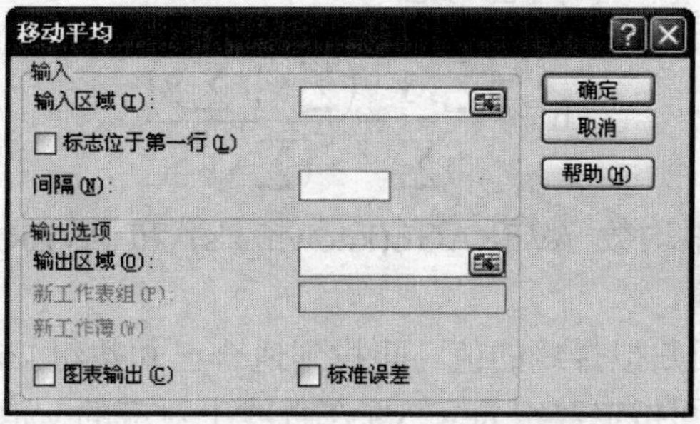

图 9-10　“移动平均”对话框

（2）在“输入区域”中输入 B3:B17，“间隔”设为 3，在“输出区域”中输入 C3，即输出区域的左上角的绝对引用。选择“图表输出”和“标准误差”。单击“确定”按钮，所得结果如图 9-11 所示。

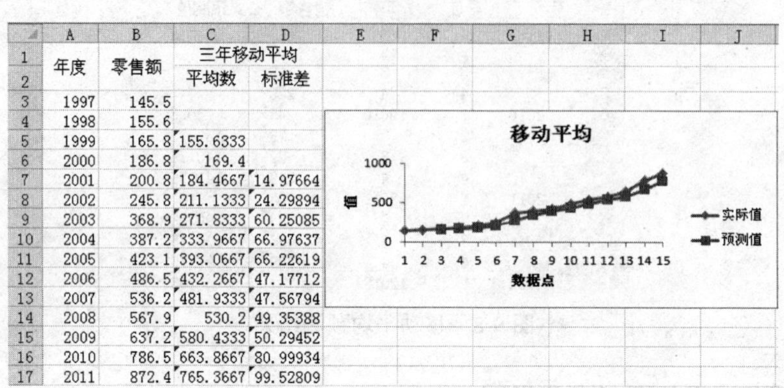

	A	B	C	D
1	年度	零售额	三年移动平均	
2			平均数	标准差
3	1997	145.5		
4	1998	155.6		
5	1999	165.8	155.6333	
6	2000	186.8	169.4	
7	2001	200.8	184.4667	14.97664
8	2002	245.8	211.1333	24.29894
9	2003	368.9	271.8333	60.25085
10	2004	387.2	333.9667	66.97637
11	2005	423.1	393.0667	66.22619
12	2006	486.5	432.2667	47.17712
13	2007	536.2	481.9333	47.56794
14	2008	567.9	530.2	49.35388
15	2009	637.2	580.4333	50.29452
16	2010	786.5	663.8667	80.99934
17	2011	872.4	765.3667	99.52809

图 9-11　移动平均分析结果

9.3 回归法分析与预测

9.3.1 时间数列预测工作表函数

Excel 提供的回归分析函数主要有以下几个：

（1）FORECAST 预测函数。

该函数根据已有的数值计算或预测未来值。此预测值为基于给定的 x 值推导出的 y 值。已知的数值为已有的 x 值和 y 值，再利用线性回归对新值进行预测。可以使用该函数对未来销售额、库存需求或消费趋势进行预测。

语法：FORECAST(x,known_y's,known_x's)

其中，x 为需要进行预测的数据点；known_y's 为因变量数组或数据区域；known_x's 为自变量数组或数据区域。

如果 x 为非数值型，则函数 FORECAST 返回错误值#VALUE!；如果 known_y's 和 known_x's 为空或含有不同个数的数据点，则函数 FORECAST 返回错误值#N/A!；如果 known_x's 的方差为零，则函数 FORECAST 返回错误值#DIV/0!。

函数 FORECAST 的计算公式为 $a+bx$。

式中：
$$a=\bar{Y}-b\bar{X}$$
$$b=\frac{n\sum xy-\left(\sum x\right)\left(\sum y\right)}{n\sum x^2-\left(\sum x\right)^2}$$

且其中 $\bar{X}$ 和 $\bar{Y}$ 为样本平均数 AVERAGE(known_x's) 和 AVERAGE(known_y's)。

（2）TREND 趋势函数。

该函数返回一条线性回归拟合线的值。即找到适合已知数组 known_y's 和 known_x's 的直线（用最小二乘法），并返回指定数组 new_x's 在直线上对应的 y 值。

语法：TREND(known_y's,known_x's,new_x's,const)

其中，known_y's 是关系表达式 y=mx+b 中已知的 y 值集合；new_x's 为需要函数 TREND 返回对应 y 值的新 x 值；const 为一逻辑值，用于指定是否将常量 b 强制设为 0。

可以使用 TREND 函数计算同一变量的不同乘方的回归值来拟合多项式曲线。例如，假设 A 列包含 y 值，B 列含有 x 值。可以在 C 列中输入 x^2，在 D 列中输入 x^3 等，然后根据 A 列，对 B 列到 D 列进行回归计算。

（3）GROWTH 增长函数。

该函数根据现有的数据预测指数增长值。根据现有的 x 值和 y 值，GROWTH 函数返回一组新的 x 值对应的 y 值。可以使用 GROWTH 工作表函数来拟合满足现有 x 值和 y 值的指数曲线。

语法：GROWTH(known_y's,known_x's,new_x's,const)

其中，known_y's 为满足指数回归拟合曲线 y=b*m^x 的一组已知的 y 值；new_x's 为需要通过 GROWTH 函数返回的对应 y 值的一组新 x 值；const 为一逻辑值，用于指定是否将常数 b 强制设为 1。

对于返回结果为数组的公式，在选定正确的单元格个数后，必须以数组公式的形式输入；当为参数（如 known_x's）输入数组常量时，应使用逗号分隔同一行中的数据，用分号分隔不同行中的数据。

（4）LINEST 线性拟合函数。

该函数使用最小二乘法对已知数据进行最佳直线拟合，并返回描述此直线的数组。因为此函数返回数值数组，所以必须以数组公式的形式输入。

直线的公式为：

$$y = mx + b \text{或} y = m_1x_1 + m_2x_2 + ... + b$$（如果有多个区域的 x 值）

式中，因变量 y 是自变量 x 的函数值；m 是与每个 x 值相对应的系数；b 为常量。注意：y、x 和 m 可以是向量。LINEST 函数返回的数组为$\{m_n,m_{n-1},...,m_1,b\}$。LINEST 函数还可返回附加回归统计值。

语法：LINEST(known_y's,known_x's,const,stats)

其中，known_y's 是关系表达式 y=mx+b 中已知的 y 值集合；known_x's 是关系表达式 y =mx+b 中已知的可选 x 值集合；const 为一逻辑值，用于指定是否将常量 b 强制设为 0；stats 为一逻辑值，指定是否返回附加回归统计值。

（5）LOGEST 函数。

该函数在回归分析中，计算最符合数据的指数回归拟合曲线，并返回描述该曲线的数值数组。因为此函数返回数值数组，故必须以数组公式的形式输入。

此曲线的公式为：

$$y = b*m\hat{}x \text{或} y = (b*(m_1\hat{}x_1)*(m_2\hat{}x_2)*\_)$$（如果有多个 x 值）

式中，因变量 y 是自变量 x 的函数值；m 是各指数 x 的底；而 b 值是常量值。注意：公式中的 y、x 和 m 均可以是向量。LOGEST 函数返回的数组为$\{m_n,m_{n-1},...,m_1,b\}$。

语法：LOGEST(known_y's,known_x's,const,stats)

其中，known_y's 为满足指数回归拟合曲线 y = b * m ^ x 的一组已知的 y 值；const 为一逻辑值，用于指定是否将常数 b 强制设为 1。

由数据绘出的图越近似于指数曲线，则计算出来的曲线就越符合原来给定的数据。正如 LINEST 函数一样，LOGEST 函数返回一组描述数值间相互关系的数值数组，但 LINEST 函数用直线来拟合数据，而 LOGEST 函数则以指数曲线来拟合数据。

9.3.2 使用直线函数和趋势函数进行线性预测

1. 使用 LINEST 函数计算回归统计值

例 9-3 某超市 2011 年 1～10 月份的销售额资料如图 9-12 所示，试用最小平方法求出趋势方程。

选择单元格 C2:D6，输入公式“=LINEST(B2:B11,A2:A11,,1)”，按住 Ctrl+Shift 组合键，再按 Enter 键，则在 C2:D6 区域中显示计算结果，如图 9-13 所示。

	A	B	C	D
1	月份	销售额	回归统计量	
2	1	150.6		
3	2	158.5		
4	3	167.8		
5	4	205.6		
6	5	351.4		
7	6	411.2		
8	7	368.7		
9	8	512.6		
10	9	534.1		
11	10	546.8		

图 9-12 “销售预测”工作表

	A	B	C	D
1	月份	销售额	回归统计量	
2	1	150.6	51.3218182	58.46
3	2	158.5	4.84318276	30.05116
4	3	167.8	0.93349424	43.99039
5	4	205.6	112.290328	8
6	5	351.4	217299.144	15481.24
7	6	411.2		
8	7	368.7		
9	8	512.6		
10	9	534.1		
11	10	546.8		

图 9-13 计算结果

图 9-13 中 C2:D6 区域的统计量表述如表 9-1 所示。

表 9-1 LINEST 函数输出结果对应的统计量

序号	C	D
2	参数 b 的估计值	参数 a 的估计值
3	参数 b 的标准误差	参数 a 的标准误差
4	判定系数 R^2	y 值估计标准误差
5	F 统计值	自由度
6	回归平方和	残差平方和

所以，根据计算结果可以写出以下估计方程：y=58.46+51.32*x。

2. 使用趋势函数 TREND 求预测值

选中单元格 E1，在 E1 中输入“拟合值”字样，选定单元格 E2:E11 区域，输入数组公式“=TREND(B2:B11,A2:A11)”，按住 Ctrl+Shift 组合键，按 Enter 键。输出结果如图 9-14 所示。

	A	B	C	D	E
1	月份	销售额	回归统计量		
2	1	150.6	51.3218182	58.46	109.7818
3	2	158.5	4.84318276	30.05116	161.1036
4	3	167.8	0.93349424	43.99039	212.4255
5	4	205.6	112.290328	8	263.7473
6	5	351.4	217299.144	15481.24	315.0691
7	6	411.2			366.3909
8	7	368.7			417.7127
9	8	512.6			469.0345
10	9	534.1			520.3564
11	10	546.8			571.6782

图 9-14 趋势拟合值

3. 趋势预测

仍使用图 9-14 所示的数据，预测过程如下：

在单元格 A12 中输入 11，在单元格 E12 中输入公式“=TREND(B2:B11,A2:A11,A12)”。该公式的含义是：给出区域 B2:B11 中的 y 变量和 A2:A11 中的 x 变量之间的关系，当 x 值为 11 时，y 值是多少？计算的结果为 623，即为 11 月份的预测值。用同样方法可以预测其他月份的销售额。

9.3.3 使用指数函数和增长函数进行非线性预测

例 9-4 某地区 2001～2010 年汽车销售量（万辆）资料如图 9-15 所示。试对其拟合指数曲线，并预测 2011～2013 年的销量。

	A	B	C	D	E
1	年份	时间	销量	预测值	回归统计值
2	2001	1	0.356		
3	2002	2	0.478		
4	2003	3	1.568		
5	2004	4	1.678		
6	2005	5	2.354		
7	2006	6	3.125		
8	2007	7	3.489		
9	2008	8	4.236		
10	2009	9	5.456		
11	2010	10	6.487		

图 9-15　“汽车销量”工作表

1. 使用 LOGEST 函数计算回归统计量

选择 E2:F6 区域，在编辑栏输入公式“=LOGEST(C2:C11,B2:B11,1)”按住 Ctrl+Shift 组合键，再按 Enter 键。输出结果如图 9-16 所示。

	A	B	C	D	E	F
1	年份	时间	销量	预测值	回归统计值	
2	2001	1	0.356		1.3590205	0.389836
3	2002	2	0.478		1.3590205	0.389836
4	2003	3	1.568		1.3590205	0.389836
5	2004	4	1.678		1.3590205	0.389836
6	2005	5	2.354		1.3590205	0.389836
7	2006	6	3.125			
8	2007	7	3.489			
9	2008	8	4.236			
10	2009	9	5.456			
11	2010	10	6.487			

图 9-16　LOGEST 函数计算回归统计量

根据输出结果，可以得出估计方程：$y = 0.389836 * 1.35902^{x}$。

根据估计方程计算预测值：在单元格 D2 中输入公式“=$F$2*$E$2^B2”，并将其复制到 D3:D14 各单元格，可以计算各年的预测值，如图 9-17 所示。从图中可以看出，2011～2013 年的汽车预测销量分别为 11.38591、15.47369、21.02906 万辆。

2. 使用增长函数 GROWTH 计算预测值

选择单元格 D2:D14，在编辑栏输入公式“=GROWTH(C2:C11,B2:B11,B2:B14,1)”按住 Ctrl+Shift 组合键，再按 Enter 键。可以看到预测结果与前面的预测结果完全相同。

	A	B	C	D	E	F
1	年份	时间	销量	预测值	回归统计值	
2	2001	1	0.356	0.529795	1.3590205	0.389836
3	2002	2	0.478	0.720002	1.3590205	0.389836
4	2003	3	1.568	0.978498	1.3590205	0.389836
5	2004	4	1.678	1.329798	1.3590205	0.389836
6	2005	5	2.354	1.807223	1.3590205	0.389836
7	2006	6	3.125	2.456053		
8	2007	7	3.489	3.337827		
9	2008	8	4.236	4.536175		
10	2009	9	5.456	6.164754		
11	2010	10	6.487	8.378027		
12	2011	11		11.38591		
13	2012	12		15.47369		
14	2013	13		21.02906		

图 9-17　预测销售量

9.4 指数平滑法分析与预测

9.4.1 指数平滑法的基本内容与要求

指数平滑法是在移动平均法基础上发展起来的一种时间数列分析预测法，它通过计算指数平滑值，配合一定的时间数列预测模型对现象的未来进行预测。指数平滑法通过对历史时间数列进行逐层平滑计算，从而消除随机因素的影响，识别经济现象基本变化趋势。

根据平滑次数不同，指数平滑法分为一次指数平滑法、二次指数平滑法和三次指数平滑法等。它们的基本思想都是：预测值是以前观测值的加权和，且对不同的数据给予不同的权，新数据给较大的权，旧数据给较小的权。

1. 一次指数平滑法

设时间数列为 $y_{1,}y_2,...,y_t,...$，则一次指数平滑公式为：

$$S_t^{(1)} = \alpha y_t + (1-\alpha)S_{t-1}^{(1)}$$

式中，$S_t^{(1)}$ 为第 t 周期的一次指数平滑值；α 为平滑常数，$0<\alpha<1$。

用上述平滑值进行预测，就是一次指数平滑法。其预测模型为：

$$\hat{y}_{t+1} = S_t^{(1)} = \alpha y_t + (1-\alpha)\hat{y}_t$$

即以第 t 周期的一次指数平滑值作为第 t+1 期的预测值。

2. 二次指数平滑法

当时间序列没有明显的趋势变动时，使用第 t 周期一次指数平滑就能直接预测第 t+1 期之值。但当时间序列的变动出现直线趋势时，用一次指数平滑法来预测仍存在着明显的滞后偏差。因此，也需要进行修正。修正的方法也是在一次指数平滑的基础上再作二次指数平滑，利用滞后偏差的规律找出曲线的发展方向和发展趋势，然后建立直线趋势预测模型。故称为二次指数平滑法。

设一次指数平滑为 $S_t^{(1)}$，则二次指数平滑 $S_t^{(2)}$ 的计算公式为：

$$S_t^{(2)} = \alpha S_t^{(1)} + (1-\alpha)s_{t-1}^{(2)}$$

若时间序列 $y_{1,}y_2,...,y_t,...$ 从某时期开始具有直线趋势，且认为未来时期亦按此直线趋势变化，则与趋势移动平均类似，可用以下的直线趋势模型来预测：

$$\hat{y}_{t+T} = a_t + b_t T \qquad T = 1,2,...$$

式中，t 为当前时期数；T 为由当前时期数 t 到预测期的时期数；$\hat{y}_{t+T}$ 为第 t+T 期的预测值；a_t 为截距；b_t 为斜率，其计算公式为：

$$a_t = 2S_t^{(1)} - S_t^{(2)}$$

$$b_t = \frac{\alpha}{1-\alpha}(S_t^{(1)} - S_t^{(2)})$$

3. *三次指数平滑法*

若时间序列的变动呈现出二次曲线趋势，则需要用三次指数平滑法。三次指数平滑是在二次指数平滑的基础上再进行一次平滑，其计算公式为：

$$S_t^{(3)} = \alpha S_t^{(2)} + (1-\alpha)s_{t-1}^{(3)}$$

三次指数平滑法的预测模型为：

$$\hat{y}_{t+T} = a_t + b_t T + c_t T^2$$

其中，

$$a_t = 3S_t^{(1)} - 3S_t^{(2)} + S_t^{(3)}$$

$$b_t = \frac{\alpha}{2(1-\alpha)^2}\left[(6-5\alpha)S_t^{(1)} - 2(5-4\alpha)S_t^{(2)} + (4-3\alpha)S_t^{(3)}\right]$$

$$c_t = \frac{\alpha^2}{2(1-a)^2}[S_t^{(1)} - 2S_t^{(2)} + S_t^{(3)}]$$

一般说来，0.2～0.3 之间的数值可作为合理的平滑常数。这些数值表明本次预测需要将前期预测值的误差调整 20%～30%。

9.4.2　指数平滑分析工具预测

例 9-5　某企业 2001～2010 年的产值（万元）资料如图 9-18 所示，下面利用指数平滑工具进行预测，具体步骤如下：

（1）在“数据”选项卡的“分析”组中单击“数据分析”按钮，在弹出的“数据分析”对话框中，选择“指数平滑”，单击“确定”按钮，打开“指数平滑”对话框。

（2）在“输入区域”指定数据所在的单元格区域 B1:B11；因指定的输入区域包含标志行，所以选中“标志”复选框；在“阻尼系数”中指定系数 0.3。选择“输出区域”，并指定输出到当前工作表以 C2 为左上角的单元格区域；选中“图表输出”复选框，如图 9-19 所示。

	A	B	C
1	年份	产值	一次平滑值
2	2001	2031	
3	2002	2234	
4	2003	2566	
5	2004	2820	
6	2005	3006	
7	2006	3093	
8	2007	3277	
9	2008	3514	
10	2009	3770	
11	2010	4107	

图 9-18　“平滑分析”工作表数据

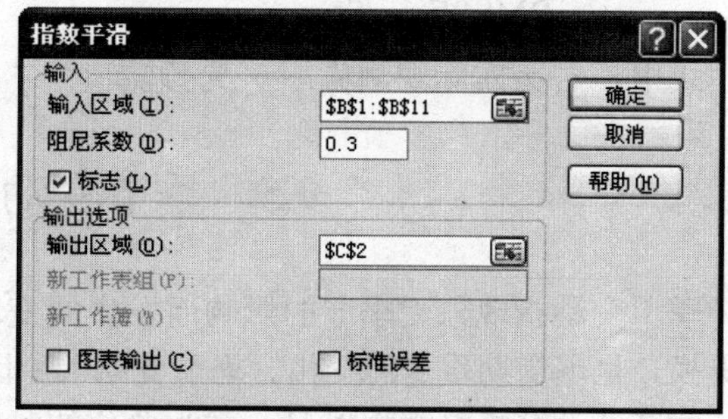

图 9-19　“指数平滑”对话框

（3）单击“确定”按钮。这时，Excel 给出一次指数平滑值，如图 9-20 所示。

	A	B	C
1	年份	产值	一次平滑值
2	2001	2031	
3	2002	2234	2031
4	2003	2566	2173.1
5	2004	2820	2448.13
6	2005	3006	2708.439
7	2006	3093	2916.7317
8	2007	3277	3040.11951
9	2008	3514	3205.93585
10	2009	3770	3421.58076
11	2010	4107	3665.47423

图 9-20 指数平滑分析结果

9.4.3 最佳平滑常数的确定

在指数平滑法中，预测成功的关键是α 的选择。α 的大小规定了在新预测值中新数据和原预测值所占的比例。α 值越大，新数据所占的比例就越大，原预测值所占比例就越小，反之亦然。

若把一次指数平滑法的预测公式改写为：

$$\hat{y}_{t+1} = \hat{y}_t + \alpha(y_t - \hat{y}_t)$$

则从上式可以看出，新预测值是根据预测误差对原预测值进行修正得到的。α 的大小表明了修正的幅度。α 值越大，修正的幅度越大；α 值越小，修正的幅度越小。因此，α 值既代表了预测模型对时间序列数据变化的反应速度，又体现了预测模型修匀误差的能力。

在实际应用中，α 值是根据时间序列的变化特性来选取的。若时间序列的波动不大、比较平稳，则α 应取小一些，如 0.1～0.3；若时间序列具有迅速且明显的变动倾向，则α 应取大一些，如 0.6～0.9。实质上，α 是一个经验数据，通过多个α 值进行试算比较而定，哪个α 值引起的预测误差小，就采用哪个。

最佳的平滑常数应使实际值和预测值之间的差最小，通常使预测误差的平方和的平方根（RMSPE）最小。

计算误差的公式为：

$$S_{总}^2 = \frac{1}{n-1}\sum_{i=1}^{n}\left(y_i - \bar{y}\right)^2 = \frac{1}{n-1}\sum_{i=1}^{n}\left(y_i - \hat{y}_i\right)^2 + \frac{1}{n-1}\sum_{i=1}^{n}\left(\hat{y}_i - \bar{y}\right)^2$$

$$\text{RMSPE} = \sqrt{S_{总}^2}$$

式中，y_i 为实际观测值；$\hat{y}_i$ 为预测值；$\bar{y}$ 为实际值的平均值。

9.5 季节变动的测定与分析

季节变动指现象受季节的影响而发生的变动，即现象在一年内或更短的时间内随着时序的更换，呈现周期重复的变化。季节变动的原因，既有自然因素又有社会因素。

季节变动分析是根据以月、季为单位的时间数列资料，测定以年为周期的、随着季节转变而发生的周期性变动的规律性。季节变动分析为了消除偶然性因素的影响，至少需要 3 年以上的数据资料，年数越多，偶然性因素消除得越彻底。

进行季节变动分析常采用长期趋势剔除法。长期趋势剔除法是指先配合趋势模型，确定各月（季）的趋势值加以剔除，再分析季节变动的方法。具体有乘法型时间数列季节变动分析和加法型时间数列季节变动分析。

乘法型时间数列季节变动分析是将长期趋势值去除相应的原时间数列的数据，剔除长期趋势影响，再用月（季）平均计算季节指数分析季节变动。首先，计算 Y/T 剔除长期趋势影响；其次，根据消除长期趋势后的比率计算同季平均数和季节指数。季节指数如果大于 100%则表示旺季，小于 100%表示淡季，在 100%左右表示平季。

加法型时间数列季节变动分析是将原时间数列的实际数据减去长期趋势值，剔除长期趋势影响，再同月（季）平均计算季节差分析季节变动。首先，计算(Y-T)剔除长期趋势影响；其次，根据剔除长期趋势后的离差计算同期平均数和季节差。季节差正值表示旺季，负值表示淡季，在 0 附近表示平季。

例 9-6 以例 9-1 资料为例，利用乘法型分析销售额的季节变动情况。

（1）建立“趋势剔除”工作表，如图 9-21 所示。

	A	B	C	D	E	F	G	H	I
1	年份	季度	年季	销售额	一次移动	二次移动	SI	平均比率	季节指数
2	2009	1	12009	216					
3		2	2	63					
4		3	3	18					
5		4	4	225					
6	2010	1	12010	245					
7		2	2	75					
8		3	3	22					
9		4	4	378					
10	2011	1	12011	288					
11		2	2	99					
12		3	3	26					
13		4	4	399					

图 9-21 “趋势剔除”工作表

（2）在单元格 E4 中输入公式“=AVERAGE(D2:D5)”，并将其复制到 E5:E13 区域。

（3）在单元格 F4 中输入公式“=AVERAGE(E4:E5)”，并将其复制到 F5:F13 区域。

（4）在单元格 G4 中输入公式“=D4/F4”，并把它复制到 G5:G13。

（5）在单元格 H2 中输入公式“=AVERAGE(G6,G10)”，并把它复制到单元格 H3 中，分别计算第一、二季度的季节比率。

（6）在单元格 H4 中输入公式“=AVERAGE(G4,G8)”，并把它复制到单元格 H5 中，分别计算第三、四季度的季节比率。

（7）选取单元格 H6，单击自动求和工具（∑）两次。

（8）选取单元格 I2，输入公式“=H2*4/$H$6”，并把它复制到单元格 I3:I5。选取单元格 I6，单击自动求和工具（∑）两次。上述操作后的结果如图 9-22 所示。

	A	B	C	D	E	F	G	H	I
1	年份	季度	年季	销售额	一次移动	二次移动	SI	平均比率	季节指数
2	2009	1	12009	216				1.597295	1.6024
3		2	2	63				0.480137	0.481672
4		3	3	18	130.5	134.125	0.134203	0.126441	0.126845
5		4	4	225	137.75	139.25	1.615799	1.783383	1.789083
6	2010	1	12010	245	140.75	141.25	1.734513	3.987256	4
7		2	2	75	141.75	160.875	0.4662		
8		3	3	22	180	185.375	0.118678		
9		4	4	378	190.75	193.75	1.950968		
10	2011	1	12011	288	196.75	197.25	1.460076		
11		2	2	99	197.75	200.375	0.494074		
12		3	3	26	203	188.8333	0.137688		
13		4	4	399	174.6667	174.6667	2.284351		

图 9-22 长期趋势剔除法计算结果

9-1 如何利用 Excel 图表绘制时间数列趋势图？

9-2 如何利用 Excel 均值函数计算移动平均数？

9-3 如何利用 Excel 的移动平均分析工具进行时间数列分析与预测？

9-4 Excel 提供的进行时间数列预测的回归分析函数主要有哪些？如何应用？

9-5 指数平滑法的基本内容是什么？

9-6 如何利用 Excel 提供的指数平滑分析工具进行时间数列分析与预测？

附录 1　Excel 统计函数一览表

函数名称	函数功能
AVEDEV 函数	返回数据点与它们的平均值的绝对偏差平均值
AVERAGE 函数	返回其参数的平均值
AVERAGEA 函数	返回其参数的平均值，包括数字、文本和逻辑值
AVERAGEIF 函数	返回区域中满足给定条件的所有单元格的平均值（算术平均值）
AVERAGEIFS 函数	返回满足多个条件的所有单元格的平均值（算术平均值）
BETA.DIST 函数	返回 Beta 累积分布函数
BETA.INV 函数	返回指定 Beta 分布的累积分布函数的反函数
BINOM.DIST 函数	返回二项式分布的概率值
BINOM.INV 函数	返回使累积二项式分布小于或等于临界值的最小值
CHISQ.DIST 函数	返回累积 Beta 概率密度函数
CHISQ.DIST.RT 函数	返回 χ^2 分布的单尾概率
CHISQ.INV 函数	返回累积 Beta 概率密度函数
CHISQ.INV.RT 函数	返回 χ^2 分布的单尾概率的反函数
CHISQ.TEST 函数	返回独立性检验值
CONFIDENCE.NORM 函数	返回总体平均值的置信区间
CONFIDENCE.T 函数	返回总体平均值的置信区间（使用学生的 t 分布）
CORREL 函数	返回两个数据集之间的相关系数
COUNT 函数	计算参数列表中数字的个数
COUNTA 函数	计算参数列表中值的个数
COUNTBLANK 函数	计算区域内空白单元格的数量
COUNTIF 函数	计算区域内符合给定条件的单元格的数量
COUNTIFS 函数	计算区域内符合多个条件的单元格的数量
COVARIANCE.P 函数	返回协方差（成对偏差乘积的平均值）
COVARIANCE.S 函数	返回样本协方差，即两个数据集中每对数据点的偏差乘积的平均值
DEVSQ 函数	返回偏差的平方和
EXPON.DIST 函数	返回指数分布
F.DIST 函数	返回 F 概率分布
F.DIST.RT 函数	返回 F 概率分布
F.INV 函数	返回 F 概率分布的反函数
F.INV.RT 函数	返回 F 概率分布的反函数
F.TEST 函数	返回 F 检验的结果
FISHER 函数	返回 Fisher 变换值

续表

函数名称	函数功能
FISHERINV 函数	返回 Fisher 变换的反函数
FORECAST 函数	返回沿线性趋势的值
FREQUENCY 函数	以垂直数组的形式返回频率分布
GAMMA.DIST 函数	返回 γ 分布
GAMMA.INV 函数	返回 γ 累积分布函数的反函数
GAMMALN 函数	返回 γ 函数的自然对数，Γ(x)
GAMMALN.PRECISE 函数	返回 γ 函数的自然对数，Γ(x)
GEOMEAN 函数	返回几何平均值
GROWTH 函数	返回沿指数趋势的值
HARMEAN 函数	返回调和平均值
HYPGEOM.DIST 函数	返回超几何分布
INTERCEPT 函数	返回线性回归线的截距
KURT 函数	返回数据集的峰值
LARGE 函数	返回数据集中第 k 个最大值
LINEST 函数	返回线性趋势的参数
LOGEST 函数	返回指数趋势的参数
LOGNORM.DIST 函数	返回对数累积分布函数
LOGNORM.INV 函数	返回对数累积分布的反函数
MAX 函数	返回参数列表中的最大值
MAXA 函数	返回参数列表中的最大值，包括数字、文本和逻辑值
MEDIAN 函数	返回给定数值集合的中值
MIN 函数	返回参数列表中的最小值
MINA 函数	返回参数列表中的最小值，包括数字、文本和逻辑值
MODE.MULT 函数	返回一组数据或数据区域中出现频率最高或重复出现的数值的垂直数组
MODE.SNGL 函数	返回在数据集内出现次数最多的值
NEGBINOM.DIST 函数	返回负二项式分布
NORM.DIST 函数	返回正态累积分布
NORM.INV 函数	返回标准正态累积分布的反函数
NORM.S.DIST 函数	返回标准正态累积分布
NORM.S.INV 函数	返回标准正态累积分布函数的反函数
PEARSON 函数	返回 Pearson 乘积矩相关系数
PERCENTILE.EXC 函数	返回区域中数值的第 k 个百分点的值，其中 k 为 0～1 之间的值，不包含 0 和 1
PERCENTILE.INC 函数	返回区域中数值的第 k 个百分点的值
PERCENTRANK.EXC 函数	将某个数值在数据集中的排位作为数据集的百分点值返回，此处的百分点值的范围为 0～1（不含 0 和 1）

续表

函数名称	函数功能
PERCENTRANK.INC 函数	返回数据集中值的百分比排位
PERMUT 函数	返回给定数目对象的排列数
POISSON.DIST 函数	返回泊松分布
PROB 函数	返回区域中的数值落在指定区间内的概率
QUARTILE.EXC 函数	基于百分点值返回数据集的四分位，此处的百分点值的范围为 0～1（不含 0 和 1）
QUARTILE.INC 函数	返回一组数据的四分位点
RANK.AVG 函数	返回一列数字的数字排位
RANK.EQ 函数	返回一列数字的数字排位
RSQ 函数	返回 Pearson 乘积矩相关系数的平方
SKEW 函数	返回分布的不对称度
SLOPE 函数	返回线性回归线的斜率
SMALL 函数	返回数据集中的第 k 个最小值
STANDARDIZE 函数	返回正态化数值
STDEV.P 函数	基于整个样本总体计算标准偏差
STDEV.S 函数	基于样本估算标准偏差
STDEVA 函数	基于样本（包括数字、文本和逻辑值）估算标准偏差
STDEVPA 函数	基于总体（包括数字、文本和逻辑值）计算标准偏差
STEYX 函数	返回通过线性回归法预测每个 x 的 y 值时所产生的标准误差
T.DIST 函数	返回学生的 t 分布的百分点（概率）
T.DIST.2T 函数	返回学生的 t 分布的百分点（概率）
T.DIST.RT 函数	返回学生的 t 分布
T.INV 函数	返回作为概率和自由度函数的学生 t 分布的 t 值
T.INV.2T 函数	返回学生的 t 分布的反函数
TREND 函数	返回沿线性趋势的值
TRIMMEAN 函数	返回数据集的内部平均值
T.TEST 函数	返回与学生的 t 检验相关的概率
VAR.P 函数	计算基于样本总体的方差
VAR.S 函数	基于样本估算方差
VARA 函数	基于样本（包括数字、文本和逻辑值）估算方差
VARPA 函数	计算基于总体（包括数字、文本和逻辑值）的标准偏差
WEIBULL.DIST 函数	返回 Weibull 分布
Z.TEST 函数	返回 z 检验的单尾概率值

附录 2 Excel 数据分析工具一览表

分析工具	功能
方差分析：单因素	此工具可对两个或更多样本的数据执行简单的方差分析。此分析可提供一种假设测试，即每个样本都取自相同的基础概率分布，而不是对所有样本来说基础概率分布各不相同的其他假设。如果只有两个样本，则可使用工作表函数 TTEST。如果有两个以上的样本，则没有合适的 TTEST 归纳可用，而是调用“单因素方差分析”模型
方差分析：包含重复的双因素	此分析工具可用于当数据可沿着两个不同的维度分类时的情况。例如，在测量植物高度的实验中，可能对植物施用了不同品牌的化肥（如 A、B 和 C），并且植物也可能处于不同温度的环境中（如高和低）
方差分析：无重复的双因素	此分析工具可用于当数据像包含重复的双因素那样按照两个不同的维度进行分类时的情况。但是，对于此工具，假设每一对值只有一个观察值
相关系数	此分析工具及其公式可用于判断两组数据集 （可以使用不同的度量单位）之间的关系。可以使用“相关系数” 分析工具来确定两个区域中数据的变化是否相关，即，一个集合的较大数据是否与另一个集合的较大数据相对应（正相关）；或者一个集合的较小数据是否与另一个集合的较小数据相对应 （负相关）；还是两个集合中的数据互不相关（相关性为零）
协方差	此分析工具及其公式用于返回各数据点的一对均值偏差之间的乘积的平均值。协方差是测量两组数据相关性的量度。可以使用协方差工具来确定两个区域中数据的变化是否相关，即一个集合的较大数据是否与另一个集合的较大数据相对应（正协方差）；或者一个集合的较小数据是否与另一个集合的较小数据相对应（负协方差）；还是两个集合中的数据互不相关（协方差为零）
统计描述	此工具用于生成数据源区域中数据的单变量统计分析报表，提供有关数据趋中性和易变性的信息
指数平滑	此分析工具基于前期预测值导出相应的新预测值，并修正前期预测值的误差。此工具将使用平滑常数 a，其大小决定了本次预测对前期预测误差的修正程度。介于 0.2～0.3 的值是合理的平滑常数。这些值表明应将当前预测调整 20%～30%以修正前期预测误差。常数越大响应越快，但是预测变得不稳定。常数较小将导致预测值的滞后
F-检验：双样本方差	此分析工具可以进行双样本 F-检验，用来比较两个样本总体的方差。例如，可以对参加游泳比赛的两个队的时间记分进行 F-检验，查看二者的样本方差是否不同
傅里叶分析	此分析工具可以解决线性系统问题，并能通过快速傅里叶变换（FFT）进行数据变换来分析周期性的数据。此工具也支持逆变换，即通过对变换后的数据的逆变换返回初始数据
直方图	此分析工具可计算数据单元格区域和数据接收区间的单个和累积频率。此工具可用于统计数据集中某个数值出现的次数
移动平均	此分析工具可以基于特定的过去某段时期中变量的平均值，对未来值进行预测。移动平均值提供了由所有历史数据的简单的平均值所代表的趋势信息

续表

分析工具	功能
随机数发生器	此分析工具可用几个分布之一产生的独立随机数来填充某个区域。可以通过概率分布来表示总体中的主体特征。例如，可以使用正态分布来表示人体身高的总体特征，或者使用双值输出的伯努利分布来表示掷币实验结果的总体特征
排位与百分比排位	此分析工具可以产生一个数据列表，在其中罗列给定数据集中各个数值的大小次序排位和相应的百分比排位。用来分析数据集中各数值间的相互位置关系
回归分析	此分析工具通过对一组观察值使用“最小二乘法”直线拟合来执行线性回归分析。本工具可用来分析单个因变量是如何受一个或几个自变量的值影响的。例如，观察某个运动员的运动成绩与一系列统计因素（如年龄、身高和体重等）的关系。可以基于一组已知的成绩统计数据，确定这 3 个因素分别在运动成绩测试中所占的比例，然后使用该结果对尚未进行过测试的运动员的表现进行预测
抽样分析	此分析工具以数据源区域为总体，从而为其创建一个样本。当总体太大而不能进行处理或绘制时，可以选用具有代表性的样本。如果确认数据源区域中的数据是周期性的，还可以仅对一个周期中特定时间段中的数值进行采样。例如，如果数据源区域包含季度销售量数据，则以 4 为周期进行采样，将在输出区域中生成与数据源区域中相同季度的数值
t-检验：双样本等方差假设	此分析工具可以进行双样本学生氏 t-检验。此 t-检验先假设两个数据集的平均值相等，故也称为齐次方差 t-检验。可以使用 t-检验来确定两个样本均值实际上是否相等
t-检验：成对双样本平均值	此分析工具及其公式可以进行成对双样本学生氏 t-检验，用来确定样本均值是否不等。此 t-检验并不假设两个总体的方差是相等的。当样本中出现自然配对的观察值时，可以使用此成对检验。例如，对一个样本组进行了两次检验，抽取实验前的一次和实验后的一次
t-检验：双样本异方差假设	此分析工具及其公式可以进行双样本学生氏 t－检验。此 t-检验先假设两个数据集的方差不等，故也称为异方差 t-检验。可以使用 t-检验来确定两个样本均值实际上是否相等。当进行分析的样本组不同时，可使用此检验。如果某一样本组在某次处理前后都进行了检验，则应使用“成对检验”
z-检验：双样本均值	此分析工具可以进行方差已知的双样本均值 z-检验。此工具用于检验两个总体均值之间存在差异的假设。例如，可以使用此检验来确定两种汽车模型性能之间的差异情况

参考文献

[1] 梁烨等．Excel统计分析与应用．北京：机械工业出版社，2011.

[2] 胡晓晖．应用统计和Excel运用．上海：上海财经大学出版社，2011.

[3] 杜茂康．Excel数据处理与统计初步．北京：电子工业出版社，2011.

[4] 商熠农．Excel在统计分析中的应用．北京：机械工业出版社，2010.

[5] 宋廷山．统计学：以Excel为分析工具．北京：北京大学出版社，2009.

[6] 钟晓鸣等．Excel在统计分析中的应用——基础知识、典型范例、综合实战．北京：科学出版社，2009.

[7] 马军．Excel统计分析典型实例．北京：清华大学出版社，2009.

[8] 宇传华．Excel统计分析与电脑实验．北京：电子工业出版社，2009.

[9] 于洪彦等．Excel统计分析与决策（第2版）．北京：高等教育出版社，2009.

[10] 朱建平等．Excel在统计工作中的应用．北京：清华大学出版社，2007.

[11] 方超等．用好Excel（2007）版：统计篇．北京：中国宇航出版社，2007.

[12] 朱建平．Excel在统计工作中的应用．北京：清华大学出版社，2007.

[13] 王维鸿．Excel在统计中的应用．北京：中国水利水电出版社，2006.